AF252921

MÉMOIRES

SECRETS

POUR SERVIR A L'HISTOIRE

DE LA

RÉPUBLIQUE DES LETTRES

EN FRANCE,

DEPUIS MDCCLXII JUSQU'A NOS JOURS;

OU

JOURNAL

D'UN OBSERVATEUR,

CONTENANT les Analyses des Pieces de Théâtre qui ont paru durant cet intervalle ; les Relations des Assemblées Littéraires ; les notices des Livres nouveaux, clandestins, prohibés ; les Pieces fugitives, rares ou manuscrites, en prose ou en vers; les Vaudevilles sur la Cour ; les Anecdotes & Bons Mots ; les Eloges des Savants, des Artistes, des Hommes de Lettres morts, &c. &c. &c.

TOME VINGT-CINQUIEME.

. . . . *huc propius me*,
. . . . *vos ordine adite.*
Hor. L. II, Sat. 3, ℣. 81 & 82.

A LONDRES,

CHEZ JOHN ADAMSON.

M. DCC. LXXXVI.

LETTRE

DES Auteurs des Mémoires Secrets, &c.
à l'imprimeur de cet Ouvrage.

TANDIS que vous étiez occupé, Monsieur,
à l'impreſſion de la ſuite des Mémoires
Secrets, &c. pour l'année 1783, il ſe pu-
blioit dans nos cantons un ouvrage ayant
pour titre : Anecdotes du dix-huitieme ſiecle.
Dans ce cadre vaſte & piquant nous comptions
voir enchâſſées beaucoup de choſes du miniſ-
tere du cardinal de Fleury, de la régence &
même de la fin du regne de Louis XIV,
époques ſi fécondes en événements, en aventures, en révolutions, en vaudevilles , en
bons-mots, en ſaillies : point du tout, nous
n'y avons trouvé qu'un extrait ſuccinct de nos
mémoires, une eſpece d'Ana, à l'uſage des
oiſifs, de ces lecteurs frivoles qui n'ouvrent
un livre que pour tuer le temps.

Nous n'examinerons point ici d'abord s'il

eſt bien honnête de pomper de la ſorte toute
la plus agréable ſubſtance d'un ouvrage pour
ſe l'approprier, ſans le conſentement de l'auteur & ſur-tout du libraire, poſſeſſeur du fonds.
Depuis quelque temps, la littérature n'eſt
guere qu'un amas de corſaires & de brigands
qui ſe détrouſſent à l'envi, & il faut s'attendre
à ces incurſions inévitables.

Nous ne diſcuterons même point enſuite ſi
l'on n'auroit pas pu apporter un choix plus
ſévere, un goût plus ſûr dans cette collection,
y mettre ſur-tout plus d'ordre & de méthode :
le but du compilateur ſemble avoir été de gagner
de l'argent ; ſon édition s'eſt promptement enle-
vée, il n'y a qu'à le féliciter de ſon ſuccès.

Mais ce dont nous nous plaindrons, c'eſt
qu'il veuille imiter ce monarque dont nous
parle Voltaire dans ſes mémoires, qui, prenant les hommes comme des oranges, en exprime le ſuc, & puis en jette les pelures :
Voltaire ajoute qu'il voulut mettre ſes pelures
en ſureté ; & nous allons tâcher de défendre
les nôtres. Voici ce que dit l'Avertiſſement :

« Celui qui acquerra ces deux volumes, pour-
» ra se dispenser de l'achat assez dispendieux
» des vingt volumes dont ils sont tirés ; il ne
» sera point obligé sur-tout de parcourir
» beaucoup d'inutilités pour trouver des ar-
» ticles propres à dédommager.»

Il faut distinguer dans notre ouvrage deux
parties, l'agréable & l'utile ; heureux qui
peut réunir les deux ! Mais un auteur estimable cherche toujours la derniere, & certainement Bachaumont, qui le premier imagina
notre collection, ne l'avoit pas négligée. Pour
s'en convaincre il suffit de suivre les éditeurs
dans leur discussion raisonnée qui se trouve en
tête de ces mémoires.

En observant le même plan que Bachaumont, nous avons cherché à l'étendre, c'est-
à-dire en ne négligeant point ce qui pouvoit
amuser, nous nous sommes efforcés d'y joindre
encore plus ce qui pouvoit instruire. En effet,
il s'étoit, comme l'indique le titre, borné à la
littérature. Nous avons cru devoir aussi travailler pour l'histoire. Nous n'avons écarté que
la partie absolument politique, à laquelle sont

spécialement affectées les gazettes. Celles-ci ne sont guere que le théâtre des souverains. Le nôtre est celui de nos semblables. Nous pensons que ce genre d'histoire vaut bien l'autre ; qu'il y a beaucoup plus de fruit à tirer de la lecture des aventures de la société, que du récit des sieges, des batailles, des grandes négociations, des cérémonies consignées avec tant de soin dans ces papiers publics.

Voilà qui répond aux reproches du Critique, n'envisageant notre collection que sous le même point de vue que la sienne, il regarde comme inutile tout ce qui ne fait pas rire, ou ne serre pas le cœur d'effroi, de tendresse, d'admiration, enfin n'excite pas une émotion quelconque dans l'ame du lecteur. Puisque l'occasion s'en présente, nous allons lui donner la clef de notre travail, lui découvrir qu'il n'est rien moins que superficiel & qu'également entrepris pour les philosophes & pour les gens du monde, il ne doit être indifférent à aucune classe de lecteurs.

La chronologie est la base de l'histoire, sans elle tout y est désordre & confusion. C'est pourquoi nous datons tous nos articles, & si le compilateur nous eût imité, il ne lui fût pas arrivé de placer dans le même volume, à la page 216, la chanson sur la suppression des fêtes, insérée déjà à la page 20. De ce soin minutieux, au gré de beaucoup de gens n'approfondissant rien, il résulte non-seulement une exactitude qui prévient & les omissions, & les doubles emplois, mais encore plusieurs autres caracteres qui distinguent notre collection; la clarté, la précision, la véracité.

Sans ce qui le précede & ce qui le suit, un article ne seroit souvent qu'une énigme pour le lecteur; c'est cet accompagnement des circonstances qu'on remarque toujours dans nos mémoires : point de fait qui ne soit, pour ainsi parler, coulé à fond. De ces parties qui, isolées, paroissent à notre critique n'avoir aucun intérêt, n'être que des superfluités ou des répétitions, il résulte un ensemble qui ne pourroit exister autrement & qui constitue le mérite réel de nos récits.

La précision est une autre suite de notre mé-

thode , parce que traitant chaque point féparé-
ment, nous ne pouvons guere y mettre cette
redondance, apanage plus ordinaire des faits
compliqués, où l'hiftorien , pour peu qu'il foit
difpofé à la diffufion , fous prétexte de développement, fe livre communément à fon bavardage.

On regardera fans doute comme plus problé-
matique la véracité que nous faifons dériver de
la forme de notre journal. Nous nous expliquons.

En hiftoire il eft deux fortes de vérités : La
vérité abfolue , que l'analifte ne peut offrir &
promettre que dans le petit nombre de faits
dont il a été acteur ou témoin ; & la vérité relative qui provient de la tradition. Or celle-ci
varie fouvent comme les témoins , ce qui étoit
vrai la veille , le devient quelquefois moins le
lendemain , & le troifieme jour eft une fauffeté ;
& de même , au contraire, ce n'eft pas une oc-
cupation peu philofophique que de fuivre ainfi
la gradation ou le décroiffement de la vérité ,
de la voir fortir peu-à-peu des enveloppes
dont l'erreur l'avoit défigurée , ou après avoir
brillé un moment de rayons trompeurs , fe

dissiper comme un prestige & rentrer dans la
foule des mensonges dont on l'avoit fait sortir.

D'après cette comparaison que nous regardons comme inutile de pousser plus loin, le compilateur sera peut-être convaincu que son travail & le nôtre, quoique sur le même fond, n'ont rien de commun, & que sous prétexte de nous réduire & de nous améliorer aux yeux du grand nombre des lecteurs, il pourroit bien nous avoir mutilés & défigurés aux yeux du plus petit nombre, mais du plus sage, qui cherche, en s'amusant, à s'instruire.

Quant aux fautes légeres, nous convenons qu'il y en a beaucoup; peut-être quelques-unes de notre composition, car nous ne sommes point infaillibles; mais certainement la plupart de votre fait, Monsieur, auxquelles nous ne pouvons remédier dans l'éloignement, & c'est à vous à vous réformer. Nous aurions reçu avec reconnoissance les corrections du compilateur, & nous n'avons garde de prendre pour une marque d'estime, une négligence qui ne peut que nous causer du tort.]

Nous avons cru, Monsieur, ne pouvoir vous adresser trop tôt cette explication ou apologie, pour que vous l'insériez, en forme de préface, à la tête des volumes que vous imprimez actuellement.

Nous avons l'honneur d'être, &c.

Lausane, ce 31 décembre 1783.

Notes des Libraires. Cette lettre nous avoit été adressée pour être insérée à la fin du vingt-quatrieme volume de 1783; mais étant arrivée trop tard, nous avons été obligés de la renvoyer à l'année suivante.

MÉMOIRES

SECRETS

Pour servir a l'Histoire de la République des Lettres en France, depuis MDCCLXII, jusqu'a nos jours.

ANNÉE M. DCC. LXXXIV.

Vers à deux amants.

Bon jour, bon an, santé brillante,
Au cher couple d'amants heureux,
Que l'une soit toujours charmante,
Et l'autre toujours vigoureux !

Que dans vos ardeurs mutuelles,
Vos cœurs n'exhalent tous leur feux:
Gardez y quelques étincelles,
Pour le cousin qui fait ces vœux.

A 6

Mais' chez vous l'amoureuse offrande,
A l'amitié n'ôte ses droits ;
Et vous savez, quoiqu'on prétende,
Bien servir deux dieux à la fois.

1 *Janvier* 1784. Le sieur *Pinetti* attire un monde prodigieux & de la plus haute volée. Ses tours sont aussi variés que surprenants ; & s'il n'étoit pas étranger, qu'il s'énonçât plus facilement, dans notre langue, il séduiroit infiniment davantage.

On admire sur-tout une petite *tête d'or*, grosse comme une noix, qui, mise dans un verre transparent & fermé d'un couvercle d'argent, devine tout ce qu'on lui demande, & l'indique par des signes.

La piece que cet habile escamoteur appelle *bouquet philosophique*, est un arbre composé de petites branches d'oranges, dont les feuilles sont fraîches & naturelles. Il le met sous une bouteille de cryftal, & en lui jetant de loin quelques gouttes d'une eau de sa composition, les feuilles changent, le bouquet donne des fleurs & enfin des fruits. L'illusion que produit ce morceau ne laisse rien à désirer.

M. *Pinetti* présente aux spectateurs un jeu de cartes neuves ; plusieurs personnes de la compagnie en pensent ou en cachent une, après quoi le jeu est inféré dans une petite boîte d'argent ouverte dans sa partie supérieure, & dont la partie inférieure est terminée en un petit tuyau qu'on introduit dans le goulot d'une bouteille, laquelle préalablement est livrée à l'examen des spectateurs, & placée ensuite sur une table isolée. Au commandement, les cartes fortent du jeu & s'élancent en l'air.

Il fait fortir d'un œuf un ferin vivant, auquel il donne alternativement la vie & la mort. A l'aide d'une commotion électrique, qu'il paroît communiquer avec une bande de papier ordinaire, il tranche le cou d'un pigeon vivant, fans qu'il y ait aucune goutte de fang répandu.

M. *Pinetti* exécute cinquante, cent, mille tours de cette efpece, qu'on ne finiroit pas de détailler ; mais il promet une merveille fupérieure : il fait l'annonce d'un *ferin organifé*, qui exécutera les pieces de mufique qu'on lui offrira. L'oifeau fera ifolé, & ne contiendra rien de ce qui pourroit le faire affimiler à une ferinette.

Au furplus, M. *Pinetti* refte conftamment en préfence des fpectateurs pendant toutes fes opérations, & il eft difficile de deviner quelle eft la communication établie entre lui & les différents objets qu'il offre à la curiofité de la compagnie.

1 *Janvier.* Le fchifme établi dans la fociété du *mufée de Paris*, continue & éclate aujourd'hui d'une maniere décidée. Les partifans de M. *Cailhava* fe font tranfportés rue Sainte-Avoye, dans le même endroit où M. *Pilâtre de Rozier* a ouvert un *mufée fcientifique*, le 11 décembre dernier. Ils y ont tenu une affemblée publique, fous la préfidence de ce chef expulfé honteufement de la rue Dauphine. Ils en ont fait annoncer avec éclat la relation dans des feuilles publiques.

On voit une lettre datée du *mufée de Paris*, le 26 décembre, où M. *Court de Gebelin*, préfident honoraire perpétuel de ce mufée, réclame contre l'annonce envoyée par les fchifmatiques,

où il déclare qu'elle est fausse & chimérique; que
le *musée de Paris* n'a point transporté son local ;
qu'il subsiste toujours où il a été institué en 1780 ,
& que M. *Cailhava* n'est aujourd'hui qu'un *intrus*
sur le siege de la présidence, puisqu'il a donné sa
démission en bonne & due forme , le 7 août dernier, ainsi qu'on le lit dans une feuille de la
Gazette du commerce.

C'est à M. l'abbé de *Fontenay* , rédacteur du
journal général de France , que M. *Court de Gebelin*
adresse sa réclamation.

1 *Janvier.* M. *Duvaucel* , grand-maître enquêteur-général réformateur des eaux et forêts au
département de Paris & Isle-de-France, vient de
mourir. C'étoit un grand amateur de filles, qui
avoit mangé beaucoup d'argent avec elles , & laisse
par conséquent une succession en très mauvais
ordre. Il étoit garçon, & est pere d'un abbé *Duvaucel,* homme de lettres, prédicateur, qui a
déjà fait un grand chemin dans l'église.

2 *Janvier.* On suppose dans la premiere des
lettres édifiantes & curieuses , que M. l'évêque de
Rennes , durant diverses retraites qu'il a faites à la
Trappe , frappé de voir cent cinquante solitaires se
suffire avec vingt-cinq mille francs par an , dont
ils donnent plus de la moitié aux pauvres, & emploient une autre grande partie à exercer l'hospitalité indistinctement envers les voyageurs, a des
remords sur l'emploi mondain qu'il fait de ses gros
revenus. Il en fait part à M. l'évêque d'*Autun* ,
qu'il appelle *le Flambeau de l'église de France* , & le
consulte sur ce qu'il doit faire. Il le prie de mettre
la question en délibération avec MM. de *Narbonne*
& de *Toulouse* , autres astres de *l'église Gallicane.*

M. d'*Autun* lui répond en se moquant de ses

ſcrupules : il lui dit que M. de *Touloufe* les traite de vapeurs ; qu'il faut laiſſer à l'évêque de *Lefcars* agiter ces queſtions oiſeuſes & chimériques. Quant à M. de *Narbonne*, il a juré après lui comme un grenadier. Tous, en un mot, ſe réuniſſent pour l'exhorter de continuer à dévelppper ſes grands talents en adminiſtration, comme il a fait dans les derniers états, et comme il projette de faire encore.

Au ſurplus, M. de *Narbonne*, plus franc que les autres, & ne voulant rien prendre ſur lui, a envoyé le cas de conſcience à un de ſes bons amis, un vieux profès des *Blancs Manteaux*, âgé de 80 ans, un peu janſéniſte, peut-être, mais honnête homme d'ailleurs. C'eſt ce *mémoire adreſſé par le révérend pere* ✱✱✱, *bénédictin des Blancs-Manteaux, à monſeigneur l'archevêque de Narbonne*, qui forme la troiſieme partie du recueil.

Le ſavant moine traite ſuccinctement la queſtion : *Si les biens eccléſiaſtiques ſont actuellement employés ſuivant le vœu de l'églife :* il y a eu trois âges en ce genre.

Au premier, tous les biens formoient une maſſe commune, ſur laquelle les paſteurs prenoient leur ſubſiſtance étroite & indiſpenſable, pour ſuppléer au travail des mains, & le ſurplus ſervoit à ſecourir les pauvres, les malades, les voyageurs, les étrangers & les priſonniers. Ceux des paſteurs qui avoient un patrimoine, ne pouvoient y rien prétendre, qu'en l'abandonnant.

Le ſecond âge fut celui où la diviſion des biens de l'églife fut faite en quatre parts. La premiere, pour l'évêque, la ſeconde pour le clergé du dioceſe, la troiſieme pour les pauvres, & la quatrieme pour la fabrique de l'églife.

Eſt venu le troiſieme âge enfin, où les évêques, les chapitres & les moines ont envahi la meilleure part des biens eccléſiaſtiques, & les malheureux curés ont pu à peine y trouver leur ſubſiſtance; la part des pauvres, celle des fabriques ont été totalement envahies. Pour y ſuppléer, on a été obligé de mettre des impôts, d'établir une *taxe des pauvres*, *des charités dans* les paroiſſes, *des quêtes pour les rachats des captifs*, & des ordres qui vivent ſur ces quêtes.

On a capitulé avec le théâtre, & tandis que l'égliſe le frappe d'une main de ſes anathêmes, elle reçoit de l'autre le quart de ſon produit. u

Pour former la part des fabriques, il a fall, louer, à prix d'argent, le droit d'aſſiſter à la meſſee hauſſer en certains jours le prix des chaiſes, comm on tierce aux ſpectacles.

Pour ſuppléer la part même des clercs ſéculiers & autres prêtres, envahie par les miniſtres principaux, il a fallu imaginer *les ordres des mendiants*, *la quête des prédicateurs*, *le dedans de l'égliſe*.

Enfin on a énormément augmenté les *décimes*, ſecours volontaire d'abord, dont on a fait l'impôt le plus onéreux qui exiſte.

Le rigoriſte termine par une peinture effroyable de l'uſage qu'on a fait de ces biens, par celle du luxe immodéré des évêques, de leur mondanité, de leur corruption.

2 Janvier. On devoit jouer hier à la comédie italienne, la ſeconde repréſentation du *Droit du ſeigneur*. La piece étoit affichée, le public s'étoit rendu en foule pour la voir, & a trouvé très-mauvais que les comédiens ſe miſſent en devoir d'en donner une autre. Il y a eu un tapage effroyable ; le parterre les a empêchés de parler ou de chanter ; il a fallu parlementer long-temps. Enfin, fur la repréfentation que Mad. du Gazon, la principale actrice, étoit malade & giffante au lit, ce qu'on pouvoit vérifier fi l'on vouloit s'en donner la peine, on a exécuté le *Déferteur* au gré des mécontents.

3 *Janvier*. Au moment où les créanciers du prince de Guïmené fe flattoient de toucher quelque chofe en vertu d'un arrangement pris avec le roi, pour différentes ceffions qu'il faifoit à fa majefté, & fur tout pour celle de *la mouvance de la* ville & du port de l'*Orient*, des ceffionnaires des fermiers du domaine d'*Hennebon* & autres domaines de la couronne dont jouit, à titre d'engagement dans la province de *Bretagne*, S. A. S. monfeigneur le duc de *Penthievre*, interviennent & lui conteftent cette mouvance.

Le prince de *Guimené* croyoit être victorieux par arrêt du 27 octobre 1777, rendu en la grande direction en fa faveur, & un autre du 3 juillet 1781, rendu au rapport de M. *Joly de Fleury*, au confeil-royal des finances, confirmatif du précédent. On eftimoit à quatre millions la fomme qui devoit s'accroître à la maffe au profit des créanciers ; mais les réclamants reviennent aujourd'hui contre ces arrêts, prétendant en avoir le droit, & démontrer que le roi a été mal défendu. Tel eft le réfultat d'un grand mémoire & d'une confultation qu'ils publient, en date du 25 novembre 1783.

Le procès eft engagé en la grande direction des finances, au rapport de M. *Bertrand-Molleville*, maître des requêtes.

3 *Janvier*. On lit dans l'*Almanach Royal* de cette

année , à l'article des substituts du procureur-général du grand-conseil : *Barfeknecht de Ponteils, ancien procureur au parlement.*

En effet, ce substitut , reçu l'année derniere dans ce parquet, avoit éprouvé des difficultés à cause de ce titre ; ses confreres n'en vouloient point. Enfin l'autorité s'en est mêlée , & il a passé.

Le grand-conseil a vu avec peine cette note insérée là contre l'usage & malignement. Il y a une grande fermentation dans la compagnie, & les membres les plus chauds seroient d'avis d'assembler les sémestres pour en délibérer , & faire mander l'imprimeur d'*Houry* , afin de l'interroger & de savoir qui lui a suggéré cette méchanceté. D'un autre côté, celui-ci ne manquera pas de se mettre sous la protection du parlement , ce qui arrête les pusillanimes; par la crainte d'un engagement avec cette cour. On est curieux de savoir ce qui va arriver.

4 *Janvier.* M. le comte de *Guiche* , novice de l'ordre du Saint-Esprit , a eu la permission de venir passer quelques jours à Paris , pour y être reçu chevalier des ordres du roi. Il a dû repartir hier pour retourner à l'Orient, à raison de sa commission & de sa qualité de membre du conseil de guerre. Il s'est abstenu d'aller dans le monde & de manger avec qui que ce soit de la marine royale.

A son retour le Conseil doit reprendre. Il va lentement ; il n'entend guere que cinq ou six témoins par jour.

4 *Janvier.* M. le marquis de *Fulvy* a fait sur la mort de Mad. la comtesse de *Bussy*, dont on a parlé , les vers suivans , qu'il intitule : *hommage bien mérité.*

Je pleure l'aimable Mirthé,
   Séduifante fans artifice,
   Obligeante fans vanité,
Sans fiel poëte, & belle fans caprice.
Sur fon tombeau la fincere amitié
   Répandra les plus juftes larmes.
Dans le cœur de Mirthé, les charmes
   Paroiffoient croître de moitié.
L'Amour, le dieu qui lui prêtoit fa lyre,
   Lui doivent les mêmes regrets :
L'un, pour plaire, en reçut fes plus jolis fecrets ;
Et fa beauté, de l'autre affermiffoit l'empire.

4 Janvier. Par une bizarrerie fort finguliere, ou plutôt par un hommage rendu à *Paris,* comme au centre du goût & des arts, les héritiers du comte *Soderini,* qui avoit à Rome une collection précièufe de tableaux & de deffins des plus grands maîtres, l'avoient fait tranfporter ici, dans l'efpoir fans doute qu'ils y feroient mieux vendus. On en avoit dreffé un catalogue raifonné, & la vente étoit indiquée au 18 décembre 1783.

Les poffeffeurs de cette collection, malheureufement ont obfervé que ces tableaux expofés pendant quelques jours aux curieux, ne faifoient pas l'impreffion qu'ils attendoient; ils ont craint que la vente n'allât mal, & ils fe font déterminés à ne pas la faire.

On attribue ce refroidiffement des amateurs à la mal adreffe du rédacteur du catalogue, qui avoit trop vanté cette collection ; à la médiocrité des tableaux , ne répondant pas au mérite de leurs auteurs, tels que *le Guide*, *le Carrache*, *le Poussin*, &c. & encore plus à la mode , à la frivolité du siecle , qui nous fait préférer les bambochades , les caricatures , les Flamands polis & brillants , aux productions des plus grands maîtres.

5 *Janvier*. On a donné aujourd'hui au théâtre italien : *Le Conciliateur à la mode* , ou *les Etrennes du Public* , divertissement nouveau , en un acte , mêlé de vaudevilles & d'ariettes. Cette bagatelle , qui auroit dû sans doute avoir lieu plutôt , a vraisemblablement été retardée par le *brouhaha* du jour de l'an arrivé à ce théâtre. Rien de plus médiocre. Cet ouvrage amphigourique., sans sel , & qui n'avoit de succès que par quelques plaisanteries grossieres , n'est point digne de son Auteur , M. *Patrat*. Un éloge de *Carlin*, est ce qu'il y a de mieux sans contredit.

5 *Janvier*. Il paroît décidé que M. de *Néville* quitte la direction de la librairie pour passer à une intendance. Les libraires sont dans l'enchantement. On doute cependant que les arrêts du conseil de 1777 , contre lesquels ils réclament depuis ce temps , soient retirés , tant que subsistera M. le garde - des - sceaux , qui y est fort attaché & les regarde comme le principe d'une excellente administration en cette partie.

6 *Janvier*. Extrait d'une lettre de Londres , du 25 décembre 1783..... Il y a toujours un peu de vrai & beaucoup de faux dans tout ce qu'écrit Me. *Linguet*. A en croire la réclamation fastueuse de son *prospectus* , contre les contre - façons de ses annales multipliées , dit-il , jusques à l'extrava-

gance, on jugeroit que depuis dix - huit mois environ qu'il eſt ſorti de *France* pour la derniere fois, il a continué ſon journal, qui a eu la plus grande vogue chez l'étranger, & a excité les ſpéculations mercantilles de tous les corſaires de la littérature. Voici le fait.

Me. *Linguet* n'a publié que cinq ou ſix numéros depuis qu'il eſt ici ; ſavoir, le 72eme. finiſſant la troiſieme année de la ſouſcription, & ne contenant qu'une longue déclamation contre le ſieur *Le Queſne* : Les 73, 74 & 75, remplis uniquement de la *relation de ſa détention à la Baſtille* : Les 76 & 77, où il entre dans une analyſe tardive & détaillée juſques à la ſatiété des *œuvres de Voltaire*, qu'il conſidere, & comme poëte, & comme hiſtorien, & comme philoſophe.

Soit défaut de matériaux & de correſpondances, ſoit preſſentiment du dégoût des *Anglois* & autres étrangers pour ſon journal, ſoit que tournant toujours un regard de tendreſſe vers ſa patrie, Me. *Linguet* craignit de s'en exclure tout à-fait, & voulut encore en ménager le gouvernement : il n'a rien publié que depuis qu'il a eu permiſſion de faire de nouveau circuler en *France* ſon journal, qui va recommencer véritablement. Il a compoſé depuis le N°. 78, où il traite du *Congrès* & des *Ballons*. Le 79eme. eſt en route, & vous en jugerez.

Les contrefacteurs, ſéduits par le titre, par le nom de ce célebre fugitif, & par une matiere neuve & intéreſſante, ont effectivement multiplié les éditions de ſa *relation de la Baſtille*, dont ils ont fait un ouvrage iſolé ; mais aucun n'a touché au journal. . . . Voilà la ſolution du problême.

7 *Janvier*. On peut se rappeller une plaisan-terie faite il y a plus d'un an, à l'occasion de la banqueroute du prince de *Guimené*. C'étoit une lettre prétendue écrite par Mlle. *Guimard* & ses consœurs de l'opéra, au prince de Soubise. Il en paroît une d'un genre différent, adressée au même seigneur, par les créanciers de l'illustre banque-routier, qui ne rient pas, & s'impatientant de ne point voir venir d'argent, jettent les hauts cris, & disent même à M. le maréchal, non-seulement des vérités dures, mais des injures grossieres.

8 *Janvier*. Outre une assemblée générale des actionnaires de la caisse d'escompte, indiquée, suivant l'usage, au 15 de ce mois, pour fixer le dividende; il y en a une autre extraordinaire ar-rêtée avant pour le 10, afin d'y entendre le rap-port qu'y doivent faire les commissaires de cette compagnie, nommés dans la séance du 26 no-vembre.

8 *Janvier*. Extrait d'une lettre de Mâcon du 3 janvier.... L'administration des états du *Mâ-connois* a délibéré d'établir dans cette ville une école gratuite de dessin, sous la protection de M. le prince de *Condé*, notre gouverneur. Il est question de se procurer un professeur capable de di-riger cette école en faveur des arts méchaniques, & l'on n'a cru pouvoir mieux faire que de suivre les errements donnés par M. *de la Tour*, qui forme un pareil établissement à *Saint - Quentin*. Le con-cours est ouvert à l'instar du sien, & c'est à l'école-mere de *Paris* qu'est renvoyée la décision.

8 *Janvier*. Rien de plus vrai que l'évacuation du Château de *Vincennes*. On présume avec assez de raison que l'ouvrage de M. le comte de *Mi-*

rabeau fur les *lettres de cachet & les prisons d'état* ,
n'a pas peu contribué à déterminer M. le baron
de *Breteuil*. Il a vraisemblablement reconnu la vérité des plaintes que l'illuftre prisonnier y porte
contre le geolier royal , M. de *Rougemont*. Cependant il eft confervé dans fa place , ainfi que l'état-
major ; mais il en réfultera toujours un *déficit* de
bénéfice confidérable pour ce lieutenant de roi.

9 *Janvier.* Comme par le nouvel arrangement
avec les fermiers-généraux , ils ont confenti à
laiffer l'adminiftration maîtreffe d'opérer dans les
traites & droits d'entrée, les changements qu'elle
eftimera les plus fages & les plus utiles ; on continue toujours cette opération , & l'on efpere que
dans le cours de cette année , toutes les gênes
qui exiftoient dans l'intérieur du royaume pour
la libre circulation des marhandifes, feront fup-
primées. C'eft un M. de *Commercy* qui s'occupe
de cette befogne.

9 *Janvier.* M. le duc de *Chartres* s'eft fait tant
d'ennemis par fes nouveaux bâtiments , que le
libelle nouveau contre lui eft couru avec fureur,
& conféquemment fe vend très-cher. Il n'a que
deux cents pages, & coûte 12 livres. On en parle
affez hautement dans toutes les converfations ;
chacun en cite des traits ; & comme l'ouvrage
eft traité ironiquement , c'eft-à-dire, en forme
d'apologie , cette tournure prête à la gaieté. Au
refte , il y a beaucoup de faits & d'anecdotes, &
l'auteur paroît avoir fouillé affez avant dans la vie
de fon héros.

9 *Janvier.* MM. le marquis de *Vaudreuil* & le
comte de *Bougainville* , ont ordre d'être rendus à
l'Orient au plus tard demain 10 , pour y être en-
tendus par le confeil de guerre.

10 *Janvier.* On attribue au marquis de *Vilette,* la *lettre envoyée au maréchal de Soubise par les créanciers de sa fille & de son gendre.* La voici.

« Enfin , M. le maréchal , vous voilà de retour à l'opéra. Votre conscience est donc en repos sur toutes les atrocités commises par vos enfants, & vous pouvez impunément égayer votre vieillesse au milieu de vos courtisanes.

» Les gémissements , les larmes ; les cris de la douleur, le tableau de la misere de tant de familles défolées ne viendront point troubler la joie de vos festins & de votre sérail.

» Si vos remords ne font pas aujourd'hui le tourment secret de votre existence, tremblez que des hommes réduits au défespoir & animés d'une juste indignation , ne viennent fur le théâtre même de l'opéra, vous préfenter l'image terrible de la vérité.

» Si l'on a pardonné à votre stupide & barbare ambition d'avoir mis la *France* en deuil à *Roebuck;* fi l'on conçoit plus de mépris que de haine pour les chimériques promeffes & l'impuissante altesse de votre cardinal ; fi l'on fe fouvient à peine de l'orgueilleufe bêtise de votre fille & de votre gendre ; au moins , avoit-on le droit d'espérer qu'un maréchal de France, un ministre d'état , un pere de famille, donneroit aux siens le précepte & l'exemple d'un généreux facrifice, & qu'il fe hâteroit de réparer de toutes fes forces l'injure faite à l'honneur de fa maifon. Pourquoi votre fille eft-elle encore un fujet de fcandale ? Pourquoi n'a-t-elle pas enfeveli dans un cloître fa honte & fon repentir ? Pourquoi chercher encore à repaître de vaines paroles & de faux ferments

des

des citoyens honnêtes & malheureux , dont vous avez tout à craindre , puisqu'ils n'ont plus rien à perdre.

« Il est temps de prendre un parti , M. le maréchal , songez que le prince est inexorable aux méchants. Si vous avez droit à sa clémence , nous avons les mêmes droits à sa justice. Il est , à son âge , le modele des vertus. Songez qu'il existe auprès de son trône un ministre ; que sa probité & son mérite personnel ont rendu l'objet de la vénération publique ; il sera notre interprete auprès de son maître & de notre pere. Il daignera soutenir notre cause , & nous allons la porter à ses pieds. »

10 *Janvier*. L'auteur de l'estampe de *Voltaire & Jean - Jacques aux champs Elysées* , qui a eu tant de succès , vient de mourir. C'étoit le sieur *Mairet* , graveur , éleve de *le Bas* , qui n'étoit pas encore de l'académie , mais très - digne d'y occuper une place. Son burin étoit correct , sa maniere douce & agréable : il sembloit avoir en vue celle de l'élégant *Bartolozzi* , & personne n'étoit plus près de ce charmant original. Du reste , beaucoup d'intelligence & de goût lui eussent incessamment procuré une grande célébrité.

11 *Janvier*. Extrait d'une lettre de Besançon , du 4 janvier 1784..... Sans doute il est bien singulier , tandis que le parlement fatigue le roi de remontrances sur remontrances , réclame sans relâche contre les vexations exercées dans la province sous l'autorité de sa majesté , lui peint avec une mâle énergie les calamités & la misere des peuples de son ressort , voudroit lui faire craindre que leur amour ne se relâchât enfin , soit préci-

fément le moment où la *Franche - Comté* , qui n'avoit point encore rendu cet hommage à aucun de nos rois , faffe dreffer une ftatue à *Louis XVI* , & foit la prémiere qui donne l'exemple. Affuré-ment nous fommes pleins de vénération pour les vertus perfonnelles du monarque. Nous n'igno-rons pas , nous fommes même perfuadés qu'il veut le bien , qu'il le fait dès qu'on le lui montre. Mais il y a loin de ces fentiments aux tranf-ports , à l'ivreffe , à l'enthoufiafme , qui décer-nent les triomphes & élevent les monuments.

Il faut tout dire : il y a quatre ans que la ville de *Dole* avoit arrêté d'ériger cette ftatue. On en peut juger par l'infcription françoife , conçue en ces termes , & qui fe rapporte à cette époque : *A Louis XVI, âgé de vingt - fix ans.* Elle eft auffi fimple que noble , & c'eft celle qui a été préférée par la cour. La modeftie du roi n'a pas voulu des deux autres en vers que voici :

Louis, de fon domaine a banni l'efclavage ,
A l'Amérique, aux mers il rend la liberté :
Ses loix font des bienfaits, fes projets font d'un
Sage ;
Et la gloire le montre à l'immortalité.

L'auteur de ce quatrain eft M. *philippon de la Madeleine*, auteur auffi de l'infcription adoptée. Un M. *Fourquet , de Dole*, en avoit compofé une autre, qui avoit le mérite d'une plus grande précifion , mais d'une adulation ourrée, que *Louis XVI* lui-même a dédaignée :

Du plus augufte des Rois,
Vous qui contemplez l'image,
Voyez-y tout à la fois,
Un Pere, un Héros, un fage

On affure que c'eft ce mot de *héros* qui a fur-tout déplu à un monarque qui ne s'eft pas encore trouvé dans le cas de mériter ce titre, en fe mettant à la tête de fes armées, & y déployant fes qualités martiales.

Au furplus, la cérémonie de l'inauguration a été très modefte. L'intendant l'a preffée pour faire fa cour & démentir les affertions du Parlement. Un peuple mécontent n'érige pas de ftatues; un peuple dans la mifere n'a pas de quoi fubvenir à ces monuments, fouvent p'us de luxe que d'amour.

Nota. L'académie de *Dijon* avoit été confultée pour l'infcription, & en avoit envoyé plufieurs qui n'ont pas réuffi.

11 *Janvier.* On n'a appris que depuis peu la mort, en pays étranger, de M. *Peroneau*, dont l'académie même ignoroit le deftin, puifqu'il fe trouve encore fur la lifte de l'almanach royal, 1784. La vie errante qu'il avoit toujours menée, habituoit à ne le point voir, & à fe paffer de fes ouvrages. Il n'avoit point expofé au falon dernier, ni même en 1781. L'inconftance de fon caractere l'avoit empêché de fe fixer nulle part, quelque avantage qui s'y préfentât pour lui. On voit de fes ouvrages en *Italie*, en *Efpagne*, en *Angleterre*, en *Allemagne*, en *Ruffie*, en *Pologne*, à *Hambourg*, en *Hollande*, où il a terminé fa carriere, & dans les principales villes de *France*.

C'étoit un peintre de portraits au paftel. Son

deſſin étoit correct, ſes attitudes d'un choix noble ; la diſpoſition de ſes draperies bien priſe, mais ſa touche lourde & ſans effet. Il avoit auſſi le coloris mauvais. Ce qui cependant ſans doute fait l'éloge de ſon talent, c'eſt que le plus célebre peintre de portraits de nos jours dans cette maniere, M. *de la Tour*, l'avoit choiſi pour faire le ſien.

12 *Janvier.* Il a commencé à geler dans ce pays-ci, ſans interruption, à-peu-près depuis le 7 décembre, ce qui a d'abord occaſionné la malpropreté des rues aſſez habituelle, & preſque inévitable en pareil cas. Le 27 il a commencé à tomber de la neige, & le 28 elle a été ſi abondante & ſi continue, qu'il s'en eſt trouvée huit pouces de hauteur. Une forte gelée, venue pardeſſus, a rendu très-difficile le défoncement de cet amas de glaces. Cependant la riviere étoit baſſe depuis long temps ; elle pouvoit ſe prendre aiſément ; il étoit eſſentiel de pourvoir à la ſubſiſtance de la capitale & même de *Verſailles*. En ſorte que, dans une circonſtance où l'on auroit eu beſoin de doubler, tripler, quadrubler, décupler *les* bras des balayeurs & les voitures, il a fallu en détourner une partie pour tranſporter les vivres par terre. Il eſt arrivé un faux dégel, ſuivi de nouvelles gelées ; *Paris* eſt devenu un cloaque, la communication a été abſolument interrompue entre les habitants, & pendant quelques jours, il n'y a eu ſur pied que les gens qui étoient forcés par le beſoin, par leur métier, ou par leur devoir. Des bras, des jambes caſſées, d'autres accidents ont été la ſuite de cette intempérie de la ſaiſon.

Au milieu de cette eſpece de calamité publique, il eſt des gens qui ont trouvé encore à en tirer parti , à rire & à s'amuſer. D'abord les courſes eñ traîneaux ont eu lieu tant qu'on a voulu ; enſuite il s'eſt offert un ſpectacle plus nouveau & plus piquant pour les amateurs. On alloit voir à la halle , les poiſſardes en bottes, en culottes, leurs cotillons retrouſſés juſqu'au nombril , exerçant leur métier dans cette eſpece de maſcarade , & redou-blant de quolibets & de propos grivois.

Au reſte , malgré les clabauderies de nos ſyba-rites, qu'incommode un pli de feuilles de roſes, on doit applaudir au zele avec lequel la police à veillé aux deux points les plus eſſentiels , la ſub-ſiſtance & la ſureté. Les vivres ſont toujours venus en abondance, & l'on n'apprend pas que les aſſaſ-ſins & les voleurs aient fait plus de coups de main en ce temps ſi favorable pour eux que dans un autre.

12 Janvier. Extrait d'une lettre de l'Orient , du 6 janvier.... Le roi ayant coutume d'envoyer tous les ans à l'empereur de la *Chine*, des mar-chandiſes & quelques raretés de ſon royaume, on ajoute cette fois aux curioſités ordinaires , douze ba!lons aéroſtatiques de taffetas, avec des bou-teilles d'acide vitriolique & tous les inſtruments, uſtenſiles & inſtructions néceſſaires , adreſſés aux anciens miſſionnaires qui ſont à *Pékin*, dans le palais même de l'empereur.

Tout cela eſt embarqué ſur un navire qui doit partir pour la *Chine* dans le courant de février.

12 Janvier. On a donné hier ſur le théâtre de l'opéra une nouveauté intitulée : *l'Oracle, ballet d'action*. Quoique cette pantomine ait été aſſez bien reçue du public , elle ne ſuppoſe pas un grand génie de la part du compoſiteur, le ſieur *Gardel*, l'aîné, puiſqu'il n'a fait que ſuivre de fcene en fcene, de point en point, la jolie piece de Sainte-Foix. Il a été feulement obligé de gâter le fujet en allongeant, & de fuppléer à l'expref-fion du dialogue par l'addition de deux fcenes. Quant à l'exécution, Mlle. *Guimard* renouvelle aujourd'hui le preftige de Mlle. *Gauffin* autre-fois, & elle paroît, ainfi qu'elle, n'avoit que 15 ans dans le rôle de *Lucinde*. Celui de *Charmant* eft exécuté avec autant de graces & plus de vé-rité par le fieur *Nivelon*.

Le ballet eft terminé par une fête très-agréable, qui laiffe aux autres coryphées de la danfe la liberté de déployer leurs talents.

12 *Janvier*. Extrait d'une lettre de l'Orient, du 6 janvier...... Quoiqu'il ne foit pas permis aux membres du confeil de guerre qui fe tient ici de rien dire concernant leurs affemblées, ce-pendant par les témoins & leur rapport, on tire des inductions. On croit que les dépofitions font, pour le plus grand nombre, en faveur des offi-ciers-généraux & des chefs de divifion, dont on examine la conduite, conféquemment contre le comte de *Graffe*, qui les accufe.

Le baron d'*Arros*, entr'autres l'un des matelots du général, prouve par témoins qu'il s'eft battu non loin de la *ville de Paris*, encore demi-heure après qu'elle fe fut rendue.

13 *Janvier*. Il a fur-tout paru deux écrits contre le régime actuel de l'ordre de *Saint-Benoît*, l'un intitulé : *Appel comme d'abus des élections faites par l'affemblée de Saint-Denis* ; l'autre, *Lettre des fupérieurs majeurs de la congrégation de Saint-Maur*, qui ont mérité fon attention. Il prétend qu'ils font dans le cas des quatre com-pofés dans le même efprit, publiés au nom de

dom *Mouffo* & de fes adhérents , fupprimés par arrêt du confeil , du 11 juillet 1783 , comme contraires au refpect dû à l'autorité du roi , au maintien du bon ordre & à la tranquillité que fa majefté entend maintenir dans la congrégation de Saint-Maur. Cependant il n'a pas voulu requérir cette fuppreffion flétriffante , & il a cru plus fage, plus honnête & plus avantageux , afin d'éclairer les membres aveugles d'une faction expirante , de publier un *mémoire & confultation ,* dont s'étoit chargé Me. *de la Croix* , avocat excellent, non pour traiter profondément de pareilles matieres , mais pour les mettre à la portée des gens du monde , les rendre l'objet des converfations & gagner d'autant les fuffrages du public.

13 *Janvier.* Sans doute la tournure de donner au public la *Vie privée du Duc de Chartres* , fous la forme d'une apologie, étoit une idée heureufe , adroite & plus piquante qu'une fatire directe , fi elle eût été bien remplie. Mais ce pamphlet , de 134 pages feulement, eft plus que médiocre ; beaucoup de bavardage , des anecdotes connues , point de détails curieux dans les morceaux où les faits du héros font liés à l'hiftoire publique. Par exemple , le combat d'*Oueffant* fourniffoit une ample matiere à une narration intereffante , fi l'écrivain eût été inftruit. Mais tout prouve que ce n'eft qu'un libellifte obfcur, ignorant , guidé par un intérêt fordide , car la vengeance ne femble pas même avoir animé fa plume , fans énergie & fans vigueur.

13 *Janvier.* Le *Macbeth* de M. *Ducis* , attendu depuis deux mois, a été enfin joué hier. Cet auteur , encouragé par fes fuccès inouis , a cru pouvoir faire paffer déformais toutes les folies , toutes

les abfurdités , toutes les barbaries du poëte Anglois, qu'il paroît avoir entrepris de tranfporter
fucceffivement fur notre fcene tant qu'on voudra
bien l'y fouffrir. On fait que cet étranger eft *Shakef-
péar*, c'eft-à-dire, le plus fublime & le plus bas,
le plus hardi & le plus extravagant de tous les
tragiques. A en juger par le peu d'accueil que
Macbeth a reçu hier, on feroit tenté de croire que
l'on commence à fe laffer de tant d'horreurs pué-
riles & dégoûtantes. On affure qu'à la répétition
du dimanche , M. DUCIS , effrayé lui-même de
l'amas de monftruofités & de platitudes dont fon
ouvrage eft rempli , avoit en quelque forte perdu
la tête & étoit devenu fou , avec fon héros , de
remords d'avoir fi cruellement outragé le goût ,
la raifon & le bon fens. Cependant , comme certains morceaux ont été fort applaudis , & que
le parterre n'a point témoigné fon indignation
d'une façon marquée , qu'il n'y a eu que de la
froideur de fa part , fon amour-propre lui a per-
fuadé qu'avec des corrections , des retranchements
& des mutilations , & fur-tout à l'aide d'une
forte cabale , il pourroit faire aller la piece &
peut-être lui procurer le triomphe. En conféquence la feconde repréfentation eft remife à famedi , & il faut voir ce qui en réfultera.

14 *Janvier. Les petits foupers & les nuits de
l'hôtel de Bouillon. Lettre de M. le comte de ∗∗∗∗∗∗
à milord ∗∗∗∗∗, au fujet des récréations du marquis de Caftries & de la danfe de l'ours , anecdote finguliere d'un cocher qui s'eft pendu à l'hôtel de Bouillon , au fujet de la danfe de l'ours.*

A la confufion de ce titre on peut juger du
pamphlet , qui n'eft pas mieux ordonné , très-
vûide & d'une très-grande platitude en outre ,
quant au ftyle.

On avertit dans un *avis* que les *petits soupers*
avoient déjà été imprimés au mois de juin 1782,
mais que le ballot, arrivé sans encombre aux
portes de Paris, y avoit été saisi. L'éditeur de
cette rapsodie ne s'est point lassé & a fait faire
une seconde édition, qui certainement ne sera
pas suivie d'une troisieme.

La princesse de *Bouillon*, la princesse d'*Henin*,
la duchesse de *Lauzun*, le duc de *Bouillon*, le duc
de *Chartres*, le comte de *Genlis*, le prince de
Guimené, le chevalier de *Coigny*, le marquis de
Castries, le chevalier *Jerinhim* ou *Jardinié*, enfin
le pere *Fortuné*, théatin, font les personnages
dont il est spécialement traité, mais très en bref,
puisque l'ouvrage en gros caracteres n'a que
93 pages. Il est en forme de dialogue entre le
comte & un inconnu. L'envoi en est daté de *Paris*,
le 30 Mai 1782.

14 *Janvier. Dans le mémoire & consultation
pour le régime actuel de la congrégation de Saint-
Maur, contre les appellants comme d'abus des
élections faites au chapitre de l'abbaye de Saint-
Denis en 1783,* Me. de *la Croix* fait d'abord un
éloge mérité de l'ordre des bénédictins. Il entre
ensuite dans le détail de son régime, & dans l'historique des troubles qui l'agitent depuis quelque
temps en France. Il tire parfaitement au clair tout
ce qui s'est passé en 1781, dans la province de
Normandie, lors de la diete provinciale convo-
quée à l'abbaye du *Bec*, où le visiteur de la province, homme entêté & impérieux, parvint à
substituer l'arbitraire & le despotisme à la regle,
par un vice d'élection qui a infecté tout ce qui
s'en est suivi, & conséquemment celles faites
même au chapitre général de *Marmoutiers*. De-là,

un premier appel comme d'abus au parlement en
1781 , qui fut rejeté , & un *arrêt du conseil* du
29 juin de la même année , qui enjoignoit aux
opposants *de reconnoître les supérieurs nommés
dans le chapitre général & de leur obéir.* Les
opposants se conformerent aux volontés du souverain.

Heureusement , le clergé de *France* assemblé
par extraordinaire en 1782 , prit en considération
le sort d'une congrégation aussi précieuse à l'église
& à l'état. Et après un examen sérieux du sujet
des contestations qui s'étoient élevées dans son
sein, représenta au roi que la religion de sa majesté avoit été surprise , & que l'affaire méritoit
d'être discutée plus profondément. Intervint ensuite l'*arrêt du conseil* du 24 juin 1783 , & tout
ce qui s'en est suivi, c'est-à-dire , un renver-
sement absolu de ce qui avoit été fait par le chapitre de Marmoutiers.

Dom *Mousso* & ses adhérents n'ont pas voulu
acquiescer aux nouveaux arrangements. M. l'abbé
Mey , avocat consultant , le plus grand canoniste
de nos jours , leur a prêté sa plume pour critiquer
les délibérations du chapitre de 1783 , & conséquemment les élections , ce qui replonge l'ordre
dans un autre chaos. Ces réfractaires aux arrêts
du conseil , avoient interjeté appel *ad apostolos* de
tout ce qui se feroit , & depuis la clôture du
chapitre, l'ont porté devant le parlement , d'où est
venue la *réponse du roi* à cette cour : « Que son in-
» tention étoit de maintenir par lui-même la
» paix & l'ordre dans la congrégation de *Saint-
» Maur*, dont l'institut est utile à la religion &
» aux progrès des lettres, & de veiller à sa con-
» servation par la sagesse des mesures qu'il avoit

» prifes. » Mais comme fa majefté n'a point dé-
pouillé le parlement de la connoiffance de l'affaire,
que d'un jour à l'autre elle peut y être appellée ;
Me. de *la Croix* a cru devoir faire connoître aux
magiftrats & au public : « 1. Que le chapitre
» de 1781, fur lequel s'appuie le régime ancien,
» ne peut point être regardé comme canonique ;
» que par conféquent la nomination de dom
» *Mouffo* & des autres fupérieurs étoit vicieufe. Que
» celui de 1783, a tous les caracteres de la ca-
» nonicité, & que conféquemment l'élection des
» fupérieurs actuels leur a imprimé les pouvoirs
» attachés à leur dignité. »

Après avoir réfuté ainfi les écrits qui attaquent
les nouvelles élections, dans un bout de confultation du 20 décembre 1783, il eft d'avis de
n'en plus parler, & d'attendre le repentir des
coupables.

14 *Janvier.* On croit que le confeil de l'*Orient*
s'avance beauconp, car le comte de *Graffe* a reçu
ordre de s'y rendre auffi.

14. *Janvier.* On a parlé de l'attachement de
M. *Deflon* à la doctrine du fieur *Mefmer*, concernant le *magnétifme animal*; du zele avec lequel il l'a défendu au fein de la faculté, & des
perfécutions qu'il avoit courageufement effuyées
pour ce nouveau chef de fecte.

On a dit que ces deux perfonnages s'étoient
brouillés depuis, mais fans en connoître la raifon.
Il paroît que le docteur *Deflon*, ayant, pendant
que le docteur *Mefmer* étoit à *Spa*, l'été de 1782,
effayé de traiter quelques malades par le *magnétifme animal*, obtint des fuccès dont la renommée excita la jaloufie du dernier. Ce fut là caufe
de fon étonnante lettre à la faculté, où il accufoit

fon difciple de l'avoir trahi, d'en impofer au public, de n'avoir jamais reçu les inftructions fuf-
fifantes pour pratiquer les fecrets de la doctrine du
maître.

M. *Mefmer* revenu à Paris, & convaincu fans
doute de la néceffité d'arrêter une divifion fu-
nefte, a été le premier à rechercher M. *Deflon*.
Celui - ci après fix mois de follicitations, a confenti de retourner à fon école, à condition, que
M. *Mefmer* l'inftruiroit de bonne foi & à fond
de cette théorie qu'il lui avoit tant vantée, & qui,
felon lui, devoit changer tout le fyftême des connoiffances humaines; qu'il renonceroit au projet
d'avilir fon fecret en le communiquant au premier
venu pour cent louis, fuivant qu'il l'avoit annoncé par une foufcription ouverte : au contraire,
qu'il formeroit à fa méthode de traiter les maladies, des médecins, feuls propres par leurs lumieres acquifes à l'exercer.

D'après cette convention, M. *Deflon* s'eft de
nouveau rendu le coadjuteur & l'apôtre de M. *Mef-*
mer. Mais le dernier n'effectuant pas fes promeffes,
& le premier le fommant de les remplir, il en
fut congédié. Malheureufement pour M. *Mefmer*,
tous les malades que M. *Deflon* lui avoit amenés
déferterent auffi : ce qui a de nouveau rallumé
fa jaloufie & provoqué fon défaveu de ce médecin pour fon éleve & le participant de fa doctrine.

M. *Deflon* a pris le parti d'abandonner pour
jamais ce maître, mais non fes principes ; d'élever autel contre autel, & de rendre compte au
public de toute cette querelle dans une lettre du
28 décembre, inférée au *journal de Paris*, du
10 de ce mois.

15 *Janvier*. M. *Cardonne*, fecrétaire interprete

du roi , garde des manuscrits de sa bibliotheque ,
censeur & professeur royal pour les langues turque
& persane au college royal , est mort à la fin
de décembre. C'étoit un érudit dont les ouvrages sont peu connus. On prétend qu'il laisse en
manuscrit un *recueil de fables Indiennes* , qu'il avoit
traduites , & qui n'est pas indigne d'être transmis
au public par l'impression.

15 *Janvier*. Personne ne doute aujourd'hui que
les bruits répandus sur madame la comtesse d'*Artois*
avec un éclat si scandaleux , ne soient une calomnie , mais provenue sans doute d'une cabale assez
puissante pour n'en pas craindre les suites. Quoiqu'il en soit , on assure que le roi & M. le comte
d'*Artois* redoublent d'attention envers elle depuis
ces bruis infames. Voici au surplus ce qui y a
donné lieu , & l'ihstoire plus constatée du garde
d'*Artois* arrêté. Le sieur *Desgranges* (c'est son
nom) est fils d'un maître de postes de *Barbésieux* ,
près Angoulême. C'est un très-beaux cavalier.
Lorsque M. le d'*Artois* fut à Bordeaux , il con-
duisit lui-même son altesse royale. Elle le remarqua ,
fut touchée *de son zele* , & voulut se l'attacher en
le faisant entrer dans ses gardes. Au bout de quelque temps le sieur *Desgranges* s'est vu avoir beaucoup d'or , des diamants , des bijoux , prendre une
sorte de train , & il y a plus de trois ans que ,
lorsqu'il étoit à Angoulême , sur les difficultés
qu'on faisoit de le recevoir dans les maisons de la
noblesse , à raison de sa basse extraction , ses camarades disoient : *Vous avez tort , les grandes dames
de la cour ne sont pas si délicates que vous*. Madame la comtesse d'*Artois* le protégoit , & il s'en
est prévalu pour accréditer des bruits faux , qu'il
regardoit comme honorables pour lui. Quoi

qu'il en soit , M. le comte d'*Artois* venoit de le faire capitaine de cuirassiers & son gentil-homme ordinaire , peu de temps avant sa détention.

15 *Janvier. Bibliotheque des dames de la cour, avec de nouvelles observations. Décembre* 1783.

Traité de l'amitié à l'usage des souverains, par la reine de *France.*

Traité sur le plaisir, dédié à la reine.

L'art de bien vivre avec son mari , & de le rendre toujours amant , par *Madame.*

Les charmes de la Vérité, dédiés à *Madame,* par mesdames de *Lesparre,* de *Laval* & d'*Escars.*

Traité du danger d'aimer trop son mari , dédié à madame la comtesse d'*Artois.*

La Bonté personnifiée, dédiée à madame la duchesse de *Chartres.*

Des Inconséquences de l'humeur , traité dédié à madame la duchesse de *Bourbon.* (1).

Le Catafalque vivant , dédié à madame la princesse de *Conti* (2).

La Matiere préférable à l'esprit , dédié à madame la princesse de *Lamballe ,* par le marquis de *Clermont ,* revu par *la Vaupalliere.*

La Liberté des mœurs, par le prince *George de Hesse ,* & le marquis de *Montesquiou.*

Les Minuties , brochure , par la princesse de *Chimay* (3).

---

(1) On sait que cette humeur est cause de sa séparation d'avec son mari & son beau - pere.

(2) Tout le monde sait que son mari n'a jamais voulu coucher avec elle.

(3) Elle est dame d'honneur de la reine.

La Politeſſe Françoiſe, dédiée à la comteſſe d'Oſſun (1).

L'Enfant du plaiſir, dédié à la comteſſe de *Balby* (2), par * * *.

La Néceſſité de faire la barbe, dédiée à la ducheſſe de *Lorges* (3).

Traité ſur l'ambition, dédié à Mad. *Adélaïde*, par Mad. la ducheſſe de *Narbonne* (4).

Traité ſur la mauſſaderie, par la ducheſſe de *Laval*.

Les Effets de l'eau-bénite, dédiés à Mad. de *Luxembourg* (5).

La Prude galante, ou *l'utilité des portes de derriere*, dédiée à la comteſſe de *Blot*, par le maréchal de *Caſtries* (6).

La Paſſade, dédiée à la même, par M. le comte d'*Artois*.

J'ai donné dans la boue, livre dédié à la comteſſe *Diane*, par le marquis d'*Autichamp* (7).

---

(1) Madame la comteſſe d'*Oſſun* eſt d'une ruſticité ſans exemple.

(2) Il faut ſe rappeller la querelle de M. le comte de *Balby* avec ſa femme. Elle eſt aujourd'hui dame d'atour de *Madame*.

(3) Elle a de la barbe comme un homme.

(4) On ſait que cette femme intrigante a beaucoup d'aſcendant ſur l'eſprit de la princeſſe.

(5) On aſſure que madame la maréchale de *Luxembourg*, dévote, met de l'eau bénite dans ſon bidet pour éviter les tentations.

(6) On ſait que, depuis long-temps, le maréchal de *Caſtries* eſt attaché à cette dame.

(7) C'eſt le bruit général de la cour qu'il a fait un enfant à cette dame.

Une jolie mine mene à tout, dédié à la duchesse de *Polignac*, par le marquis *de Vaudreuil.*

L'Empire des femmes, dédié à Mad. de *Châlons*, par le duc de *Coigny.*

L'Argent au deſſus de tout, conte dédié à la baronne de *Talleyrand.*

Traité ſur les corps opaques, dédié à la marquiſe de *Montmorin* (1).

Le Libertinage, traité dédié à la marquiſe de *Fougieres*, par le public.

L'Ami des hommes, dédié à la vicomteſſe de *Laval*, par MM. de *Fitzjames*, de *Jaucourt* & de *Luxembourg.*

Les Regrets du temps, à Mad. de *Roucery.*

Traité ſur le commérage, dédié à la marquiſe *d'Eſtourmel.*

La Belle & la Bête, dédié à la comteſſe de *Crenay*, par M. de *Megrigny.*

Traité ſur le tortillage, par la comteſſe d'*Harville.*

Hiſtoire des treize Cantons, par Mad. de *la Suze.*

Notre mere Sainte-Egliſe, dédiée à Mad. de *la Roche-Aymon*, par l'évêque de *Tarbes.*

L'Amour fraternel, par Mad. de *Grammont* (2).

La Coquetterie, par Mad. de *Simiane* (3).

Nouvelle invention de ratelier poſtiche, dédiée à Mad. de *Montmorin*, par M. de *Viomeſnil.*

---

(1) Cette dame eſt extrêmement épaiſſe.

(2) On prétend qu'elle a couché avec le duc de *Choiſeul* ſon frere.

(3) La plus jolie femme de la cour.

La Femme Homme, dédiée à Mad. la duchesse de *Luynes*.

La Statue ambulante, dédiée à madame de *l'Afcuse*.

Observations sur les Précieuses ridicules, par la marquise de *Bourbon - Buffet*.

Traité sur le Patélinage, par Mad. d'*Ararey*.

Traité sur l'Esprit, par la marquise d'*Andlau* (1).

Traité sur la fausseté, dédié à la vicomtesse de *Tavannes*.

La Bourgeoise de qualité, dédiée à Mad. de *Civrac*.

Traité sur la physionomie, par la duchesse de *Lausun*.

La Cavale débridée, à Mad. de *Modene*, par les *Caffecols*.

Traité sur l'audace, dédié à la comtesse de *Grammont*.

L'abus de la galanterie, par mesdames de de *Matignon*, de *la Châtre*, d'*Oudenarde* & *Dudreneuc*.

16 *Janvier.* On craint fort que le marquis de *Vaudreuil*, le lieutenant - général de la marine, ne se trouve compromis désagréablement dans le jugement du conseil de guerre de l'*Orient*. Il étoit le second de l'armée navale, & on l'inculpe de n'avoir pas fait tout ce qui dépendoit de lui pour secourir son général, & défendre le pavillon amiral. On sait que les *Vaudreuil* ont

____

(1) Elle est fille de M. Helvetius, auteur du livre de l'esprit.

fait en conféquence tout ce qu'ils ont pu pour empêcher que ce confeil de guerre n'eût lieu. Depuis
il y a eu différents mémoires de donnés par eux à
ce fujet. Enfin, le comte de Vaudreuil, le plus
accrédité de cette famille aujourd'hui, a eu derniérement une prife à cette occafion avec le
maréchal de *Caftries*. Elle a été fi vive, que celui-ci
fe trouvant trop preffé, lui a dit : *Mais vous
oubliez, Monfieur, que vous parlez à un maréchal
de France & à un miniftre du roi!* —— *Je ne puis
l'oublier*, lui a répondu M. de *Vaudreuil*, *puifque
c'eft moi qui les ai faits ; ce feroit à vous à vous
en fouvenir.*—— *Je rendrois le bâton tout-à-l'heure,
& remettrois le porte-feuille au roi, fi je croyois
n'être monté à ces honneurs que par un canal
auffi peu glorieux*, a repliqué le miniftre. Depuis
ce temps ils fe boudent & l'on travaille à les
raccommoder. Du moins, telle eft l'anecdote fort
accréditée parmi les courtifans.

16 *Janvier*. On a donné hier fur le théâtre
lyrique, la premiere repréfentation de *la Caravane*, paroles mauvaifes & mufique foible. Voilà
quel a été le réfultat en bref du jugement des
connoiffeurs. Les premieres font de M. *Morel*, &
la feconde de M. *Grétry*. Il y a du refte beaucoup
de beaux habits, de riches décorations, un
charmant fpectacle, & les yeux ont de quoi fe
fatisfaire.

17 *Janvier*. M. le comte de *Graffe* a eu ordre
de fe rendre à *Vannes*, d'autres difent à *Nantes*,
à portée du port de l'*Orient*, pour qu'il y puiffe
aller plus facilement de cette ville, ou de l'autre,
& donner au confeil de guerre, fans le troubler &
fans intriguer, les inftructions dont il auroit
befoin.

17 *Janvier.* Le travail de M. *Bourboulon*, suivant ce qu'en rapportent les actionnaires de la caisse d'escompte, est moins un morceau d'éloquence, qu'un tableau savant & profond de la situation de la compagnie, à l'occasion d'une dispute élevée dans son sein sur la cause de l'engorgement. Les uns l'attribuoient à la finance, d'autres à la banque, d'autres au commerce. Par le dépouillement qu'a fait le calculateur, il a démontré que la finance étoit celle qui avoit principalement contribué au discrédit où l'on venoit de tomber, & qu'en derniere analyse, c'étoit elle qui avoit le plus profité de la caisse, c'est-à dire, le roi, par les secours qu'il en avoit tirés. On ne sait quand ce mémoire qu'on avoit tant exalté, & qu'on avoit promis de rendre public, paroîtra. On craint que, par la raison qu'on vient de dire, le gouvernement ne s'y oppose. Quoi qu'il en soit, il a senti par-là la nécessité de ne point laisser tomber une caisse aussi utile, & de-là tous les efforts qu'il a faits pour la relever.

Au surplus, les diverses assemblées de cette compagnie, tenues depuis peu, pour arrêter son régime intérieur, ne sont pas encore finies. Un parti violent, opposé au sieur *Panchault*, l'instituteur de la caisse, voudroit bien l'expulser de l'administration. En conséquence, chaque membre a fait sa motion de n'y point admettre quiconque auroit été entaché par la moindre apparence de faillite, au moins jusqu'à ce qu'il eût fait pafaitement honneur à ses affaires. La cabale du sieur Panchault a senti où les adversaires en vouloient venir, & s'efforce d'empêcher la motion de passer.

17 *Janvier.* Tandis que M. *Brissot de Varville* établit à *Londres* un *Lycée*, ou assemblée & cor-

respondance pour la réunion & communication des gens de lettres de tous les pays , avec le tableau périodique de l'état actuel des arts & des sciences en *Angleterre* , l'établissement de M. de *la Blancherie*, qui lui a servi de modele, s'écroule & tombe. Avant - hier , cet agent qui luttoit depuis long - temps contre les efforts de M. le comte d'*Angiviller* , a déclaré que son puissant adversaire l'emportoit enfin , & que l'assemblée actuelle étoit la derniere. Il a ajouté qu'il lui étoit interdit de donner plus de publicité à cette défense, en la faisant insérer dans les journaux, gazettes, &c.

17 *Janvier.* Hier on donnoit à l'*opéra* la douzieme représentation de *Didon* , où Mlle. *Saint-Huberty* continue à jouer avec une supériorité au - dessus de tous les talents connus en ce genre. Ses partisans avoient apporté une couronne de lauriers, on l'a fait passer de main en main jusqu'à l'orcheftre , qui l'a remise au batteur de mesure : celui - ci l'a posée sur le théâtre aux pieds de l'actrice , & le parterre n'a pas eu de cesse qu'on ne l'ait mise sur sa tête ; mais la modestie de mademoiselle *Saint-Huberty* ne lui a pas permis de la garder.

17 *Janvier.* On est sur-tout fort mécontent que dans la promotion on ait oublié M. le duc de *Charost*, seigneur qui a bien servi , & d'ailleurs estimable par ses projets patriotiques. On trouve très - mauvais au contraire , qu'on ait fait lieutenant - général le marquis de la *Grange* , de la même promotion que M. de *Charost*, mais tout-à-fait décrié, sur-tout à raison d'un procès qu'il a eu derniérement, si criant qu'on lui en a donné le surnom de *Voltaire* (*Vole - terre.*)

18 *Janvier.* Les actions de la caisse d'escompte

ne perdent point, mais ont singuliérement baissé de prix. Le capital en est aujourd'hui de 3500 liv, & elles ne se vendent que 3750 livres.

18 Janvier. Dimanche dernier 11 janvier M. le premier président est allé à *Versailles* porter au roi des représentations de son parlement au sujet des évocations en général, & spécialement de quatre qu'il vient d'attribuer à son conseil : celle des *Quinze-vingts*, celle de la *librairie*, celle des *bénédictins* & celle de l'*évêque de Noyon*.

18 Janvier. Quoique M. *Ducis*, en élaguant de beaucoup sa tragédie, n'y ait fait d'autre changement réel que d'y substituer une absurdité de plus, en y faisant intervenir l'ombre du monarque assassiné, repoussant du trône *Macbeth*, lorsqu'il veut s'y asseoir. Les vigoureux battoirs qu'il avoit placés au parquet, l'ont servi si bien, que la troupe moutonniere des spectateurs a suivi, & qu'on a demandé l'auteur à grands cris. Il a daigné se montrer ; mais pour conserver la dignité académique, c'est d'une loge seulement qu'il s'est fait voir. On a voulu que le sieur *Larive* vînt aussi recevoir sa part des applaudissements, & il a paru avec des battements de mains incroyabbles. En sortant on n'a pas manqué de dire que la piece avoit été aux nues ; & voilà un triomphe.

18 janvier. Voici comme on raconte la détention du sieur *Desgranges*. Il étoit à l'opéra. Un exempt vint lui dire que M. *le Noir* auroit quelque chose à lui communiquer. Il trouve cela très-mauvais. Cependant il promet de s'y rendre après le spectacle. Il va au foyer, y rencontre un de ses amis, avec lequel il devoit souper. Il lui apprend qu'il est obligé de passer d'abord chez M. *le Noir*; il lui propose d'y venir avec lui. Celui-ci y consent :

ils vont à la police, & tandis que M. *Defgranges*
entre dans le cabinet, fon camarade l'attend dans
le falon qui précede. Au bout de quelque temps
il voit arriver M. le baron de *Breteuil*. Ce miniftre refte environ un demi-quart d'heure dans
le cabinet, & puis reffort. M. *le Noir* le reconduit.
En revenant, il demande à l'étranger ce qu'il veut?
Celui-ci répond qu'il eft venu avec M. *Defgranges*,
avec qui il doit fouper & l'attend. M. le lieutenant
général de police lui apprend que fon ami eft parti.
Il va chez lui, ne le trouve point & fe rend au
fouper; il n'y étoit pas. Il retourne le lendemain
matin chez M. *Defgranges*, & ne le rencontre pas
davantage. Il apprend qu'il n'eft pas venu coucher. Il fe doute alors de l'aventure & répand
la nouvelle.

On varie feulement fur le lieu de la détention
de M. *Defgranges*. Les uns le mettent fimplement
à la *Baftille*, d'autres à *Pierre-fcize*, d'autres aux
ifles *Sainte-Marguerite*, d'autres enfin aux Caban-
nons de *Bicêtre*, avec le garde-du-corps qu'on
dit y être depuis long-temps, pour une aventure
de cour très-connue fous *Louis XV*.

19 *Janvier*. Vendredi dernier, aux chambres
affemblées, quelqu'un de meffieurs ayant rendu
compte que la lettre de cachet contre M. de *Mious*
fubfiftoit toujours, il a été arrêté que M. le premier préfident interpoferoit de nouveau fes bons
offices auprès du roi, pour obtenir fa liberté.

19 *Janvier*. Extrait d'une lettre de *Dole*, du
10 Janvier..... Vous avez raifon de regarder comme
un trait d'adulation de l'intendant, voulant faire
fa cour, l'érection de la ftatue de *Louis XVI*.

Affurément nous le portons bien tous dans notre cœur, & fon image y eft empreinte, mais nous

n'aurions jamais choisi cette époque pour lui décerner un de ces témoignages de reconnoissance & d'admiration qui perdroit tout son prix, s'il étoit donné sans quelque grand motif. D'ailleurs cette ville a moins qu'un autre lieu de se louer de la *France*. Avant sa conquête, *Dole* étoit la capitale de la province. Elle avoit le parlement, la chambre des comptes, l'université, un fameux col'ege. Elle n'est plus la capitale, elle n'a plus rien que le college, absolument tombé. On pourroit donc mettre à la statue pour inscription plus réelle : *Erexit la Corée.*

Quant au sculpteur, c'est un artiste de cette ville, qui n'est pas sans talent, mais qui n'a pas le génie & l'exécution qu'il faudroit pour élever un grand monument

10 *Janvier.* On pense sérieusement à rendre navigables les rivieres de *Bretagne* ; & la communication de *Saint-Malo* sera ouverte l'année prochaine. On doit s'occuper aussi de la riviere de *Carhaix*, qui tombe dans la rade de *Brest.* Il est également question de faire un port à *l'isle aux bois*, riviere de *Pontrieux*, évêché de *Tréguier* & de *Saint-Brieux.* Le port est tout fait, mais les approches en sont difficiles.

10 *Janvier. Recueil de lettres de la communauté de Vienne, adressées à son pasteur, le cardinal Migazzi, avec des réponses & documents pour la postérité.* Tel est le titre d'une brochure imprimée à *Francfort*, peu intéressante en elle-même, mais qui excite la curiosité, depuis que par la *gazette de Vienne* on a su que le cardinal archevêque désavouoit ses réponses insérées dans le recueil, sous le nom supposé de *Gabriel Welder.* On y voit au surplus que la fermentation occasionée

par les changements que l'empereur a faits dans
ſes états, dans l'adminiſtration relative au clergé,
n'eſt pas éteinte; & celui de *France* adopte &
recherche avec avidité ce pamphlet médiſant &
calomnieux, du moins qualifié tel par le prélat,
dont au ſurplus l'anathême lui ſert merveilleuſement
de véhicule dans l'empire.

20 *Janvier.* Les nouvelles lettres dont on a
parlé il y a pluſieurs mois, continuent à être d'une
rareté exceſſive, & portent le titre de *ſuites des
lettres ſecretes ſur l'état actuel de la religion &
du clergé de France, à M. le marquis de ***,
ancien meſtre-de-camp de cavalerie, retiré dans ſes
terres.* On ſe rappelle les quatre premieres. Celles-
ci, au nombre de huit, ſont datées de 1782 &
1783. Elles ont quatre-vingt-deux pages, &
ſont infiniment plus piquantes que les autres. Mais
il y a une clef qu'il faut avoir pour en mieux
ſentir le ſel & les fineſſes. On en parlera plus en
détail.

21 *Janvier.* Puiſque le mauvais goût prévaut
& que les repréſentations de *Macbeth* continuent,
il faut donc ſe déterminer à diſſéquer ce monſ-
tre dramatique, dont M. *Ducis*, en voulant lui
donner des proportions raiſonnables, n'a peut-
être fait qu'augmenter la difformité, par le mé-
lange des formes de la tragédie moderne avec
les irrégularités & la barbarie de la tragédie
angloiſe.

Dans le premier acte, *Macbeth* eſt annoncé
comme vainqueur des ennemis de l'*Ecoſſe*, ſa patrie. On fait le récit de ſes victoires, & il arrive
bientôt avec éclat & avec pompe; mais dès qu'on
le voit, il commence à ne pas répondre à l'idée
qu'on s'en eſt formée. On remarque un prince
foible,

foible, crédule, sournois, & méditant quelque projet siniftre qui l'empêche de jouir de sa gloire & de son bonheur. Bientôt on lui annonce que *Duncan*, son roi, auquel naturellement il auroit dû commencer par aller rendre compte de ses exploits, vient au devant de lui, eft arrivé dans son château, & fe propofe d'y paffer la nuit. *Macbeth* fe rend auprès du monarque, qui ne paroît pas.

Le fecond acte commence par une longue fcene entre *Macbeth* & *Frédégonde*, fa femme. Le premier fait part à celle-ci d'un rêve qu'il a eu, & *Frédégonde* lui répond fur le même ton, par le récit de fa converfation avec des magiciennes. Il réfulte de l'un & de l'autre que *Macbeth* doit monter fur le trône. La femme ambitieufe profite de la crédulité de fon mari pour l'exciter à accélérer l'événement, en profitant d'une circonftance auffi favorable qu'il l'a de fe défaire du roi. Il réfifte, il fe défend même avec une force de fentiment & d'éloquence qui lui ramene le fpectateur tenté de le croire toujours vertueux. Sur ces entrefaites, on apporte un billet, par lequel on annonce que les rebelles ont conçu le projet de venir inveftir le château d'*Inverneff*, où eft le roi, & de s'en défaire ; nouvel incident qui devroit confirmer *Macbeth* dans fes bonnes réfolutions. *Frédégonde* les détruit à l'inftant par la fuppofition groffiere qu'on a deffervi fon époux auprès de *Duncan*, que fa difgrace eft certaine & qu'il va être opprimé. En forte que celui-ci l'appellant dans le moment à fon fecours, le héros y vole ; mais c'eft pour l'affaffiner.

Seyward, montagnard d'*Ecoffe*, ouvre le troifieme acte. Il a nourri & élevé, comme fon propre fils, fans qu'on fache pourquoi ni comment,

Malcolm, fils de *Duncan*, qui ne se doute pas de
sa noble extraction. Il forme le projet de la révéler à *Macbeth*, comme le plus propre à faire
reconnoître & appuyer les droits de cet héritier
du trône. Point du tout, *Macbeth* égaré, troublé,
déchiré de remords, vient se trahir lui-même
devant ce personnage dans l'obscurité de la nuit.
Il est obligé de renoncer à la confidence qu'il
vouloit faire, de prendre un autre moyen pour
couronner *Malcolm* & venger *Duncan*. Cependant
Frédégonde conçoit de la défiance de *Seyward* &
de ses enfants. Elle en fait part à son mari, qui
les mande & les interroge. Il reconnoît dans
Malcolm les traits de *Duncan*. On croit que de ce
moyen il va résulter le nœud de l'intrigue, ce qui
formeroit toujours duplicité d'intérêt & d'action:
mais *Macbeth* ne donne aucune suite à ces soup-
çons qui auroient dû, au contraire, l'agiter beaucoup, & l'auteur a préféré de substituer à ce moyen
naturel, des visions dont il tourmente par inter-
valles le prince maniaque.

Seyward poursuit son dessein, & prend le parti
de révéler à *Malcolm* ses destinées; ce qui a lieu
au quatrieme acte. Il a beaucoup de peine à déterminer ce jeune prince, qui préfere la vie douce
& tranquille au soucis du trône, & sur-tout aux
efforts qu'il doit tenter pour y monter & venger
son pere. A la fin il se rend & se dispose à ce
devoir sacré. Mais au moment où il va le remplir,
il est arrêté, ainsi que *Seyward*. Cependant on
veut procéder au couronnement de l'usurpateur,
son mal le prend, il faut différer. *Frédégonde* cherche à lui rendre l'esprit, à le fortifier, à le cui-
rasser contre les remords. Pendant ce temps, il a
transpiré quelque chose du crime de l'usurpateur:

il se forme une révolte, & l'époux & la femme quittent la scene pour l'appaiser.

Au cinquieme acte, *Seyward* dans la captivité a une entrevue avec *Macbeth*, qui veut le poignarder. Nouvel accès de la frénésie qui le prend à la vue d'une écharpe que le montaguard a eu l'adresse, on ne sait comment, de tremper dans le sang du Roi. Le poignard lui échappe : le vieillard en profite pour lui reprocher son forfait ; il l'accable de malédictions, il jette tour-à-tour dans son ame le trouble, le repentir, la terreur, le désespoir. Lui-même il se trouble & remet à *Macbeth* un billet, la seule preuve de la naissance de *Malcolm*. Il demande la mort. Cette scene, très belle, amene le dénouement. *Frédégonde* a vaincu les rebelles; elle leve le fer sur *Malcolm* qu'on lui amene désarmé. *Macbeth* lui arrache ce jeune prince, crie aux siens que c'est le sang de leur roi, leur montre le billet de *Duncan*, chasse de devant lui *Frédégonde*, ordonne de l'enfermer. & se tue pour expier son noir parricide.

22 *Janvier*. Extrait d'une lettre de Lyon, du 17 janvier 1784.... *Parturiunt montes, nascitur ridiculus mus*. C'est ce qui vient de résulter du ballon de cette ville, annoncé depuis si long-temps & avec tant d'emphase.

Les premieres expériences de M. *Joseph Mongolfier* l'aîné, ont été finies le 19 décembre, & peut-être les choses auroient-elles mieux été sous sa direction. Mais il nous est arrivé un garçon physicien de *Paris*, qui a tout gâté. C'est le sieur *Pilâtre de Rozier*, le directeur du musée scientifique de la rue Ste. *Avoye*, qui a quitté ses souscripteurs & les laisse depuis un mois béant aux corneilles. A la vue de ce premier navigateur aérien, l'enthousiasme de nos provinciaux s'est exalté, les idées se sont agrandies, les têtes ont tourné, & il a occasionné beaucoup de changement dans la machine. Depuis cette époque, cent cinquante ouvriers travailloient jour & nuit à ce magnifique ouvrage. C'est, ou plutôt c'étoit, *fuit Illion ingens*; un cône renversé, tronqué au sommet, hexagone de cent pieds de diametre. Elle devoit être montée par soixante personnes ; mais le sieur *Pilâtre* voulant des Argonautes aussi intrépides que lui, n'étant pas content du marquis d'*Arlande*, son premier compagnon, avoit imaginé de ne prendre qu'un nombre de bras suffisant pour manœuvrer, & d'embarquer en marchandises le surplus du poids ; c'est-à-dire qu'il avoit réduit l'équipage de son bâtiment à six matelots, & du reste comptoit porter cinquante quintaux de marchandises de différentes especes.

Ce premier bâtiment aérien devoit se nommer *le Flesselles*, du nom de notre intendant. M. *Pilâtre* en devoit être le capitaine, & M. de *Montgolfier* en second. Grande dispute de cet honneur entre eux. Le premier vouloit le céder à M. de *Montgolfier*, qui l'avoit refusé en disant qu'il se feroit gloire d'être son matelot. Le second avoit répliqué : *Hé bien, mon maître, vous serez témoin que je soutiendrai la gloire de votre pavillon jusqu'au dernier échantillon de votre équipage.* En effet, le projet étoit d'aller à *Paris* ou à *Marseille*, suivant la direction du vent.

Le magasin étoit une galerie très-solide & très-légere, de soixante-six pieds sur quatre de large. Il y avoit une espece de corridor servant de communication à tous les voyageurs. Le feu ne devoit être alimenté que par du bois ; & quoique la machine fût conſtruite en toile, en cóton, en papier & en laine, on ſe flattoit d'avoir prévenu tous les accidents du feu.

On prétendoit en outre que cette machine ne coûteroit pas la moitié de celle M. *Charles* & ſetoit remplie en quinze minutes.

Le ſieur *Pilâtre* avoit fait conſtruire par le ſieur *Caſtel-Nuovo*, neuf thermometres de comparaiſon, trois barometres ſelon la méthode de M. *Changeux*, & M. *Sauſſure* s'eſt rendu exprès de *Geneve* à *Lyon*, avec deux hygrometres de ſon invention. Les portes-voix, les bombes, les lunettes & tous ces préparatifs, annonçoient des projets d'expériences détaillées & fort intéreſſantes.

Des dames demandoient en grace d'être choiſies pour ſervir de matelots. Du reſte, un concours de ſpectateurs immenſe; des étrangers venus de très-loin. M. de *Fleſſelles* avoit tous les jours une table de cent maîtres, & cela lui a coûté énormément. Auſſi l'on dit que M. de *Calonne* lui a fait donner une penſion conſidérable. L'Académie, du reſte, avoit été invitée de préſider aux expériences.

On avoit fait élever une eſtrade de cent pieds en carré, où repoſoit la machine, afin que tout le monde pût jouir complétement du ſpectacle.

Le 10, les expériences ont commencé: mais les travaux ſe ſont trouvés mal faits; des coûtures ont manqué; on n'a pu remplir le ballon.

Le 15, la ſeconde expérience a eu lieu avec le plus grand ſuccès. Toute la machine a été gonflée également en dix-ſept minutes, & a produit le ſpectacle le plus majeſtueux.

Le 16, devoit ſe faire la plus curieuſe, puiſque c'étoit le jour du départ des voyageurs. Mais

le feu a pris à la machine, & a prouvé qu'elle
n'étoit rien moins qu'incombuſtible. On travaille
à la réparer; on y met une ardeur incroyable ;
l'infatigable *Pilâtre* n'en veut pas démordre &
feroit trop honteux de retourner à *Paris* comme
il eſt venu, ainſi que M. le comte de *Dampierre*,
officier aux gardes, qui a quitté ſon régiment
ſans congé, couru les riſques de manquer à ſon
ſervice & d'être caſſé. M. le comte de *la Porte*
arrivé à *Lyon* auſſi exprès, & le prince *Charles*,
fils aîné du prince de *Ligne*, dont le pere a payé
la place 50 louis.

22 *Janvier.* Dimanche, M. de *Calonne* eſt
entré au conſeil, & a obtenu ainſi le caractere
de miniſtre. On prétend qu'il a cette obligation
au parti des *Vaudreuil*, qui, le ſachant déjà
brouillé avec le marquis de *Caſtries*, a été bien-
aiſe de ſe ménager ainſi en lui une voix de plus.

23 *Janvier.* L'académie royale de peinture,
dans ſon aſſemblée du 10 de ce mois, a reçu
académicien M. *Guibal* de *Lunéville*, premier peintre & directeur de la galerie de S. A. S. le prince
régnant de *Wurtemberg & Teck.*

Cet artiſte eſt auteur de l'*Eloge du Pouſſin*, qui
a remporté le prix à l'académie royale des ſciences,
belles-lettres & arts de *Rouen.* Ainſi, c'eſt en outre
un homme de lettres.

23 *Janvier.* C'eſt M. *Lantier* qui devoit nous
donner la premiere nouveauté en comédie, & l'on
attendoit ſa piece des *Coquettes rivales.* Il cede
ſon tour à M. *Rochon*, qui a une comédie prête
en cinq actes & en vers, ayant pour titre l'*Amant
jaloux*, Les comédiens qui l'ont reçue par accla-
mation, ſont empreſſés de la jouer.

24 *Janvier.* Extrait d'une lettre de *l'Orient*, du

20 Janvier....... Voici toute la filiation du confeil de guerre ; car, quoique les membres en foient
fort difcrets, tout tranfpire.

Il paroît qu'il avoit été fait différents rapports
aux confeils de marine, extraordinairement af-
femblés dans les ports, à l'occafion de la conduite
tenue par l'armée navale du roi, au combat du
12 avril 1782, à la hauteur de la Dominique.

Sur ces rapports, ordre du roi, du 29 août 1783,
pour juger fi les ordres tranfmis par les fignaux
du général ont été fidélement exécutés ; fi les
ordonnances, qui font une loi aux matelots de
s'occuper plus de la défenfe du pavillon de S. M.
que de la converfation de leur propre vaiffeau,
n'ont point été violé ; enfin, fi chaque commandant d'efcadre, de divifion, de vaiffeau, de frégate ou d'autre bâtiment, a tenu en cette occafion
la conduite que lui prefcrivoient les ordonnances,
attendu qu'il eft important pour le maintien de la
difcipline, que les coupables, s'il en exifte, foient
punis fuivant la rigueur des loix, & pour l'honneur des officiers inculpés, qu'ils foient loués, fi
leur conduite a été irréprochable.

En conféquence, confeil de guerre extraordinaire, convoqué pour le 20 feptembre 1783.

Ordre du Roi, du 3 novembre 1783, nom-
mant le fieur *Siviniant*, greffier de la prévôté de
la marine à *Breft*, greffier du confeil.

Et le fieur *Bourgoin*, greffier du Châtelet,
autre greffier du confeil.

Le 10 novembre 1783, le confeil a nommé
rapporteurs, MM. *d'Arbaud de Jouques & de
Cherifey*. L'information commencée le onze mars
1783, compofée de 304 témoins, n'a fini que
le 17 janvier 1784.

24 *Janvier*. Extrait d'une lettre de *Lyon*, du 19 janvier.... Quoique la machine aéroſtatique eût été très-fatiguée par les expériences précédentes, par la gelée, la pluie, la neige & ſur-tout le feu, qui en avoit embraſé une partie, elle a été réparée avec un zele & une promptitude inconcevables. La machine s'eſt remplie aujourd'hui avec ſuccès, mais lentement, puiſque l'opération a duré plus de deux heures. Cependant au moment où l'on s'attendoit à ſon départ, le ſieur *Pilâtre* a fait une objection. Il a prétendu que le nombre des voyageurs étoit beaucoup trop conſidérable, qu'il falloit le réduire à trois. Aucun n'a voulu quitter ſon poſte. On s'en eſt rapporté à l'intendant, qui a regardé comme infiniment préférable de ſatisfaire tous les illuſtres voyageurs, & de faire plutôt quelques ſacrifices ſur l'aſcenſion & le voyage projeté. En effet, les cordes ont été coupées ſur le champ ; la machine s'eſt élevée à une hauteur eſtimée de cinq cents toiſes, puis eſt revenue rudement deſcendre, après quinze minutes de marche, dans une prairie peu éloignée du lieu de ſon départ, non ſans éprouver le violent accident d'une ſciſſure de quatre pieds & demi.

Vous voyez qu'à l'appareil près, cette expérience eſt moins que rien aujourd'hui, & ne vaut pas même celle de *la Meute*. Bien des gens eſtiment que la difficulté ridicule, élevée par le ſieur *Pilâtre* au moment du départ, n'étoit qu'une tournure concertée avec M. de *Fleſſelles*, pour ménager l'amour-propre de ce navigateur, qui ſembloit devoir aller juſques à *Paris* dans ce char aérien...... Ainſi je ne m'en dédis pas encore : *Parturiunt montes , naſcitur ridiculus mus.* C'eſt une expérience ratée, relativement à l'importance qu'on y avoit miſe.

24 *Janvier.* Les actionnaires de la caisse d'escompte n'ont pas fini leurs débats & se sont encore ajournés aujourd'hui **24** , pour la continuation de leur assemblée.

24 *Janvier.* Hier , le bruit général de l'opéra étoit que M. le maréchal prince de *soubise* entretenoit Mlle. *Zacharie* , nouvelle danseuse d'environ quinze ans , cousine & éleve de Mlle. *Guimard.* On disoit que celle-ci , pour perpétuer son empire sur ce magnifique seigneur , s'étoit substituée le jeune tendron. Cette nouvelle indignoit le public , qui avoit pris part à la premiere douleur du prince de *soubise* , & le croyoit vivement affecté de la banqueroute de son gendre & de sa fille. On veut qu'il donne deux mille écus par mois à Mlle. *Zacharie.*

25 *Janvier. Floreftan* , capitaine de vaisseau , a rendu au pacha d'*Egypte* le service signalé de sauver de la tempête le navire qui portoit ses richesses. Il est à sa cour & en est retenu pour assister à une fête que le pacha veut lui donner.

Floreftan est peu disposé à la joie. Il a perdu un fils unique , entraîné par son ardeur de voyager & de combattre sur mer. Il sait qu'il a fait naufrage ; & du reste il n'en a aucune nouvelle.

Saint-Phar , c'est le nom du fils , est devenu , durant ses courses , amoureux de *Zelime* ; il l'a épousée ; & comme il la ramenoit en *France* pour la présenter à son pere , ils ont été faits esclaves l'un & l'autre. *Hufca* les amene avec quantité d'autres au Caire , pour les vendre.

Le pacha est enchanté de *Zelime* , & l'a achetée , malgré les larmes & les offres de *Saint-Phar* de payer sa rançon. Il résout de l'enlever , de tuer le barbare , ou de périr.

Almaïde, favorite du pacha, furieuse de se voir délaissée pour l'étrangere, seconde l'entreprise de *Saint-Phar* ; mais il est arrêté & amené aux yeux du pacha. *Florestan* présent reconnoît son fils ; il lui obtient sa grace & *Zelime*.

Tel est le fond romanesque & trivial de *la Caravane du Caire*, opéra en trois actes représenté d'abord devant leurs majestés à *Fontainebleau* le 30 octobre, & qu'on joue actuellement aujourd'hui à *Paris* avec une grande affluence, malgré la méchanceté du poëme & la médiocrité de la musique. Voici maintenant le cadre heureux dans lequel il est enchâssé & qui en fait le succès.

D'abord M. *Morel* convient dans sa préface que le sujet est assez indécent, & que mettre sur la scene les mœurs de l'*Asie* & l'intérieur d'un sérail, c'est s'exposer aux reproches des gens d'un goût délicat & austere : mais il s'autorise de l'exemple du *marchand de Smyrne* à la comédie françoise & de l'acte *Turc* de l'*Europe galante* sur le théâtre lyrique. Au reste, si ce spectacle est admissible quelque part, c'est sur-tout à l'opéra, & l'auteur en a tiré grand parti pour y produire beaucoup d'effet aux yeux. Il faut avouer que ce sens y est complétement satisfait.

Au premier acte, le théâtre représente une halte de caravane & une campagne sur les bords du Nil. On voit plusieurs groupes de voyageurs, les uns libres, les autres esclaves, qui témoignent alternativement leur joie & leur tristesse : les premiers, d'arriver au terme de leur désir ; les autres, au comble de leurs maux. Ou conçoit que cette opposition prêtoit infiniment au musicien & à une variété de motifs agréables ou intéressants. Le marchand dans une tente occupé à calculer la produit de la vente future, jette du comique dans le début. Il est bientôt troublé par une horde d'Arabes qui viennent attaquer les voyageurs & piller la caravane. *Saint - Phar* se distingue dans le combat & obtient sa liberté ; mais il la refuse & veut que *Zelime* soit délivrée à sa place ; ce à quoi refuse de consentir *Husca*, son maître.

Au second acte, un ballet des sultanes, qui présentent à leur maître le sorbet, les parfums & des fleurs, n'est qu'un prélude du spectacle qu'offre le *Bazard* ou la *Foire du Caire*. On y voit les personnages du premier acte, des boutiques brillantes, des cafés, des orchestres. On distingue l'assemblage & le costume de toutes les nations, des marchands d'esclaves, &c.

Le pacha arrive avec sa garde. *Husca* & d'autres marchands font passer devant lui les esclaves. Les unes dansent, les autres chantent ; il en est qui jouent des instruments. Enfin arrive *Zelime* cachée sous un voile : elle fait la conquête du pacha.

Un salon d'audience préparé pour une fête, l'entrée du pacha & sa suite, le commencement de la fête à laquelle préside la favorite, le bruit & le désordre de l'enlévement, *Zelime* entourée des gardes, *Saint - Phar* enchaîné, varient le spectacle du troisieme acte, terminé, suivant l'usage, par un ballet général.

25 *Janvier*. Les noms des voyageurs embarqués dans la machine aérostatique de *Lyon*, sont : M. *Montgolfier* l'aîné, M. *Pilâtre de Rozier*, le prince *Charles*, fils aîné du prince de *Ligne*, le comte de *la Porte d'Angléfort*, lieutenant - colonel d'infanterie & chevalier de Saint - Louis, le comte de *Laurencin*, chevalier de Saint - Louis ;

le comte de *Dampierre*, officier aux gardes fran-
çoifes, & le fieur *Fontaine*, de *Lyon*, coopérateur
très - zélé : en tout fept voyageurs.

26 *Janvier*. M. le comte de *Mirabeau*, l'auteur du livre *des lettres de cachet & des prifons d'état*,
s'attribuant avec raifon quelque part dans la deftruction du dongeon de *Vincennes*, a imaginé
d'en perpétuer le fouvenir par une eftampe, dont
le deffin a été préfenté au roi dimanche dernier, 18, de ce mois. On dit qu'il a été agréé
de fa majefté, & qu'on va le graver. La compofition reffemble beaucoup à celle de l'eftampe qui
eft à la tête de la relation de Me. *Linguet*, concernant fon féjour à la Baftille.

26 *Janvier*. Dans les premieres lettres fur le
clergé actuel, on en peignoit l'ignorance, l'iner-
tie, le défordre, on pleuroit fur les maux de
la religion & fur la perte des mœurs. L'auteur
des nouvelles entre dans les détails de la maniere dont s'eft opérée la révolution, & fuit le
plan & les intrigues de certains prélats novateurs,
qui trouvant leur ambition mal appuyée fur un
fantôme religieux qui s'éclipfe de jour en jour,
ont eftimé plus fage de l'établir fur la bafe folide
d'un économifme politique. De-là, la diftinction
entre les évêques attachés aux anciens principes,
& qu'on appelle *évêques évangéliftes*, & ceux de
la doctrine moderne, qualifiés d'*évêques adminiftrateurs*.

C'eft fur - tout à l'archevêque de *Touloufe* qu'on
attribue ce plan vafte & profond, dont le développement fait l'objet de la lettre cinq. On y repréfente l'archevêque d'*Aix* comme fon fecond.
Le premier point étoit de fe ménager la feuille
des bénéfices, le moyen effentiel pour propager

leur syftême. Malheureufement , un prélat qui
joignoit l'énergiedu caractere à la franchife des fentiments, étoit déjà annoncé au public pour fuccéder
à M. de *la Roche - Aymon* ; fes concurrents tra-
vaillent d'abord à écarter ce rival , qu'on fent
être l'archevêque de *Lyon*.

On montre dans les fixieme & feptieme lettres,
comment ayant réuffi , l'archevêque de Touloufe
auroit bien défiré fe fubftituer au difgracié ; mais
craignant d'exciter la jaloufie du comte de *Mau-*
repas , il imagine d'élever à ce miniftere au moins
une créature dont il foit fûr ; & l'évêque d'*Autun*
eft le mannequin qu'il choifit. Après un concordat qu'il lui fait figner conjointement avec l'archevêque d'*Aix* , il met en mouvement l'abbé de
Veri auprès de la comteffe de *Maurepas* , & celle-
ci détermine fon mari à propofer au roi M. d'*Autun*.

La huitieme eft confacrée à convaincre le marquis incrédule , aux yeux duquel on décompofe
tout entier M. de *Marbœuf* , & on lui prouve
qu'aucun motif foit de concurrence , foit de faveur, foit de juftice , n'ayant parlé pour lui ,
il n'y a que l'intrigue qui ait pu lui faire donner
la feuille.

La neuvieme lettre contient un tableau trifte
& révoltant de la diftribution des graces ecclé-
fiaftiques , égayé par la peinture des *audiences*
de Monfeigneur ; anecdotes curieufes fur l'adreffe
avec laquelle les prélats triumvirs tiennent en
lifiere la raifon de M. de *Marbœuf*, fujette quelquefois à des écarts.

La fuivante , qui devoit être la derniere, eft
confacrée à des réflexions intéreffantes pour la
religion & la vérité. C'eft une péroraifon où l'auteur releve l'efpérance des fideles , & leur fait en-

trevoir des jours plus heureux par la deſtitution
future du miniſtre de la feuille, trop avili, trop
mépriſé pour pouvoir la conſerver encore long-
temps.

Dans les onzieme & douzieme lettres, l'écrivain reprend la plume à l'occaſion du fameux
mandement de l'archevêque de *Toulouſe* du 2
novembre 1782, & de l'eſpece de *Code de diſcipline*
qu'il y a joint, à l'uſage des curés & eccléſiaſtiques de ſon dioceſe. Il fait voir qu'on y trouve
l'homme d'eſprit, le moraliſte, le légiſlateur &
le philoſophe; tout, excepté l'évêque qui édifie. Il
en faut penſer autant du mandement de l'archevêque d'*Aix*, du 28 décembre 1782, à l'occaſion
des portions congrues; logogriphe théologique,
où perſonne n'entend rien, au moyen duquel
il a cru faire bruit, & ne s'eſt rendu que ridicule.

Il faut avouer que ces lettres ſont charmantes;
malgré leur méchanceté, elles n'ont aucun ton
d'aigreur ni d'amertume : elles ſont pleines de
légéreté & de gaieté. Le perſifflage ſent l'homme
de cour le plus aimable. D'ailleurs les anecdotes
dont elles ſont ſemées, annocent bien que l'ouvrage n'a pu être compoſé que par quelqu'un
très-verſé dans les intrigues de *Verſailles*. Le perſifflage du ſieur de *Beaumarchais*, qui a amuſé dans
le temps, n'eſt que du bavardage auprès de celui-
ci du meilleur ton.

27 *Janvier*. M. le comte de *Rochambeau* a écrit
le 31 décembre, aux officiers-généraux & meſtres
de camp, qui ont ſervi en Amérique pendant la
guerre derniere, pour les inviter à ſe raſſembler
chez lui le 7 de ce mois.

Ce jour il a fait part à ces meſſieurs des inſtituts
de la ſociété de *Cincinnatus*, à laquelle le roi a

permis que ces messieurs s'associassent, conformément à l'invitation qui leur en a été faite par le
général *Washington*, les généraux & les délégués
de l'armée Américaine. Il leur avoit communiqué
préalablement la lettre du général.

.Les auteurs de l'association n'ont pas voulu la
borner à une distinction honorifique pour eux.
Ils ont désiré qu'elle fût utile aux veuves &
enfants de leurs camarades qui ont péri pendant
la guerre. Ils ont en conséquence arrêté de contribuer, dans une proportion graduelle, à leur
soulagement. Les officiers François ont acquiescé
avec empressement à cette cotisation.

. Ils doivent former un fonds de 60,000 livres,
qu'on enverra au général *Washington*, pour en
faire la distribution conformément au vœu de la
société. La contribution est ainsi qu'il suit :

 Le comte de Rochambeau . . 6,000 liv.
 Le chevalier de Chatellux . . 4,000
 Les maréchaux-de-camp, chacun . 2,000
 Les brigadiers, chacun . . . 1,500
 Et les colonels, chacun . . . 1,000

 27 *Janvier*. On a déjà donné la suite des
Lettres curieuses & édifiantes. Elles font au nombre
de six, depuis la date du 6 novembre jusqu'au 15
décembre 1783. On y a joint aussi un second
mémoire du vieux *Blanc-manteau* prétendu. On
creuse dans cette collection la premiere idée des
scrupules de M. l'évêque de Rennes, & le but du
mémoire est, après avoir démontré dans le précédent *que les biens ecclésiastiques ne font pas actuellement employés suivant le vœu de l'église primitive
& des saints canons, d'examiner aujourd'hui si le
souverain, dans ses états, a le droit de ramener
l'usage de ces biens à leur destination primitive,*

& si ce n'est pas un devoir de la souveraineté. Les citations, les raisonnements solides dont il est appuyé, rendent cet écrit très - redoutable au clergé.

27 Janvier. Il y a une grande fermentation dans le parlement contre l'abbé *Sabatier de Cabre*, conseiller de la seconde chambre des enquêtes, qui passe pour être l'espion de M. de *Calonne*, & qu'il a été question d'expulser en conséquence. Il étoit déjà suspecté de ce métier, & l'on peut se rappeller que, dans la conversation familiere de l'abbé de *saint-sauveur*, on l'appella *la petite Poste des Enquêtes.* Il faut attendre que l'anecdote soit éclaircie pour en parler plus pertinemment.

27 Janvier. On parle d'un grand différend élevé dans le sein de la comédie françoise, entre Mlle. *Sainval* cadette & Mad. *Veftris.* On sait l'antipathie qui regne depuis long - temps entre les deux familles, dont est résulté l'expulsion de la premiere *Sainval.* Il paroît que les *Dugazon* voudroient faire expulser la seconde. Quoi qu'il en soit, on parle d'une lettre imprimée de la part de madame *Veftris*, très - longue & très - détaillée. C'est une espece de *Factum*, qu'on attribue à Mad. *Gerbier*, dont l'actrice veut bien de temps en temps ranimer la triste & froide existence.

28 Janvier. La guerre entre les deux *Musées de Paris*, dont chacun s'attribue le titre exclusif, dure encore, & l'on attend avec impatience de savoir ce qu'il faut en croire. De-là, deux chefs dont il s'agit de déterminer l'intrus. Quel concile littéraire le décidera ? On voit un lettre du 18 de ce mois, adressée à l'abbé de *Fontenay*, le rédac-

teur du journal-général de *France*, où un M. de
l'*Aulnay*, avocat, répond à M. de *Gebelin*. Il
défend contre les fchifmatiques la perpétuité de
la préfidence en la perfonne de M. *Cailhava*, qui
avoit donné, il eft vrai, fa démiffion, mais fut
invité de la reprendre dans l'affemblée - générale
du 12 août dernier; donc ce font les membres
enrôlés fous fa banniere, & qui l'ont fuivi, qui
conftituent & compofent le véritable mufée de
Paris.

28 *Janvier*. Il paroît que M. le baron de
Breteuil a grande envie de fe fignaler dans les
diverfes branches de fon département, qu'il n'en
néglige aucune, & qu'il met dans toutes la plus
grande activité. Il a été rendu le 3 de ce mois
un *Arrêt du confeil, portant réglement pour l'académie royale de mufique*, dont les difpofitions font
importantes & méritent d'être connues, quand
elles feront plus fixes & mieux développées. En
général, il en eft de fujettes à inconvénients & qui
n'ont pas été difcutées avec la maturité néceffaire.
Le miniftre ne pouvant entrer lui - même dans
ces détails indignes de fon génie, & dont il ne
s'eft jamais occupé, s'en eft rapporté à gens qu'il
en a cru bien au fait, & qui travaillant plutôt pour
eux ou leurs créatures, que pour le bien de la
chofe, l'ont trompé. On croit que ce réglement eft
émané d'un comité tenu entre les fieurs de *la Ferté*,
commiffaire du roi, ayant l'infpection de ce
fpectacle fous le miniftre; *Morel*, *factotum* de
celui - ci, & *Suard*, homme de lettres qui s'eft
immifcé dans le tripot lyrique, fans avoir jamais
rien compofé pour ce théâtre, & voudroit s'en
rendre le defpote.

28 *Janvier*. Quoique par l'expofition feule du

sujet de *Macbeth*, un lecteur tant soit peu au fait du théâtre françois, sente facilement combien il est vicieux, & en saisisse même déjà les défauts principaux, il n'est pas hors de propos d'en approfondir davantage quelques-uns. Ce seroit un trop grand travail de les discuter tous, ils sont innombrables.

Le premier & le capital, parce que c'est celui sur lequel repose toute la charpente de la piece, c'est de lui avoir établi pour base un rêve, des prédictions de forcieres, dans un siecle où l'on ne croit plus ni aux rêves, ni aux sorciers; ce qui lui donne un air de conte de *peau - d'âne*, & dispose merveilleusement à rire, au lieu de pleurer.

Le second, c'est après avoir prévenu le spectateur en faveur du principal personnage, de *Macbeth*, représenté en récit comme un héros, le libérateur de sa patrie, de ne le montrer, de ne le faire parler & agir que comme un prince sans caractere, irrésolu, le jouet d'une femme ambitieuse & atroce. C'est sur - tout au moment même où l'on se flatte qu'il est encore vertueux, qu'il a repoussé le noir dessein que lui a suggéré *Frédégonde*, d'assassiner le roi ; c'est, disons - nous, de lui faire commettre ce forfait, dont il a développé toute l'horreur avec une éloquence de sentiment vraiment attendrissante, & cela, sans qu'aucun incident nouveau ait pu l'y déterminer. C'est de peindre ce fameux coupable moins bourrelé que fou de remords ; ce qui mêle une teinte de ridicule absolument disparate avec les couleurs lugubres dont tout le reste est empreint. C'est de le mettre toujours sur la voie du repentir, sans qu'il se repente, commettant au contraire de nouvelles horreurs, jufques à ce qu'enfin, au moment où il devroit redoubler de fureur & de carnage, puifqu'il fe voit prêt de perdre la couronne pour laquelle il a commis tant de crimes, une grace efficace en triomphe, pour amener un dénouement tout-à-fait poftiche.

Le caractere de *Frédégonde* offre un troifieme défaut, non-feulement en ce qu'il eft un monftre inacceffible fur la fcene, mais en ce que l'y admettant, il manque de ces grands traits qui devroient du moins étonner & confondre le fpectateur. Son éloquence n'a point affez d'énergie pour conduire fon époux au régicide, & elle en manque encore plus pour lui ôter les remords, du moins pour l'étourdir, l'entraîner par fon afcendant irréfiftible.

Du perfonnage de *Seyward*, il réfulte un quatrieme défaut, très-grand auffi, puifque ce perfonnage eft la cheville ouvriere de l'intrigue, du nœud & du dénouement de la piece. En effet, il n'eft point affez connu : on ne fait proprement ce qu'il eft, ni d'où il vient. On ignore comment il a reçu l'avis d'une confpiration contre *Duncan* ; comment & pourquoi ce monarque lui a confié fon fils. Il entre dans le château ; il en fort de jour, de nuit, à toute heure, avec une facilité incroyable, lorfque le myftere & le filence en devroient garder toutes les avenues.

Mais le comble des autres défauts, c'eft celui, en voulant tranfporter l'intérêt fur le fils de *Duncan*, d'avilir ce jeune prince au point de le rendre prefque infenfible, & à la découverte de fa naiffance, & à celle de l'affaffinat de fon pere, & à la vengeance qu'il devroit refpirer. Ce caractere, créé par M. *Ducis*, fuffit pour prouver qu'au lieu d'améliorer *Shakefpear* , il l'a gâté. Il feroit trop long d'entrer dans le parallele des deux pieces , dont tout l'avantage feroit en faveur de l'Anglois.

En comparant auffi les morceaux de celui-ci , imités par M. *Ducis* , avec la traduction de monfieur de *la Place* , on préfere la derniere , plus élégante , auffi nerveufe & purgée de toute la bouffiffure de *fhakefpear*.

19 Janvier. On prétend que le roi qui , jufqu'à préfent , n'avoit pas aimé le grand opéra , & lui préféroit la gaieté de l'opéra comique & des petits fpectacles , y a pris goût l'année derniere au voyage de *Fontainebleau*. On attribue ce changement du monarque fur-tout au jeu & au chant de madame de *Saint-Huberty* , & l'on a vu que fa majefté lui avoit donné des marques de fon contentement.

On ajoute que le roi a obfervé que les poëmes étoient bien mauvais , & l'on réalife aujourd'hui l'idée qui lui étoit venue , d'encourager par des prix les écrivains d'un talent diftingué à fe livrer à la compofition des poëmes lyriques. Par un article de l'arrêt du confeil du 3 janvier , il eft dit qu'il fera établi trois prix. Le premier d'une médaille de la valeur de 1,500 livres , pour la tragédie lyrique , reconnue la meilleure au jugement des gens de lettres invités au nom de S. M. à en faire l'examen. Le deuxieme , d'une médaille de la valeur de 500 liv. pour la tragédie du même genre qui obtiendra le fecond rang. Le troifieme , d'une médaille de la valeur de 600 livres pour le meilleur opéra-ballet , paftorale , ou comédie-lyrique.

Les formes prefcrites pour le concours , le choix des gens de lettres à qui l'examen des poëmes fera confié, le temps où les ouvrages pourront être envoyés au concours, & celui où se fera la distribution des prix, seront fixés par un réglement particulier, dont les dispositions seront rendues publiques.

L'amour-propre de certains auteurs attachés au théâtre lyrique, est déjà révolté de cette espece d'examen, auquel ils craignent d'être assujettis, & c'est un des articles de l'arrêt du conseil qui certainement souffrira le plus de difficultés. Peut-être même jugera-t-on impossible de l'exécuter, quoiqu'au premier coup-d'œil il semble tendre à perfectionner les poëmes.

29 Janvier. Dans la *Suite des lettres curieuses & édifiantes*, on trouve un détail effrayant de la milice ecclésiastique. On la fait monter à 300,000 desservants, évêques, curés, chanoines, vicaires, habitués, séminaristes, moines. Il y a près de 15,000 couvents, 12,000 prieurés, 13,000 chapelles, 1,300 abbayes, 40,000 paroisses au moins, & l'on calcule que l'entretien de tout cela coûte au moins deux cent-soixante-dix millions.

Une anecdote ou bon mot qu'on y lit, mérite aussi d'en être extrait C'est ce que dit un des moines dissidents, lors du chapitre-général de *Saint-Denis*, à MM. de *Narbonne* & de *Bordeaux*: *Vous tirez aujourd'hui, Nosseigneurs, sur la prétraille & la moinaille; prenez garde, on tirera un jour à mitraille.*

On y voit encore que la lettre de cachet contre dom d'*Apres* a coûté beaucoup d'argent à monseigneur de *Narbonne*; qu'il auroit bien voulu faire mettre aussi à la Bastille dom *Lieble*, le bibliothécaire de *Saint-Germain*, dont on a parlé, qui a passé pour fournir les matériaux des pamphlets & pour l'auteur des remontrances du parlement ; mais que ce moine est la créature du garde - des - sceaux , & qu'on n'a osé y toucher.

19 Janvier. M. l'abbé de *Mably* , curieux sans doute de s'illustrer sur ses vieux jours , ou plutôt de faire parler de lui, avoit déjà excité contre lui toute la horde Voltairienne & philosophique , en traitant avec un mépris souverain le chef de cette secte dans son *Traité de la maniere d'écrire l'histoire*. Aujourd'hui rival de l'abbé *Rainal* , il se met à dos tout le parti des prêtres & des dévots, par ses *Principes de morale* , ouvrage où il semble , non-seulement tolérer , mais encourager les lieux de prostitution. Toute la Sorbonne est en l'air , & il est question de sévir contre lui & contre son censeur , car l'ouvrage est imprimé avec approbation & privilege

30 Janvier. Au premier avril prochain commencera une école pour le théâtre lyrique , qu'on défire depuis long-temps , & absolument essentiel. C'est une disposition du nouveau réglement, à laquelle tout le monde applaudit. Cette école sera tenue par d'habiles maîtres de musique, de clavecin, de déclamation , de langue françoise & autres, chargés d'y enseigner la musique , la composition, & en général tout ce qui peut servir à perfectionner les différents talents propres à la musique du roi & à l'opéra.

Il doit intervenir sur cette institution, dont l'objet & le régime sont encore trop vagues, un réglement particulier.

30 Janvier. Quoique mardi dernier *la caravane* ne fut qu'à sa quatrieme représentation , ce ce jour-là même les comédiens Italiens , toujours

alertes, en ont joué la parodie, sous le titre du
Marchand d'Esclaves, en deux actes en vaudevilles.
Il est vrai qu'elle n'a pas coûté beaucoup d'inven-
tion, puisqu'on y a suivi exactement l'opéra.

Le dénouement seul, autre parodie du ballon
de M. *Charles*, parfaitement bien imité, a procuré
quelque succès à cette plate facétie, dont le meilleur couplet est celui qu'il occasionne, sur l'air:
J'ai perdu mon âne.

De telles venues
Ne nous sont pas inconnues,
Car l'on voit de temps en temps
Des peres & des dénouements,
Qui tombent des nues.

On a demandé l'auteur, & le sieur *Rosiere* est
venu chanter un couplet de remerciement, sans
doute préparé tout exprès, où il déclare qu'il a
composé ce chef - d'œuvre avec un compere. Celui-
ci est le sieur *Radet*.

30 *Janvier.* C'est le 14 janvier dernier que
Mlle. *Sainval* cadette, a écrit à sa troupe pour se
plaindre des vexations de Mad. *Vestris*, qui ne
lui laisse à jouer que trois ou quatre rôles doux,
tendres, pleureurs, & ne l'avertit jamais qu'à
l'instant pour la doubler dans les autres ; ce qui la
met dans l'impossibilité de se préparer & de le faire.
En conséquence, ne pouvant plus supporter d'être
la très - humble esclave de cette camarade, mademoiselle *Sainval* demande sa retraite pour pâques.
Elle finit par insinuer que sans doute le projet de
Mad. *Vestris* est de se défaire des deux sœurs.
Cette insinuation maligne, & l'affectation de
Mlle. *Sainval*, de répandre des copies de sa lettre

parmi fes partifans , ont fait juger à fa rivale que fon deffein étoit de la perdre dans l'efprit du public, qu'elle avoit eu beaucoup de peine à ramener depuis la retraite de l'aînée. En conféquence, Mad. *Veftris*, ayant eu le 19 communication de cette lettre par la troupe, y a fait une réponfe en date du 24 janvier.

Dans cette réponfe, très-longue, de ving-deux pages, fimple, claire , bien faite , moderée , Mad. *Veftris* fe difculpe non-feulement des reproches de la cadette, mais encore de toutes les imputations dont la retraite de l'aînée l'avoit fait charger. Elle appuie fa défenfe fur des faits à la connoiffance de tous fes camarades, & confignés dans les regiftres de la comédie.

Le lundi 26 , madame *Veftris* a envoyé fa lettre manufcrite à fa troupe, qui en a paru fatisfaite & y a applaudi. Alors elle a fait apporter un ballot d'exemplaires imprimés de cette lettre, qu'elle a diftribués à tous fes camarades préfents : coup de théâtre qui a fait changer la fcene. On lui a reproché de révéler ainfi , fans y être autorifée par le confiftoire comique , ce qui fe paffoit dans fon fein.

Du refte, le public qui aime à être inftruit & en dernier reffort , eft le juge fuprême des juftices mêmes, fait bon gré à Mad. *Veftris* de ce *Factum*, qui la juftifie complétement , fi les faits font vrais & reftent fans contradiction.

Il faut attendre la réplique de Mlle. *Sainval*. Quoi qu'il en foit, il réfulte déjà de cette querelle entamée , une grande fermentation entre les partifans des deux actrices & les amateurs du fpectacle en général, & les plaifants s'apprêtent à rire aux dépens de qui il appartiendra.

31 *Janvier.* Jufqu'à quand le nom de *Mirabeau*, fi refpectable & fi décrié, fera-t-il retentir les tribunaux d'une façon injurieufe à ceux qui le portent ? C'eft aujourd'hui la dame de *Riquety de Mirabeau*, époufe du marquis de *Cabris*, qui y eft traduite par la dame de *Lombard de Saint-Benoît*, marquife de *Cabris*, douairiere. Elle y trace le tableau le plus diffamant de la vie de fa bru, & fe plaint d'y être forcée pour repouffer les horribles calomnies de celle-ci. On eft fur-tout fâché de voir figurer dans ces aventures romanefques & fcandaleufes, fon frere, le comte de *Mirabeau*, cher aux lettres & à la patrie, depuis fon eftimable ouvrage fur les *Ordres du roi illégaux & les prifons d'état.*

On a parlé dans le temps des mémoires de la jeune marquife de *Cabris*, réclamant & fon époux & fa fille. Elle a perdu à *Graffe* & à *Aix*; mais elle eft revenue contre au confeil, & a fait caffer les jugements & arrêts le 15 août 1783. La conteftation eft renvoyée pardevant le lieutenant du Châtelet de *Paris* & par appel au parlement.

C'eft à cette occafion que la belle-mere, à qui la curatelle de l'époux interdit & l'éducation de fa petite fille ont été confiées, a cru devoir prévenir les magiftrats & le public par un mémoire préparatoire & par une confultation en date du 10 décembre dernier. Ils font de Me. *Robin du Mozas*, jeune avocat dont le talent commence à fe développer dans ce *factum* intéreffant.

31 *Janvier.* Depuis long-temps on n'avoit eu à Paris un hiver auffi rigoureux que celui-ci, fur-tout par fa durée. Il gele depuis deux mois prefque confécutivement, & une neige abondante couvre & les toits & les rues. Il eft d'ufage que les princes devant leur palais, & les grands seigneurs devant leur hôtel, fassent allumer des feux pour chauffer les porte-faix, les savoyards, les fiacres, tous les malheureux qui, par leur état ou les circonstances, sont obligés de rester dans les rues. A ces secours trop foibles, M. *le Noir* en a joint d'autres, qu'il a sollicités du ministere.

On a averti tous les manœuvres & journaliers qui sont sans ouvrage, de se présenter à l'hôtel de la police avec confiance & qu'ils y trouveront du travail & du salaire.

On a établi dans de vastes salles des célestins, des capucins du fauxbourg Saint-Jacques & des grands augustins, des poëles toujours allumés, où l'on emploie à des ouvrages moins durs les femmes, les enfants, les vieillards & les infirmes.

Enfin on a distribué à messieurs les curés & commissaires de police, des sommes d'argent, pour fournir du bois, du charbon, du pain aux pauvres honteux & autres qui se présenteront.

On doit rendre justice à l'excellence du cœur du roi, qui, de sa main, a écrit au contrôleur-général, lui exposant les demandes du lieutenant de police; qu'il autorisoit le ministre des finances à faire donner tous les secours qui seroient nécessaires pour secourir les pauvres, & lui a dit de vive voix : *qu'il n'y avoit aucune dépense qui ne dût être retranchée, s'il le falloit pour celle-là.*

La reine, de son côté, a envoyé à M. *le Noir* cinq cents louis pris sur les fonds de sa cassette, en déclarant que jamais dépense ne fut plus agréable à son cœur.

31 Janvier. L'auteur par amour, est une co-

médie nouvelle en trois actes & en vers, jouée
hier aux italiens pour la premiere fois & la derniere, si le vœu public étoit exaucé. Elle est très-
médiocre & beaucoup au - dessous du conte du
Connoisseur de M. *Marmontel*, dont elle est tirée.
L'histoire de la chûte d'une piece est la seule ti-
rade qui ait été applaudie.

31 *Janvier.* M. de *Sancy*, le censeur de l'ouvrage de l'abbé de *Mably*, est déjà suspendu de
ses fonctions. Il a cependant fait voir que cet
auteur avoit abusé de sa bonne foi, en ne se
conformant pas aux corrections exigées, qu'il lui
avoit promis d'exécuter. Mais il s'avoue coupable
de négligence, en ne voyant pas si les épreuves
étoient conformes à sa censure.

Quant à l'abbé de *Mably*, il a vu l'archevêque
de *Paris*, il se demene beaucoup, & l'on espere
que l'affaire se civilisera.

1 *Février* 1784. M. de *la Lande* est un astronome assez renommé aujourd'hui, mais qui n'est
cependant pas infaillible ; ce qu'on a vu par plusieurs erreurs grossieres dans lesquelles il a donné
& induit le public. Il n'en est pas moins intolé-
rable ; il décide & tranche despotiquém. Il
avoit d'abord prétendu que l'homme ne pourroit
jamais se soutenir en l'air, assertion démentie
depuis l'invention des machines aérostatiques. Il
assure aujourd'hui qu'elle ne seroit jamais que de
pure curiosité, par l'impossibilité démontrée de
les diriger. Un poëte s'est permis à cette occasion de le plaisanter par l'épigramme suivante :

Dans le char aérien de *Pilâtre* & d'*Arlande*,
Doit s'élever, dit-on , l'astronome *la Lande* :
C'est fort bien fait à lui de visiter les cieux ;
Peut-être à son retour il en parlera mieux.

1 *Février*. M. *Pilâtre de Rozier* eſt enfin revenu, & après une interruption de près de ſix ſemaines, a repris ſon cours hier. Quoique claqué, fêté, couronné à *Lyon*, il a paru un peu ſot devant ſes écoliers, d'être arrivé par une voiture ordinaire en ſimple mortel, lui qui devoit deſcendre ici comme un dieu. Il donne pour excuſe à préſent que la machine n'avoit été deſtinée dans l'origine que pour élever des fardeaux, & qu'elle a complétement réuſſi à cet égard, puiſqu'au lieu de huit milliers qu'elle devoit peſer, ſuivant le projet de la ſouſcription, avec ſon leſt, elle en peſoit plus de ſeize. Mais pourquoi en a-t-il voulu changer la deſtination? Pourquoi a-t-il ſouffert que toutes les lettres de *Lyon*, tous les papiers publics, retentiſſent de ſon projet, ſans le démentir? Pourquoi cette machine conſacrée aux maſſes peſantes, n'en a-t-elle point été chargée, & n'a-t-elle enlevé que des hommes? Pourquoi s'eſt-il vanté lui-même de ce voyage par ſa réponſe à M. de *Montgolfier*, qu'on a rapportée? Au ſurplus, pluſieurs lettres de *Lyon* font mention que les voyageurs, dans leur courte aſcenſion, n'ont pas laiſſé que de courir des riſques, & que leur deſcente, ou plûtôt leur chûte, n'a pas été auſſi douce que l'ont annoncé les enthouſiaſtes ou les charlatans de l'opération, puiſque M. *Montgolfier* en a eu le viſage écorché, & un de ſes compagnons une dent caſſée. On veut que ce ſoit M. le comte de *Laurencin* qui, affligé de voir tomber beaucoup de neige le dimanche 18, veille du départ, avoit reçu le quatrain ſuivant, commun à tous les autres navigateurs aériens

Fiers aſſiégeants du ſejour du tonnerre,
Calmez votre colere:
Eh! ne voyez-vous pas que Jupiter tremblant,
Vous demande la paix par ſon pavillon blanc.

Le comte de *Laurencin* avoit répondu gaiement que ses compagnons & lui s'étoient chargés d'aller prendre les articles de la capitulation. C'est ce nouveau *Titan* qui a été terrassé.

2 *Février*. Lorsqu'il fut question en décembre dernier de *l'édit d'emprunt*, M. de *Calonne* passa chez le premier président, lui dit que l'intention du roi étoit qu'il ne souffrît pas de difficultés à l'enrégistrement, d'autant qu'il n'étoit qu'un revirement de l'emprunt de deux cents millions qu'on venoit de fermer à cent. M. *d'Aligre* lui promit de faire tout ce qui dépendroit de lui pour remplir le désir du roi, & du reste se confondit en protestations de zele & d'attachement envers le contrôleur-général.

M. de *Calonne* a depuis appris non - seulement que M. le premier président n'avoit pu empêcher les représentations sur cet édit, qui ont eu lieu ; mais qu'il avoit beaucoup contribué à les provoquer de concert avec le président de *Fleury*, M. le *Fevre d'Amecourt* & autres membres, jaloux de la place du contrôleur-général, ou prévenus contre lui, & il a senti la nécessité de détruire ce foyer d'intrigues dans le parlement qui, s'il acquéroit plus de force & de consistance, pourroit lui devenir très-funeste. En conséquence, soit qu'il en ait instruit le garde-des-sceaux ou le roi même, soit que M. le premier président en ait reçu des reproches de S. M., du chef de la justice, ou de M. de *Calonne*, n'importe par quelle voie, sur laquelle on varie, le chef du parlement a su que l'abbé *Sabatier de Cabré* étoit le traître qui, dans une lettre à M. de *Calonne*, l'avoit instruit de ce qui s'étoit passé dans le sein de la compagnie à cette époque, des divers avis qui avoient été ouverts, & s'étoit même permis de fouiller dans les intentions en entrant dans le détail des motifs qui déterminoient chaque *Opinant*. M. d'*Aligre*, bien certain du fait, en a instruit M. de *Bonneuil*, président de la chambre dont est l'accusé. Il y a eu une assemblée à son sujet, dans laquelle on est convenu de ne point communiquer avec lui, jusqu'à ce qu'il se fût lavé de l'imputation.

Après cette délibération, la premiere fois que l'abbé *Sabatier* a paru à la chambre, tout le monde a déserté ; un seul est resté qui, interrogé sur cette désertion, lui a répondu que c'étoit qu'on le regardoit comme un *J. F.* avec lequel on ne vouloit plus fraterniser. Il est allé trouver là-dessus son président pour avoir une explication ; ce qui l'a mis dans le cas de voir successivement M. d'*Aligre*. Ne pouvant plus douter de sa disgrace, il s'est rendu chez M. de *Calonne*, qui lui a donné une lettre justificative, où il nie que l'abbé *Sabatier* lui eût jamais écrit sur ce qui s'étoit passé à l'occasion de l'édit d'emprunt. Muni de cette piece, l'abbé l'a montré à sa chambre, sur laquelle cette preuve négative n'a pas paru opérer une grande impression, mais elle a empêché qu'on ne passât outre. Le vendredi 30 janvier, où il y avoit assemblée de chambres, l'abbé *Sabatier*, quand son avis est venu d'opiner concernant l'objet de sa délibération, a profité de la circonstance pour péroré avant, longuement & avec beaucoup de *pathos*, à l'occasion des bruits injurieux qui couroient sur son compte. On lui a répondu que ce n'étoit pas ce dont il s'agissoit, & qu'on agiteroit, s'il le demandoit, cette matiere une autre fois.

Dans le cours des opinions, M. d'*Esprémesnil* est revenu sur le même objet, & a dit que depuis trop long-temps on calomnioit le ministere & la magistrature en pareille matiere ; qu'il falloit nécessairement remonter à la source de ces bruits. Qu'en conséquence il étoit d'avis qu'on fit une enquête très-sévere sur ce qui concernoit l'accusation intentée contre l'abbé *Sabatier de Cabre*. Celui-ci, qui depuis son discours avoit paru très-rassuré, très-animé, a pâli à ce propos, a voulu parler pour écarter une motion qu'il redoutoit sans doute. Les partisans du ministere, les gens mous, les timides ont exagéré les inconvéniens de l'enquête. Ils ont dit qu'au su plus on ne pouvoit s'en occuper qu'autant que l'abbé *Sabatier* porteroit plainte lui - même. Et après avoir terminé la délibération qui occupoit en ce moment, ou plutôt après l'avoir renvoyée au mardi, on a levé la séance.

2 *Février*. On peut se rappeller qu'un citoyen anonyme a fondé un prix annuel de 600 liv. pour l'encouragement des sciences & des arts, à décerner par l'académie des sciences. Cette compagnie, sur le rapport de ses commissaires concernant la machine aérostatique inventée par MM. de *Montgolfier*, leur a décerné ce prix comme à des savants à qui l'on doit un art nouveau, qui fera époque dans l'histoire des inventions humaines.

3 *Février*. Dans l'arrêt du conseil du 3 janvier, portant réglement pour l'académie royale de musique, en dix - sept articles, ceux concernant le nombre, la qualité des sujets & leurs appointemens semblent les plus invariables.

Le nombre des places des premiers sujets du chant est fixé à sept ; savoir, deux premieres

baffes-tailles, deux premieres *hautes-contres*, &
trois *premieres actrices*.

Les places dites de *remplacement*, feront du
même nombre & dans les mêmes genres.

Les places des *doubles* feront à trois ; favoir ,
une *haute-contre* & deux *actrices*.

En tout, dix-fept fujets.

Le corps des premiers fujets de la danfe, fera
compofé d'un *maître des ballets*, d'un *aide*, de
trois *premiers danfeurs*, de trois *premieres danfeufes*,
de trois *remplacements* en *danfeurs* & *danfeufes*,
& de fix *doubles*, dont trois hommes & trois
femmes.

En tout, dix-fept fujets.

Les appointemens des premiers acteurs & ac-
actrices feront fixés pour toujours à 9,000 liv.,
& ceux des *remplacements* à 7,000 liv., & ceux
des *doubles* à 3,000.

Sur les appointements des premiers & des doubles du chant & de la danfe, il fera fait an-
nuellement une retenüe proportionnelle pour fournir à chacun, au bout d'un certain temps, un fonds
qui lui fera rendu, & dont les détails économiques feroient faftidieux ici.

On voit avec peine l'extinction des feux, objet d'une grande émulation, imaginé par le fieur
de *vifmes* avec beaucoup de fuccès. « Entend
» néanmoins S. M. (eft-il dit dans l'article XI.)
» que ceux des fujets qui ont droit au partage
» des bénéfices qui pourroient réfulter de recettes
» plus avantageufes , dues en partie à leur zele
» & à leurs travaux , ainfi qu'à leur économie
» dans les dépenfes, continueront d'en jouir à
» l'avenir, de même que ceux qui feroient par la
» fuite admis au même partage, fuivant l'état qui
» en fera arrêté tous les ans. »

Quant aux articles concernant la discipliné intérieure de l'opéra, ils sont judicieux & séveres pour forcer les bons sujets à jouer & les empêcher de porter chez les étrangers des talents dont ils doivent compte à ceux qui les paient.

3 *Février.* On a commencé depuis quelques jours la vente de la bibliotheque du duc de *la Valiere.* La plupart des princes étrangers, la plus grande partie des possesseurs des grandes bibliotheques, &c. ont donné des commissions pour l'achat des livres qu'ils désirent. L'empereur même a envoyé son bibliothécaire à cet effet.

La *Bible de Mayence*, imprimée en 1462, par *Jean Fauſt*, en deux volumes *in-folio* sur vélin, a été vendue 4,685 liv. Il y a eu trois enchérisseurs jusqu'à 4,000 liv.

Un seul volume, imprimé par le même, intitulé *Catholicon Joannis de Jamua*, a été poussé jusqu'à 2,000 liv. C'est un dictionnaire latin qui est dans toutes les bibliotheques ; mais cette édition de *Mayence*, en 1460, est fort recherchée. Comme il y a beaucoup de ces livres de fantaisie, on estime que la vente de cette riche bibliotheque pourroit bien monter à 500,000 liv.

3 *Février.* Malgré les fréquentes assemblées de la caisse d'escompte, les actionnaires n'ont encore rien terminé. Il doit s'en tenir une aujourd'hui, qu'ils esperent être définitive.

- Les débats occasionnés par la motion dirigée contre le sieur *Panchault*, ont été si vifs, qu'il a fallu que M. le contrôleur-général s'en mêlât & interposât son autorité. On est convenu sur cet article que n'étant pas compris dans les statuts, il pourroit avoir lieu à l'avenir, mais sans effet rétroactif pour ce jour.

D 5

Le sieur *Pourra* a fait une autre motion qui a excité beaucoup de fermentation. Il a prétendu qu'il falloit exclure de l'administration les étrangers. On a jugé qu'elle étoit comprise implicitement dans les statuts. Cependant il n'a encore été arrêté rien de définitif à cet égard.

4 *Février*. Le procès des deux actrices n'est point terminé. Madame *Vestris* ayant jugé à propos d'envoyer sa lettre à Mlle. *Clairon*, qui est dans ce pays-ci, en a reçu une réponse très-favorable, mais qu'elle n'a pas eu permission de faire imprimer. On dit que les *Sainval* y sont traitées avec le dernier mépris.

4 *Février*. Le contrôleur général a fait passer aux intendants des provinces les mêmes ordres de bienfaisance de la part du roi pour les malheureuses victimes, faute de travail, de l'intempérie de la saison, & les curés, en conséquence, administrent dans les bourgs & villages, des secours à tous ceux qui en ont besoin.

4 *Février*. Le sieur *Blanchard* revient sur le tapis. Il annonce qu'à l'aide d'un globe, à l'instar de MM. *Charles* & *Robert*, il compte enfin prendre l'essor dans son *vaisseau volant*. Ses ailes & ses mouvements pour la direction sont faits & approuvés. Un foible moteur les fait agir dans tous les sens avec assez de force pour le porter en avant, à droite, à gauche, le tenir à telle hauteur qu'il lui plaira, le laisser descendre à volonté, sans déperdition d'air inflammable.

C'est au 28 février que l'expérience aura lieu dans un emplacement qu'il indiquera. Après avoir, par des évolutions multipliées dans tous les sens, prouvé l'excellence de sa méthode, il se rendra dans un château qu'il aura indiqué auparavant comme le terme de la courfe, ou bien une perfonne de qualité fe propofe de lui donner une fête.

Un phyficien doit accompagner le fieur *Blan-chard*, & fe propofe de faire des obfervations, pendant que celui-ci s'occupera de fes évolutions & de fa direction. Ce phyficien, certain des moyens qu'emploie le fieur *Blanchard* pour fe garantir d'une chûte rapide, au cas que le ballon vînt à faire explofion, le preffe fortement pour monter au plus haut poffible.

Comme ce méchanicien a déjà promis quantité de chofes qu'il n'a pu tenir, on n'a pas encore beaucoup de confiance en lui. Cependant on lui a permis d'ouvrir une foufcription à 3 livres le billet, & les amateurs pourront aifément voir le méchanifme de fa machine, à commencer du 6 de ce mois.

5 *Février.* Dans l'affemblée du 3 de ce mois, tenue par les actionnaires, de la caiffe d'efcompte, on s'eft fans doute concilié, & l'élection des nouveaux adminiftrateurs au nombre de treize, a eu lieu ce jour-là. Ce font MM. *Bandard de Sainte-James, Coltin, de Serilly, Julien, le Coulteux du Moley, le Normand, Lullin, Marquet de Greves, Pache de Montguyon, Billiet, Tourton, Van den Yver & Harmenfen de Polny.*

5 *Février.* Le projet de la fuppreffion des traites pour réduire tous les droits d'entrée en un feul, & fupprimer ceux de l'intérieur du royaume, dont s'occupoit M. d'Ormeffon avec tant d'ardeur, quoique le principe de fa chûte par fa réfiliation du bail des fermes qu'il croyoit néceffaire pour l'effectuer, n'occupe pas moins M. de *Calonne.* C'eft un M. de *cormeru* qui a la direction de ce projet & y travaille depuis plus de dix ans. Comme

les fermiers - généraux, redoutant ce changement, refusoient de donner à M. de *Cormerui* tous les renseignemens dont il avoit besoin , par la communication de leurs regiftres , ils ont reçu ordre de le faire , de lui ouvrir les dépôts de leurs archives qui font à Saint - Lazare , & une quantité confidérable de commis font employés à en faire le dépouillement. M. de *Cormerui* affure que fon plan fera en état d'être exécuté cette année. La principale difficulté confifte à balancer les intérêts du roi, de maniere que la recette, fous la nouvelle forme , moins onéreufe à la liberté du commerce, & moins gênante pour les particuliers, ne diminue cependant pas les revenus, trop effentiels à conferver en ce moment dans la même abondance, & fes partifans affurent qu'il réuffira.

6 Février. On répete à force l'opéra de *Chimene*, paroles de M. *Guillard*, mufique de M. *Sacchini*. Celui-ci , malheureufement a la goutte & ne peut fuivre les répétitions. On ne compte pas moins donner ce fpectacle par extraordinaire le lundi 9. Les amateurs en font fort contents en général, & ne doutent pas de fon fuccès.

6 Février. La reine a auffi envoyé 12,000 livres à l'archevêque de *Paris*, avec la deftination d'être employées au foulagement des pauvres de la campagne de fon diocefe. Malheureufement ce n'eft qu'une goutte d'eau. On a calculé qu'il n'en réfultoit qu'une répartition de 36 livres par village.

6 Février. L'abbé *Pommyer* vient de mourir. Cet événement n'auroit fait aucune fenfation il y a un an, mais le rôle que ce confeiller de grand'chambre a joué dans les affemblées au fujet de la réforme de la juftice ; l'opiniâtreté qu'il a mife à ne point fe départir des épices exceffives auxquelles il avoit porté les honoraires de sa charge; le ridicule qu'ont verfé fur lui les libelles répandus à cette occafion par des anecdotes fcandaleufes & reconnues très-vraies; l'efpece d'exécration dans laquelle il étoit tombé; tout cela l'avoit rendu malheureufement trop fameux. On affure que la populace a fuivi & honni fon convoi.

6 Février. M. le duc de *Charoft*, fi eftimable par fa bienfaifance, par fon amour des arts & par fes autres qualités, fi aimé généralement, plus afin de contenter fes parents & fes amis, que fenfible perfonnellement à l'oubli fait de lui dans la promotion nombreufe des officiers de terre, mife en lumiere depuis peu par M. de *Ségur*, a fait toutes les démarches néceffaires en pareil cas; mais il n'a décidément reçu aucune fatisfaction. Le miniftre lui a répondu que l'intention de fa majefté étoit de ne déroger à la regle qu'elle avoit établie pour les époques de la promotion, qu'en faveur des officiers qui avoient fervi.

6 Février. Dans l'affemblée des chambres du 3 février, M. d'*Eprémefnil* a remis de nouveau en délibération la motion qu'il avoit déjà faite le vendredi au fujet de l'abbé de *Cabre*. Il a voulu piquer celui-ci d'émulation, en l'invitant de former une plainte qui ne pouvoit rendre qu'à fa décharge; mais l'accufé fe regardant comme affez blanchi par la lettre de M. de *Calonne*, a perfifté dans le filence, & les partifans du miniftere ont continué à s'en prévaloir pour écarter la motion.

7 Février. Quoique le gouvernement depuis plufieurs années, dépenfe environ cent mille écus par mois pour étayer *Paris* dans toutes les parties du fauxbourg *faint-Germain*, excavées par la fouille des carrieres, il arrive de temps en temps,

des crevaffes. C'eft ainfi que depuis peu il s'en
eft formé une dans la rue de *Mezieres*, & une au-
tré dans la place de *Sorbonne*. On ne parle point
de ces accidents, de crainte d'effrayér le public, & heureufement aucun n'a encore été fu-
nefte.

7 *Février.* Le froid & la neige continuent,
ce qui redouble les embarras & la vigilance de
M. le lieutenant-général de police. À peine fe
réferve-t-il cinq ou fix heures de fommeil par
nuit. On ne fe rappelle point avoir vu un hiver de
cette efpece. Il eft bien à craindre que le bois ne
vienne à manquer. Le mardi 3 février il n'y en
avoit plus que foixante-dix mille voies. Ce jour-
là fix mille ont été enlevées, & il a été mis des
gardes dans les chantiers pour en empêcher les
trop grandes levées à la fois. Beaucoup de gens
commencent à faire ufage du charbon de terre,
au moins mélangé avec le bois.

La propreté des voies publiques eft regardée
aujourd'hui comme impoffible. On calcule qu'il y
a fur la furface de cette capitale quarante-huit
lieues de rues à nettoyer. On voit qu'il en réful-
teroit une multitude de bras, de voitures & de
chevaux, effrayante feulement à l'imagination,
& une dépenfe encore qui feroit tort aux objets de
charité plus preffants. Ce font tous ces foins qui
occupent M. *le Noir*, & rendent cette époque de
fon adminiftration la plus difficile qui eût encore
exifté fous aucun de fes prédéceffeurs, & fans
doute occafionnent le bruit que pour récompenfe
il aura bientôt une autre département.

Dans les campagnes, les feigneurs de paroiffe
ont été invités à feconder, autant qu'il feroit en
eux, la bienfaifance du fouverain. Quelques-uns

n'ont pas attendu cette invitation & l'ont prévenue. Celui de *Pantin* (M. le comte de *Sahois*) a fait publier au prône, & afficher que tous les infirmes, malades, vieillards ou autres de ses vassaux qui manqueroient de bois, eussent à s'adresser au curé, qui leur administreroit de sa part des *bons* pour le boucher, le boulanger, le marchand de vin, &c.

MM. les bénédictins de *saint Denis*, renommés pour la bonne chere qu'ils faisoient en poisson, ont arrêté de le retrancher de leur table, de se contenter de légumes & de consacrer l'argent de cette économie à secourir les malheureux.

8 *Février*. Extrait d'une lettre de *Montargis*, du premier février..... Ce n'est point un conte; le directeur de notre papeterie se flatte de l'invention d'un nouveau *papier uniquement fait avec de l'herbe*. Je vous en adresse un échantillon : il assure qu'il parviendra à le rendre aussi blanc que celui sur lequel je vous écris. Mais il faut attendre qu'il ait tenu ce qu'il promet & se méfier de toutes ces découvertes prétendues.

8 *Février*. Lorsqu'on a commencé à parler de la machine aérostatique de MM. de *Montgolfier*, on a aussi beaucoup vanté une invention nouvelle des Anglois pour marcher au fond de la mer, & l'on a célébé *Coxe*, son auteur.

Un M. *Fréminet*, publie aujourd'hui deux lettres, dans lesquelles il dispute cette découverte aux Anglois, & prétend démontrer les défauts & le danger de leur machine ou cloche, dont l'événement, suivant lui, a confirmé l'inutilité. Quant à la sienne, il n'en a trouvé la construction dans aucun auteur ancien ou moderne. Les principes dont il se sert, sont le fruit de son imagination , de son travail , & lui appartiennent. Après-avoir tenté avec succès des expériences dans la *Seine*, à *Paris*, il les réitera au *Havre* dans la mer, en 1774, & à *Brest* en 1776.

M. *Fréminet*, en conséquence, sollicite actuellement le privilege de retirer les bâtiments & effets naufragés sur les côtes de *France*.

9 Févier. Il paroît que depuis la paix , le commerce de la *France* avec les peuples des *Etats-unis* n'a pas été avantageux, qu'il a même éprouvé des pertes considérables; du moins c'est ce qui est arrivé à celui de *Marseille.* Le gouvernement craignant que nos négociants ne se dégoûtent & ne laissent les Anglois reprendre des liaisons plus étroites avec leurs anciens sujets, a sans doute en conséquence invité la chambre du commerce de *Marseille* à publier un imprimé ayant pour titre : *Observations sur le commerce avec les treize Pro-vinces-unies de l'Amérique, pendant l'année* 1783. Elles tendent non-seulement à démontrer les avantages que peuvent se promettre les négociants qui feront des expéditions pour les *Etats-unis*, mais encore à établir entre les commerçants des deux pays une confiance solide, sans laquelle les spéculations pourroient être fausses.

9 Février. Les rieurs continuent à s'égayer sur la machine aérostatique de *Lyon*, annoncée avec tant d'emphase, & qui a eu si peu de succès. Elle a donné lieu à l'épigramme suivante, marquée au coin des la naïveté:

Vous venez de Lyon: parlez-nous sans mystere ;
Le globe. — Il est parti. — Le fait est-il certain ?
Je l'ai vu. — Dites-nous : alloit-il bien grand train ?
S'il alloit ! Ah, Monsieur! il alloit *ventre à terre.*

9 Février. C'eſt le 19 janvier que la réception à l'aſſociation de *Cincinnatus* a eu lieu, tant pour ceux des officiers Américains qui ſe trouvent à Paris, que pour les François à qui cette marque d'honneur a été déférée par l'armée Américaine.

Les premiers s'étant raſſemblés chez le marquis de *la Fayette*, ce général les revêtit des *aigles*, marque diſtinctive de l'aſſociation, & fut auſſi-tôt après, à leur tête, complimenter les amiraux, chefs-d'eſcadre & généraux des armées françoiſes, auxquels le major *l'Enfant*, députe par l'armée Américaine, & portant des ordres des *Cincinnati*, préſenta les aigles, portant ſur leur poitrine les emblêmes relatives au caractere de *Cincinnatus*, avec ces deviſes : *Cincinnia relinqui ad ſervandam rempublicam & virtutis præmium.*

M. le comte de *Rochambeau*, chez lequel étoient raſſemblés tous les officiers de ſon déparrement, les revêtit des aigles ; & termina la cérémonie par un feſtin, où l'on porta les ſantés du général *Washington*, de l'armée des Etats-unis, &c.

Le comte d'*Eſtain*, le même jour a reçu les aigles.

M. de *Vaudreuil* a reçu à l'*Orient*, les aigles qui lui étoient expédiées, le même jour que la réception a eu lieu à *Paris*.

9 Février. Les colporteurs nous annoncent un nouvel ouvrage venant de *Lauſane*, qui a pour titre : *Du Gouvernement des mœurs*, avec cette épigraphe : *Non ſi male nunc, olim ſic erit.* On l'attribue à M. *Polier de Saint-Germain*, magiſtrat de la même ville, âgé de près de 80 ans, mais dont l'âge a plutôt mûri qu'altéré le génie.

19 Février. L'eſpoir du dégel s'eſt évanoui

encore, & la gelée a recommencé vivement, avant que les toits & les rues aient pu être dégagés, en sorte que Paris continue d'être un cloaque, malgré tous les soins qu'on se donne pour le nettoyer. La neige durcie, entassée le long des maisons, forme comme deux murs qui rétrécissent de beaucoup le passage & redoublent le froid du dehors & de l'intérieur. Dans les campagnes c'est pire, & les voitures ont beaucoup de peine à arriver. Tout reste ainsi engorgé : le foin, la paille ont singulièrement augmenté de prix ; les légumes & les autres comestibles sont aussi d'une horrible cherté ; le pain même n'est plus à si bon compte. Mais c'est le bois sur-tout qui commence à manquer. En conséquence, le bureau de la ville a rendu le 7 une ordonnance pour qu'il n'y eût plus dans les chantiers que des demi-membrures, c'est-à-dire, pour que chaque particulier ne pût emporter à la fois qu'une demi-voie de bois. En outre, on est assujetti à plusieurs formalités pour le bon ordre, mais qui retardent & allongent d'autant la distribution. Cette précaution ne peut concerner les boulangers, dont au contraire on a voulu assurer la consommation.

Ce qu'il y a de fâcheux encore, c'est qu'au moment où le charbon de terre commençoit à prendre & à suppléer au bois, il manque aussi.

On ne conçoit pas comment le prévôt des marchands, instruit par la disette de bois qui a commencé à se manifester dès l'année passée, n'a pas pris plus de précautions pour celle-ci. On a beau dire que la rivière a été long-temps sans être navigable, c'étoit une raison de plus pour profiter du temps où elle l'a été, & l'on voit par une ordonnance du bureau de la ville du 16 janvier dernier,

que ce n'est qu'à cette époque qu'elle a commencé
de s'en occuper férieusement, c'est-à-dire, quand
il a été trop tard.

Il paroît que le parlement a voulu se faire rendre
compte de l'état des choses, & que sur l'exposé
qui lui a été fait, que deux cents mille cordes de
bois étoient arrêtées au plus à la distance de dix
lieues de la capitale, il s'est contenté de cette
foible excuse, & n'a pas mandé & réprimandé,
comme il auroit convenu, M. de *Caumartin*,
dont on voit avec grand plaisir finir la prévôté. Il
est seulement à souhaiter pour lui que la disette
n'augmente pas assez pour faire tourner en mou-
vemens populaires les murmures des mécontents,
qui déjà le maudissent assez hautement.

Il n'en est pas de même du lieutenant général
de police, qui, après avoir assuré la consommation des vivres qui le concerne, par le nombre
nécessaire de voitures arrêtées de toutes parts pour
cet objet, s'occupe aussi des détails de l'intérieur,
soit pour le nettoyement des rues, autant qu'il
est possible, & la liberté des communications,
soit pour le soulagement de tous les malheureux,
dont la dureté du temps augmente chaque jour la
multitude.

M. *le Noir* ne pouvant par lui-même tout
voir & tout savoir, consulte les magistrats les plus
sages de chaque quartier, propres à l'aider de leurs
lumieres. C'est ainsi qu'il a invité M. de *Fays*,
conseiller honoraire de la cour des aides, l'ami
& le compagnon de M. de *Malesherbes*, renommé
pour l'austérité de ses mœurs, pour son patriotisme, pour l'excellence de ses vues, & pour sa
charité, à l'aider dans le meilleur usage à faire
des bienfaits du roi.

M. *le Noir*, en outre , se répand de temps en temps dans la ville , & voit si ses ordres pour la sûreté , la propreté , les travaux publics & le soulagement des pauvres sont bien remplis par les subalternes sous ses ordres.

10 *Février.* La premiere représentation de *Chimene* a eu lieu hier, comme elle étoit annoncée. Quoiqu'il y eût beaucoup de choses à dire sur la maniere dont M. *Guillard* a agencé le poëme , l'excellence de la musique en a couvert les défauts. D'ailleurs , contre l'ordinaire , l'exécution de la part des premiers sujets a été parfaite , presque en totalité. Mais Mad. *Saint-Huberty* sur-tout a soutenu la haute réputation qu'elle s'est acquise depuis *Didon* , de la plus grande actrice de l'Europe.

11 *Février.* Extrait d'une lettre de *Montgeron* , du 10 février...... Malgré la rigueur de la saison nous avons vu chasser ici dans la plaine M. le prince de *Conti.* Cela ne nous a pas surpris. Il couroit risque de faire casser les bras & les jambes à ses valets de chiens, à ses piqueurs, à ses gentilshommes , à toute sa suite; ce sont-là jeux de prince, ils n'ont rien de mieux à faire : mais quel a été notre étonnement de voir avec S. A. monsieur le premier président d'*Aligre* , qui depuis plusieurs années a demandé au roi la permission de ne faire le service de la grand'chambre que trois fois par semaine pour sa santé. Et tandis que le président d'*Ormesson* essuie pour lui toute la fatigue, tout le poids du jour, il couroit ainsi par monts & par vaux, & faisoit le jeune homme, le fainéant & le prince. Et sa compagnie ne met pas aux mercuriales un chef qui se comporte aussi indécemment!...O honte ! ô avilissement !...

11 *Février*. Depuis la lettre de Mad. *Vestris*, répandue à *Paris* & dans la province avec la plus excessive profusion, contre Mlle. *Sainval cadette*, on étoit fort surpris de la voir rester dans le silence; on commençoit à lui donner le tort & à croire qu'elle n'avoit pas de bonnes raisons à fournir pour sa défense: mais ses partisans assurent aujourd'hui que dans la crainte de ne pas avoir la liberté de la presse avec la même facilité que son adversaire, elle a pris la tournure de faire faire un *Mémoire à consulter & Consultation*, & qu'il va paroître incessamment.

11 *Février*. On ne laisse point tranquille l'évêque de *Rennes*, & les autres prélats administrateurs. On assure qu'il va se répandre bientôt une nouvelle facétie contr'eux Cet acharnement confirme le soupçon que le ministere le fomente, afin de préparer les coups qu'on veut porter sur le clergé. En effet, on assure qu'un ballot des dernieres *Lettres curieuses & édifiantes* ayant été saisi; M. le baron de *Breteuil* se les a fait apporter à *Versailles*, & y en a fait lui-même une distribution à ses amis, dans ses bureaux & aux gens de la cour.

12 *Février*. L'ouvrage du *Gouvernement des mœurs* n'est point une capucinade, un sermon, un traité de morale; l'auteur y déploie des vues plus étendues, & envisage son objet du côté de la politique. C'est le développement raisonné des principaux ressorts qu'il seroit à désirer qu'on mît en jeu pour réformer les mœurs générales & leur imprimer un mouvement plus uniforme au vœu de la société, au bonheur public & particulier. On fait voir que ces ressorts secrets & puissants sont à la portée de tous les hommes, sans qu'ils

s'en doutent ; mais sur-tout dans la main du prince , qui ne s'en apperçoit pas toujours , & l'on invite les ames honnêtes & patriotiques à porter leur attention & leur activité sur ces objets , au moins aussi intéressants que les ballons & que la plupart des questions dont s'occupent les sociétés littéraires & savantes.

La finesse & la profondeur des vues nouvelles que présente cet essai ; la sagesse de sa marche , toujours guidée par le bien public , & aussi éloignée du rigorisme que de l'indifférence ; les graces simples & naïves de son style ; le ton d'aménité & de philanthropie qui y regne ; ce ton qu'on n'imite point & qui va toujours au cœur , parce que c'est le cœur qui l'inspire : tout rend ce livre digne d'occuper une place dans les bibliotheques choisies & sur-tout d'être lu & médité par les légiflateurs.

_ 11 *Février.* On vient en effet d'envoyer à toutes les portes cocheres un *Mémoire à consulter pour la Dlle. Sainval cadette , comédienne ordinaire & pensionnaire du roi ; contre la dame Vestris , aussi comédienne ordinaire & pensionnaire du roi.*

Son objet est 1°. de justifier les plaintes que Mlle. *Sainval* a portées contre Mad. *Vestris.* 2°. De la laver de l'imputation que lui fait celle-ci.

Suit une *consultation* de Me. *Tronson du Coudray,* en date du 4 février , qui estime être dû à sa cliente des réparations pour les accusations calomnieuses que la dame *Vestris* s'est permises contre elle , & qu'en outre Mlle. *Sainval* a droit de demander aux tribunaux la suppression de la lettre de la dame *Vestris.*

On peut juger par l'éclat qu'acquiert la querelle , combien elle devient intéressante pour les amateurs du théâtre & du sexe consacré à ce genre de plaisir.

13 *Février*. Les partisans de Me. *Linguet* ceux-mêmes les plus zélés, les enthousiastes les plus aveugles conviennent que son journal est aujourd'hui absolument dénué d'intérêt. Le clergé lui reproche d'abandonner la cause & de ne plus injurier vigoureusement, comme il faisoit autrefois, les philosophes. En général, on voit qu'il adule tant qu'il peut les nouveaux ministres, & l'on juge que ne tirant pas de son travail le lucre accoutumé, il désireroit rentrer en France.

13 *Février*. On commence à plaider depuis quelque temps au palais la cause de madame de *Valory*. L'abbé *Noyon*, dont il a été question dans cette affaire & auquel on attribue les mémoires pour cette dame, si violents contre les avocats, s'étant montré à l'audience, a été tellement hué par ceux-ci, qu'il a été obligé de disparoître.

13 *Février*. Extrait d'une lettre de *l'Orient*, du 6 février.... Voici la suite des opérations du conseil de guerre. Le 23 janvier 1784, le conseil de guerre arrête que le comte de Grasse sera mandé pour être entendu.

Le 31 janvier, le conseil de guerre défend aux aux parties d'imprimer des mémoires, conformément aux intentions du roi, & leur déclare qu'ils ne seront reçus que manuscrits.

Continuation d'information, commencée le 23 janvier & finie le 3 février, composée de vingt-trois témoins.

Le conseil arrête le 4 février, en vertu d'une lettre ministérielle, que si les mémoires des parties contiennent des expressions fortes, & ne sont

pas dans un ſtyle convenable, elles ſeroient obli-
gées de les changer.

En conféquence, la requête du comte de *Graſſe*
rejetée.

14 *Février.* Le comte d'*Arci*, appellé juſqu'à
préſent le chevalier d'*Arci*, eſt généralement regardé comme fils naturel du comte de Touloufe,
quoique ce prince ne l'ait pas reconnu légalement.
En conféquence, il a joui dans le monde d'une
conſidération & de faveurs telles qu'il ne les auroit jamais obtenues autrement. Ceſt ainſi qu'il
fut admis dans l'ordre de Malte par un bref
portant, qu'il eſt *fils naturel de feu le ſéréniſſime
prince comte de Touloufe.* Il auroit fans doute été
loin, ſi aux talents & à l'efprit qu'il avoit, il eût
joint une meilleure conduite. Mais malgré tous
les ſecours qu'il a reçus du duc de *Penthievre* &
de la cour, malgré le rôle important qu'il a joué
pendant pluſieurs années qu'il étoit publiquement
l'amant de madame de *Langeac*, qui menoit à
ſon gré le duc de *la Vriſliere* & ſon département ; il ſe trouve aujourd'hui dans un état de
dénuement abſolu. Le duc de *Penthievre* l'a totalement abandonné, ſur-tout depuis qu'il a mis
le comble à ſes ſottiſes en époufant une fille..
Abymé de dettes, il eſt réduit pour ſe ſouſtraire
à la pourfuite de ſes créanciers, à vivre dans le
Temple, où il a paru ſe jeter dans la dévotion,
pour mieux toucher ſon augufte frere. Le duc
de *Penthievre* n'a point été dupe de ſon hypocriſie. En forte qu'il ne lui reſte plus qu'une reſſource,
celle de la réclamation de ſon état & de ſon nom.

Dès 1783, il avoit préparé un mémoire à
confulter ou, d'après les faits & anecdotes relatifs à ſa naiſſance, il demande :

1. Si par les circonftances qu'il a expofées ;
il n'eft pas dans le cas de fe faire reconnoître
fils naturel du comte de Touloufe ?

2. S'il eft encore fondé à réclamer fon état ,
& quelle voie il doit prendre pour le recouvrer?

Dès le 26 août, une *confultation* fignée de
fept jurifconfultes lui étoit favorable , appuyée
encore par une feconde du 6 novembre. Cependant, fentant l'importance de l'affaire , craignant
les fuites d'un éclat que redoutoit le duc de
Penthievre, lié par la parole qu'il avoit donnée
à ce prince de ne rien publier ou divulguer à cet
égard , il a héfité long-temps encore ; mais preffé
vraifemblablement par la faim , il rend ce mémoire public depuis huit à dix jours.

14 *Février*. Ce font MM. *Thomas*, *Gaillard*,
Arnaud, *de Lille*, *Suard*, *Champfort* & *le
Miere* , tous membres de l'académie françoife,
qui ont été invités par le miniftre ,au nom du
roi, à fe charger de l'examen des poëmes lyriques
deftinés à concourir aux prix fondés par S. M.
Ces meffieurs ont accepté.

M. *Suard*, l'un d'eux, eft chargé de faire les
fonctions de fecretaire du comité.

Il eft à remarquer que ce *Suard* n'a jamais
fait d'opéra, non plus qu'aucun des autres juges,
& que plufieurs n'ont même jamais fait des vers.

Quoi qu'il en foit, les concurrents dont les
ouvrages auront été mis en mufique, feront
tenus d'envoyer leurs poëmes avant le mois de
décembre prochain. On fera connoître par la voie
des journaux les titres des ouvrages couronnés
& le miniftre remettra les prix aux auteurs.

Les juges feront obligés de donner leur avis
motivé.

Ces messieurs jouiront de leurs entrées aux loges & amphithéâtre, & ils sont invités à se trouver aussi aux répétitions des ouvrages nouveaux, pour contribuer par leurs observations au succès de la mise de ces ouvrages au théâtre.

15 *Février*. Le sujet du *cid* est absolument étranglé dans l'opéra. Deux actes entiers de la tragédie sont sautés ; l'action qui en fonde tout l'intérêt est passée. *Rodrigue*, après s'être soustrait pendant quelque temps à la poursuite de *chimene* dont il a tué le pere, revient. C'est où commence la piece. *chimene* éplorée, quoiqu'aimant toujours le meurtrier de l'auteur de ses jours, ouvre le premier acte. Le roi vient pour la consoler. Elle demande vengeance au contraire, mais foiblement ; ce qui atténue la situation, lorsque *Rodrigue* arrive & la rend plus intéressante. Son pere Dom *Diegue* & ses amis, annonçant que les Maures doivent surprendre la ville pendant la nuit, jettent du mouvement dans la scene & préparent le nœud de l'intrigue, en ce que *Rodrigue* se met à leur tête & court à la victoire.

Le second acte offre beaucoup de spectacle : le peuple y exprime sa crainte de l'approche des ennemis & se réfugie dans le palais du roi. Bientôt des princes captifs, suivis d'une foule de prisonniers, remplissent la scene, & l'on entend des chants d'alégresse. *Rodrigue* est proclamé vainqueur ; ce qui rend la position de *chimene* plus embarrassante. Elle persiste dans son projet de vengeance & désire ne point l'obtenir. Des chevaliers s'empressent d'entrer en champ clos en faveur de cette beauté ; c'est la seule maniere dont on puisse satisfaire aux loix de l'honneur, sans blesser la gloire du héros. Dom *Sanche*, son rival est choisi.

Le meilleur acte est le troisieme, parce que
l'auteur suit de plus près la tragédie. *Rodrigue* va
de même combattre contre Dom *Sanche* ; il entre
de même en lice, après que *Chimene* lui a dit
de sortir vainqueur d'un combat dont elle est le
prix. Encouragé par ce mot flatteur, la victoire
ne lui semble plus douteuse. L'acteur qui a joué ce
rôle, le sieur *Lainez*, s'est surpassé dans cet endroit, & c'est là sur-tout où les applaudissements
ont été prodigués avec enthousiasme. On obser-
vera seulement que le dénouement de l'opéra
satisfait bien moins à la décence que celui de
la tragédie, & qu'on ne peut qu'être choqué,
non-seulement de voir *Chimene* consentir elle-
même à épouser *Rodrigue*, mais se livrer à des
mouvements de joie & chanter son bonheur.

La musique se distingue sur-tout par un mérite bien piécieux & bien rare dans les composi-
tions modernes. C'est celui d'avoir toujours le
caractere propre des personnages mis en scene &
de leur situation, savante, variée, naturelle,
elle peint avec un égal succès tous les mouvements,
toutes les passions. Les accompagnements répon-
dent à la justesse des motifs, à leur expression
simple, noble, touchante, pure. Les chœurs & les
airs de danse sont la partie foible. Les premiers
sont d'ailleurs en trop grand nombre. Il est fâcheux que M. *Sacchini*, toujours retenu chez
lui par la goutte, n'ait pu juger par lui-même
de l'effet de cette partie & la renforcer.

15 *Février*. Un procès purement contentieux
occupe aujourd'hui le public par sa singularité.
Le marquis de *la Grange*, acquéreur d'une terre,
en réclame deux au bout de quinze mois, & son
seul titre est une erreur de greffe, désavouée par
le greffier.   E 2

Le marquis de *Bouthillier*, fon adverfaire, dans fon premier mémoire , en 1783, a prouvé par les démarches , la fignature & la conduite du marquis de *la Grange* , qu'il n'avoit jamais eu l'intention d'acheter la feconde terre, qu'il n'avoit jamais pu croire qu'elle fît partie de fon adjudication, & ne le croyoit pas même au moment où il en formoit la demande.

Dans fon fecond mémoire , en rendant compte des procédures qu'avoit employées le marquis de *la Grange*, non pour foutenir fes prétendus droits, mais pour en éloigner le jugement, il a démontré le peu de cas que le demandeur lui - même faifoit de fes prétentions.

On croyoit cette affaire éteinte : on apprend aujourd'hui par un troifieme mémoire du marquis de *Bouthillier*, qu'après des démarches d'accommodement, le marquis de *la Grange* le force à rentrer en lice & de demander des dommages & intérêts, ainfi que l'impreffion & affiche de l'arrêt qu'il a droit d'attendre.

Ce mémoire, ainfi que les autres, très-bien fait par M. *Bouthillier* lui-même , lui concilie l'efprit du public, auprès duquel fon adverfaire eft déjà en très - mauvaife réputation pour plufieurs affaires peu honorables qu'il a eues. Auffi l'appelle-t on dans les fociétés, *la Grange-Voltaire* (Voleterre), comme on l'a dit.

16 *Février*. Il eft fâcheux que M. *Cathelin* n'ait pas pu expofer au falon le portrait de M. *Boers*, directeur de l'académie des fciences de *Harlem* , premier avocat de la compagnie hollandoife des Indes orientales & fon député à la cour de *France*. Cette gravure, d'après le deffin de M. *Cochin*,

eſt d'un burin ferme & noble. On lit au bas ces
vers de M. *Imbert* :

> Les muſes ont daigné l'inſtruire ,
> Et la vertu prit ſoin de le former :
> Qui l'écoute , bientôt l'admire ;
> Qui le connoît doit l'eſtimer.
> Il prête à ſon pays ſes ſoins , ſon éloquence ;
> Il eſt ſenſible affectueux .
> Le bien de ſa patrie eſt l'objet de ſes vœux ,
> Et l'amitié ſa récompenſe.

19 *Février.* On croyoit que le mémoire à con-
ſulter de Mlle. *Sainval* cadette , n'étoit qu'une
forme pour publier ſa réponſe à madame *Veſtris* ;
mais l'affaire prend une tournure vraiment juridique , & celle ci a été aſſignée de la part de
la premiere , en réparation d'honneur.

Une choſe très - remarquable dans cette querelle,
c'eſt le ſilence des journaliſtes qui , ſi avides de
tout ce qui peut leur fournir matiere à remplir
leurs feuilles , reſtent dans le plus profond ſilence ſur les écrits des deux actrices , & n'en ont
pas fait la plus légere annonce. Il ſemble que ce
ſoit l'*Arche du Seigneur* , à laquelle ils n'oſent
toucher.

16 *Février. Conſidérations politiques.* Tel eſt le
titre d'une brochure imprimée chez l'étranger ,
il y a quelques mois , & qui ſe répand depuis
clandeſtinement à *Paris.* M. le comte de *Vergennes* , ſur le compte qui lui en avoit été rendu ,
avoit d'abord accordé la permiſſion de l'introduire
en *France* ; mais en ayant pris lecture lui-même ,
il a révoqué cette permiſſion , non qu'il jugeât

l'ouvrage mauvais, mais parce qu'il le trouvoit au contraire trop bon, c'est-à-dire, contenant sans doute des vues & des éveils, dont il regarde la grande publicité comme dangereuse.

On attribue cet ouvrage à M. *Mignonneau*, commissaire des gardes-du-corps de la compagnie de *Beauveau*. Il est trop intéressant dans sa briéveté pour n'y pas revenir après l'avoir bien médité

17 *Février*. Aux éditions du *XV siecle*, vendües exhorbitamment à la vente des livres du duc de *la Valliere*, il faut joindre les manuscrits sur vélin, avec miniature ; les livres des *XVI, XVII & XVIII siecles*, imprimés sur vélin ; les livres ornés d'estampes estimées, ceux dont la rareté est généralement connue, les éditions des imprimeurs célebres ; enfin, les livres en grand papier & ceux qui font d'une riche & belle reliûre.

Entre les éditions du XV. fiecle, outre les deux livres déjà cités, on vante le Durandi *rationale divinorum officiorum*, Mayence 1459. Ce superbe exemplaire a été porté à 1,700 liv.

17 *Février*. Il est certain qu'on juge facilement à la lecture du chiffon que Mlle. *Sainval* la jeune a adressé à la comédie, que son intention n'étoit pas qu'il devînt public, & il n'est point à présumer qu'elle ait répandu des copies d'un écrit aussi informe, ainsi que l'a supposé adroitement madame *Vestris*, pour s'autoriser à imprimer sa réponse très-étudiée & très-bien faite, afin de détruire l'accusation d'animosité, de persécution & de vengeance dont on la croit depuis quatre ans coupable envers les deux sœurs.

Madame *Vestris* récrimine dans sa lettre, & prétend, au contraire, que les *Sainval* ont formé depuis huit ans le projet de lui enlever son état

Elle les peint comme deux intrigantes qui, à force
de manege, ont soulevé le public contre elles &
ont travaillé à la faire accabler de dégoûts. Elle
parle de combinaisons perfides, d'ingratitude,
d'injustice, de projet siniftre. C'est à de pareilles
imputations que Mlle. *Sainval* cadette oppofe fa
défenfe légale; c'est pour s'en venger qu'elle invoque la justice des tribunaux.

Quant à fes plaintes perfonnelles contre madame *Veftris*, elle fent bien qu'elles ne tiennent
qu'aux procédés & ne peuvent être portées
en justice, même devant fes fupérieurs ou fes
camarades, plutôt faits pour maintenir les réglements rigoureux qui favorifent fa rivale, que
pour les enfreindre. En conféquence, n'y voyant
pas d'autre remede, elle perfifte à demander fa
retraite, elle ne veut point accepter les offres de
madame *Veftris*, de lui céder en chef une partie
de fes rôles, parce qu'elle ne les regarde que
comme une propofition captieufe, par laquelle
elle a imaginé de paroître faire des facrifices dont
elle fait bien n'être pas la maîtreffe. Son ennemie
auroit auffi tout le mérite d'une générofité qui
ne s'effectueroit jamais. Au furplus, en fe défendant, Mlle. *Sainval* cadette défend fon aînée,
enveloppée dans la même accufation. Elle reproche à madame *Veftris* de rappeller cette vieille
querelle, dont la fœur n'a été & n'eft encore que
trop punie de parler du libelle qu'on lui a im-
puté, qu'elle a conftamment défavoué par écrit ;
mais dont elle a eu la délicateffe de ne vouloir
jamais nommer les auteurs, aux rifques de tout
ce qui lui en pourroit arriver.

Telle eft l'analyfe fuccincte du mémoire de
Mlle. *Sainval*, bien propre à balancer dans l'ef-

prit des gens impartiaux les impreſſions qu'y avoit laiſſées la lettre de Madame *Veſtris*. En effet, ſi celle-ci a plu par ſon ton de modération, d'honnêteté, de candeur, de nobleſſe, de déſintéreſſement; on aime le ton véhément de l'autre, qui s'éleve avec force contre l'aſtuce, la duplicité, l'hypocriſie de ſa rivale, dont il faut attendre la réplique.

En général, quoique Mad. *Veſtris* ne ſoit plus auſſi bien avec le maréchal duc de *Duras* qu'autrefois; quoiqu'elle inſinue dans ſa lettre qu'il lui a été peu utile dans ſa querelle avec Mlle. *Sainval* l'aînée; quoique ſes partiſans aſſurent que c'eſt à M. le duc de *Villequier* ſeul, ſupérieur ferme & integre, qu'elle doit la juſtice qui lui a été rendue; il eſt certain que l'autorité eſt pour elle, parce que le droit ſtriƈte y eſt auſſi. Mais le public, qui décide plus par ſes affeƈtions que par ſoumiſſion à des réglements faits ſans lui & ſans ſa participation, eſt pour Mlle. *Sainval* cadette; ce qui tient en partie à la nature de leurs rôles. La premiere eſt pour les rôles forts, l'autre pour les rôles ſenſibles, & avec ceux-ci on entraîne toujours la multitude.

18 *Février*. La diſette du bois eſt telle, que ſi les tranſports par eau continuent encore juſqu'au mois de mars à être impraticables, comme il y a tout lieu de l'appréhender, la quantité qui en reſte, ſauf les dix mille voies de bois miſes en réſerve pour les boulangers, deviendra inſuffiſante pour fournir aux beſoins que la rigueur & la durée extraordinaire du froid occaſionnent, mais que la crainte augmente encore plus. En conſéquence, le conſeil s'en eſt occupé ces jours-ci: il y a été propoſé différents avis, comme celui de

renvoyer dans les provinces les évêques, les abbés, les moines, les intendants, les gouverneurs, les magiſtrats & autres qui y ſont attachés; d'exiler en quelque ſorte dans leurs terres tous les gens qui en ont, en les invitant inſtamment de s'y rendre. Ce moyen a paru trop inſuffiſant & trop lent. On s'en eſt tenu à celui plus efficace, de faire venir par terre trente-mille voies de bois arrêtées aux environs de *Paris*. S. M. conſacre deux cents mille francs à cette deſtination ; c'eſt à-dire, fait les avances, qui rentreront par un impôt momentané de ſix livres d'augmentation ſur chaque voie de bois qui ſe délivrera pendant quinze jours.

En conſéquence, il ſe publie un arrêt du conſeil ſur cet article, en date du 15 février.

·18 *Février*. Extrait d'une lettre de Bourges, du 14 février... Notre adminiſtration provinciale ſubſiſte toujours ; elle va même mieux qu'elle n'a jamais été, parce que les membres qui la compoſent ſe ſont formés depuis quelques années à cette manutention, où ils étoient abſolument neufs. Les objets qui nous occupent ſpécialement aujourd'hui, ſont les atteliers de charité & les grands chemins.

Nous avons été long-temps en ſchiſme ſur ce dernier objet, par rapport à la corvée. La nobleſſe a voulu maintenir ſa prérogative & en être exempte. Quelques membres avoient propoſé un *mezzo termine*, de fournir un don gratuit, abſolument volontaire, mais dont le montant tourneroit au moins à une diminution de la charge pour les corvéables. Cela n'a point paſſé, & elle eſt reſtée toute entiere à la charge du roturier ; ſeulement au lieu de l'exiger en nature, nous avons pré

arg ent,

Notre intendant, homme févere fur les principes, mais par fon état oppofé à notre adminiftration qui diminue de beaucoup l'autorité de
fa place, vient d'obtenir une faveur qui eft un véritable échec pour le bureau. C'eft que toutes les
demandes que nous ferons, pafferont par fon canal pour être adreffées à la cour, & c'eft à lui
que les réponfes feront envoyées, fauf cependant
certains cas, où le bureau trouveroit expédient de
ne pas fe fervir de cet intermédiaire. Vous fentez
que, fi au lieu de M. de *Villeneuve*, nous avions
un commiffaire départi auffi intrigant & d'auffi
mauvaife foi que celui de *Moulins*, avec cette ref-
triction, notre adminiftration provinciale feroit
bientôt tellement degoûtée, qu'elle s'anéantiroit
d'elle-même.

C'eft ce qui doit arriver inceffamment de celle
de *Montauban*, abfolument affervie à l'intendant,
à moins qu'elle n'obtienne ce qu'elle demande ;
c'eft-à-dire, un réglement conforme au nôtre fur
cet objet.

Nous devons craindre d'autant mieux les efforts
des commiffaires départis, que ces deux admi-
niftrations provinciales font les feules qui fub-
fiftent aujourd'hui, & que vraifemblablement le
nombre n'en augmentera pas.

19 *Février*. L'auteur des *Confidérations politiques*, juftifie d'abord fon entreprife, en établiffant
que tout homme a droit de donner fes idées au
public en pareille matiere ; mais il voudroit feulement que l'écrivain politique choisît le moment
favorable. De-là un parallele rapide & ferré de la
fituation défaftreufe de la France fur la fin du
regne, & à la mort de *Louis XV*, & de fa régé-
nération fous *Louis XVI*. C'eft dans ces moments

de force & d'énergie qu'il estime utile de fermenter sur la politique.

Il examine ensuite, si les citoyens d'une monarchie sont moins susceptibles de vertus patriotiques que ceux d'une république. Il répond, non : seulement elles dérivent d'une cause différente. On voit encore dans ce paragraphe, une énumération des souverains actuels, tous animés de l'amour du bien public, & très-propres à porter leurs sujets au patriotisme.

Quelques-uns cependant ne sont pas exempts de l'amour des conquêtes, ce qui amene une digression sur le projet des deux cours impériales contre l'empire Ottoman, précédé du tableau de l'état actuel des puissances prêtes à guerroyer, & de leurs voisins. L'écrivain jette ensuite des vues sur les avantages que la France pourroit retirer des circonstances si, comme son intérêt doit l'y porter, elle prenoit le parti de secourir le Turc, sur les ressources même qu'elle auroit pour s'agrandir & diminuer de notre côté la puissance des conquérants, au cas où l'on ne pourroit en arrêter les progrès.

Un troisieme paragraphe de l'ouvrage non moins curieux & plus intéressant, parce qu'il est d'une utilité plus immédiate, c'est celui des *Indes Orientales* : l'auteur examine s'il conviendroit mieux de retirer toutes nos forces militaires de ces contrées, pour rester dans l'état de simples commerçants ; & il détruit radicalement le systême de ceux qui soutiennent que nous ne devrions y avoir que des comptoirs.

Dans le dernier paragraphe, qui a pour titre : *Inconséquence des hommes*, l'écrivain cherche à venger le comte de Thélis des sarcasmes lancés contre ce militaire patriote, & foutient l'utilité de fes écoles, établiffement vraiment national.

On ne peut qu'applaudir à la fageffe & à l'excellence des vues de cet ouvrage, écrit avec nobleffe, nourri de faits & d'anecdotes, contenant beaucoup de chofes dans un très - petit volume.

19 *Février*. Suivant ce qu'on écrit de l'Orient, M. le comte de *Graffe* accufe non-feulement fes deux matelots, mais M. le marquis de *Vaudreuil* & M. de *Bougainville* : le premier, de n'avoir pas répondu à fes fignaux, & fait tout ce qui dépendoit de lui pour le fauver ; l'autre, quoique non attaqué, d'être refté dans l'inaction, de n'avoir point cherché à joindre l'ennemi & à affurer une victoire qui étoit indubitable. Du refte, on prétend que c'étoit un complot formé à la Martinique pour l'empêcher d'être cordon-bleu & maréchal-de-France.

19 *Février*. Nous fommes à la veille de la révélation du fyftême du *Magnétifme animal*, ou du *Mefmérifme*. Déjà un anonyme nous apprend qu'avec des bâtons de foufre on opere des merveilles femblables à celles du docteur étranger : depuis peu un M. de *Mont-joie*, guéri par M. *Mefmer*, a publié plufieurs lettres, où il rend compte des procédés & de la méthode de ce charlatan. A l'en croire, c'eft un galimathias digne des livres cabaliftiques ; nous ferions revenus aux temps barbares de l'aftrologie judiciaire : auffi M. *Mefmer* défavoue-t-il cette doctrine ; mais comme il forme aujourd'hui une école où l'on eft admis moyennant cent louis, il n'eft pas de doute qu'un fecret fu par tant de monde n'en deviendra plus un.

19 *Février*. Le fieur *Pinetti* ne s'eft pas montré ici moins bienfaifant qu'ailleurs ; il a donné trois

repréſentations de ſes jeux au *profit des pauvres*;
il a piqué d'émulation nos grands ſpectacles , &
les comédiens italiens ont annoncé qu'ils don-
neroient ſamedi 21 dans la même intention la
ſeizieme repréſentation du *Droit du Seigneur*, ſuivi
de *Blaiſe & Babet.*

20 *Février.* M. de *Graſſe* raconte avec com-
plaiſance une anecdote qu'il donne comme certaine
& qui , fût · elle vraie , ne concluroit rien
encore.

« Quand toutes les forces navales Françoiſes
échappées au combat du 12 avril & à ſes ſuites ,
furent réunies & réparées au Cap , où s'étoient
rendus les Eſpagnols , on tint un conſeil de guerre,
& l'ont convint qu'on étoit encore ſupérieur aux
Anglois, qu'on pourroit ſortir & les attaquer avec
avantage. Dom *Solano* qui commandoit les Eſpagnols , & par ſon grade d'ancienneté ſe trouvoit
dans le cas de commander les forces combinées ,
dit qu'il mettoit une condition ; c'eſt qu'il ne
ſeroit que le ſecond , qu'il ne vouloit pas éprouver
une défection ſemblable à celle qu'avoit éprouvé
le comte de *Graſſe.* Le marquis de Vaudreuil
inſiſta , & dit qu'il n'étoit pas poſſible qu'il prît ſur
lui de devenir chef de l'expédition : au moyen
de quoi l'on ne ſortit point , & les choſes en reſterent là. »

20 *Février.* En conſéquence de l'arrêt du conſeil
du 18 février , on emploie tous les chevaux &
voitures qu'il eſt poſſible de ſe procurer ſans nuire
à l'approviſionnement des autres denrées , pour
ramener l'abondance du bois dans cette capitale
juſqu'à ce que la riviere ſoit rendue navigable ;
la confiance qu'on a dans l'emploi utile qu'en fera
M. *le Noir,* a excité le zele de quelques compagnies

& de nombre de citoyens qui ont fourni des chevaux, des voitures & des chariots : il paroît cependant que ces derniers manquent, & l'on invite
ceux qui en ont & qui ne leur font pas d'un
service indispensable, de les envoyer à la police,
afin que tous les chevaux en plus grande quantité
puissent servir.

20 *Février*. M. *Macquer*, savant distingué,
vient de mourir. Il étoit docteur-régent, & ancien
professeur de la faculté de médecine de Paris,
censeur royal, professeur de chymie au Jardin-du-
Roi, membre de l'académie royale des sciences ;
de la société royale de médecine, &c. Il n'y aura
sans doute rien à ajouter à l'éloge au moins triple
qu'en doivent faire les trois corps auxquels il appartenoit.

21 *Février*. Enfin, après soixante & seize jours
de gelée presque sans interruption, *le dégel com-*
mence à se manifester aujourd'hui, & déjà quelques
bâtiments vont hasarder de suivre la débâcle de la
riviere.

21 *Février*. On continue à suivre la vente
de la bibliotheque du duc de *la Valliere* comme un
spectacle.

Parmi les manuscrits sur vélin, avec miniatures,
le *Magius* a été acheté 2,000 liv. & on ne l'avoit
payé que 902 livres chez M. *Gaignat*. Les *Joannis
Novillaci poemata* ont été payés 300 liv. Les *livres
historiaux de la Bible*, qui n'avoient coûté chez
M. *Gaignat* que 399 liv. 19 sous, ont été payés
900 livres. Un *Bréviaire de Salisbury*, que M. le
duc n'avoit payé en 1772 que 600 livres, a été
porté à 5,000 livres.

Les livres imprimés sur vélin ne sont pas moins
recherchés. *La Bible françoise des pasteurs de Geneve,*

édition de Lyon, Jean de Tournes, 1557, in-folio, a été vendue 1,002 livres, & ce même exemplaire chez M. *Gaignat* n'étoit monté qu'à 112 liv. Le *Catulle , Tibulle & Properce* , édition de Paris, Couftelier, 2 vol. in-12 , s'eft vendu 138 liv. L'*Ovide* des *remedes d'amour* , traduit en françois , édition de Paris , 1509 , in-folio , 200 liv.

Les eftampes gravées par d'habiles maîtres font encore mettre certains livres à des prix fous ; on a payé 451 liv. les *Meditationes in evangelia de Jérôme Natalis* , édition d'Anvers, 1555 , in-fol. Le *Virgile* d'Ogilvy , édition de Londres, 1658 , in-folio , a été porté à 152 liv. Celui de l'abbé *Desfontaines* , édition de 1743 , en 4 vol. in-8. à 109 livres.

D'autres tirent un grand prix , & même tout leur prix de leur exceffive rareté : la *venetias de publ. franc. Modeftus* , poëme héroïque , fept vol. in-12. imprimé à Rimini en 1521 , in - fol. s'eft vendu 119 liv. 19 fous. La *Dialectica Ciceronis* , par *Adam Burfius* , imprimée en 1604, in-4. a été portée à 78 liv. 19 fous.

Tous les amateurs font dans l'attente du prix auquel fera porté *Chriftianiffimi Reftitutio* , de *Michel servet* , payé 3,810 livres par feu M. le Duc , à la vente de Monfieur *Gaignat :* on fait d'avance qu'il y a ordre de retirer ce livre , en cas qu'il ne monte pas au même prix au moins que fon achat.

Enfin on obferve que les grandes & belles marges, la beauté , le luxe & la perfection des reliûres élevent à des prix extraordinaires des livres très-communs. C'eft pour cela que la *Traduction Françoife de Térence* , par Mad. *Dacier* , édition de Rotterdam , 1717 in-8°. 3 volumes , grand papier, a été pouffée jufqu'à 351 livres. Les reliûres des *padeloup* & des de *Rome* ont aussi fait valoir beaucoup de drogues.

Une anecdote de cette vente, c'est celle d'un Abbé, qui ayant acheté un livre fort cher l'a brûlé, page à page, en présence des spectateurs, pour rendre unique, a-t-il dit, l'exemplaire dont il est possesseur.

21 *Février*. La représentation qu'ont donnée aujourd'hui les Italiens au profit des pauvres, a occasionné, comme on s'en doute bien, une affluence extraordinaire, quoiqu'on sut que Madame *Dugazon* ne paroîtroit pas. Ils ont fait 9,160 livres. Les auteurs des deux pieces, entrant dans les vues bienfaisantes des acteurs, ont fait cession de leurs honoraires.

22 *Février*. Messieurs de la Caisse d'Escompte donnent le plus grand appareil à leur manutention ; ils ont convoqué une assemblée extraordinaire pour hier samedi, où a été remplie la formalité de la présentation des nouveaux directeurs aux actionnaires, qui ont confirmé la nomination faite par l'administration.

Le sieur de *Morry* est directeur & caissier général, le sieur *Barbedat* directeur.

En outre, le zele de l'assemblée a été échauffé sur les calamités de la capitale, & il a été voté unanimement de donner une somme de 30,000 liv. aux pauvres, dont 6,000 livres seront remises à M. le curé de *Saint-Euftache*, & 24,000 livres à M. le lieutenant général de Police.

22 *Février*. Il n'est pas jusqu'aux marchands de bois, qui volent habituellement le public par de fausses mesures, dont les entrailles ne soient émues dans ces froids désastreux. Ils ont fait annoncer par les papiers publics, que dans leur assemblée

du 18 de ce mois, ils avoient unanimement arrêté de faire diftribuer une fomme de 3,600 livres à leurs pauvres ouvriers employés fur les rivieres d'Yone & de Ture, réduits à une extrême mifere par la ceffation de leurs travaux.

22 *Février.* Il court une très-finguliere chanfon, intitulée *Rêve de M. de Boufflers*, fur l'air: *Jeune Iris, pourriez-vous croire ?* On connoît l'originalité de ce poëte charmant, & cette production eft plus qu'une autre marquée à fon coin.

> Pourquoi ne puis-je pas le croire !
> Ah ! que n'eft-ce la vérité !
> Ce que tous deux dans l'ombre noire
> Tour-à-tour nous avons été !
> Morphée en fermant ma paupiere
> Fit de moi l'acier le plus doux,
> D'aimant vous étiez ma pierre,
> Et vous m'entraîniez près de vous.   *Bis.*

> Ce Dieu par un beau ftratagême
> De cet aimant fit un écho ;
> J'étois couplet, je difois *j'aime*,
> Et vous me répétiez ce mot.
> Par un caprice plus infigne
> Je me trouvai petit poiffon,
> A mes yeux vous parûtes ligne,
> Et je mordis à l'hameçon.   *Bis.*

> Le bon Morphée à ma priere
> M'ayant fait voyager par eau,
> Vous devîntes une riviere
> Et je vous fis porter bateau.

Le froid prit , vous voilà de glace ;
Pour tirer parti de ce tour,
Sur deux femelles je pris place
Et je patinai tout le jour.   *Bis.*

Pour derniere métamorphofe,
Devenu nectar le plus doux ,
J'étois dans un vafe de rofe,
Iris , & je coulois pour vous.
Une goutte fur vous s'attache ,
Vous étiez alors tout fatin ;
A mon réveil j'ai vu la tache,
Mais j'ai cherché l'étoffe en vain...   *Bis.*

23 Février. Malgré le myftere que l'on apporte
dans tout ce qui fe paffe au confeil de guerre de
l'Orient pour en dérober la connoiffance au public ,
il en tranfpire toujours quelque chofe , au moins
par les dépofants , par les accufés , fi ce n'eft par
les juges. On a déjà dit, & l'on confirme de plus
en plus que ceux - ci ne font rien moins que d'accord entre eux ; que plufieurs , prévenus ou paf-
fionnés pour leur opinion , font éclater des plaintes
qui font bientôt repouffées par d'autres ; qu'ils
n'ont pas dans l'audition des faits & charges cette
impaffibilité, ce calme de l'efprit qu'exige la loi ;
que le préfident a bien de la peine à contenir les
altercations fougueufes qui s'élevent entre les juges
mêmes , & fur - tout entre M. de *la Motte-Piquet*
& M. *Marin.*

Il paffe pour conftant que le marquis de *Vaudreuil,* en véritable homme de cour, a préfenté
un mémoire dans lequel il cherche à juftifier

tous ceux qui ont eu part au combat du 12 avril.
M. de *Bougainville* n'a pas vu de même, il tranche
dans le vif ; fon mémoire ne déguife rien : fes amis
lui ont en vain confeillé d'être plus réfervé. Son
écrit , tel que l'a dicté fon efprit ardent , a été
dépofé fur le bureau. Ce ne font pas feulement
les propos , les mémoires dont on a eu connoiffance ; l'on vient de rendre publique la véritable
pofition de la flotte à toutes les heures de la
journée. On y voit clairement que, dès les onze
heures du matin, 16 vaiffeaux feulement ferroient
le vent : tout le refte s'éloignoit , au point
que le chef de file étoit à fix encâblures de diftance du vaiffeau fuivant qui fuyoit comme lui.
Si alors l'amiral Rodney ne fe fût pas acharné à
la *Ville de Paris* , pour avoir la gloire de prendre
le général de l'armée, il auroit pu aifément s'emparer de la moitié de la flotte.

La grande dépofition, dit-on , contre le comte
de *Graffe*, c'eft celle du commandant des troupes
à bord de la *Ville de Paris*. Interrogé fur ce qu'il
penfoit de fa reddition ; il dit qu'il ne pouvoit
en raifonner en marin , mais qu'à ne confidérer
ce vaiffeau que comme une citadelle , il eftimoit qu'un commandant qui l'auroit rendue dans
l'état où étoit la *Ville de Paris*, mériteroit d'avoir
la tête tranchée.

23 *Février*. L'anecdote du fieur *Raymond* lui
fait trop d'honneur pour ne pas la configner ici,
Quoique les comédiens italiens n'ignoraffent point
qu'on favoit en général que Mad. *Dugazon* ne
joueroit dans aucune des deux pieces, ils craignoient
le mauvais effet qui en devoit réfulter , & ils avoient
cru plus prudent & plus honnête d'en prévenir
le parterre. Plus la miffion eft défagréable , plus

on a foin de choifir un acteur aimé du public
On en avoit chargé le fieur *Raymond.* Celui-ci
étoit fi intimidé qu'il ne fit que balbutier l'annoncé en termes très-impropres. Huées du parterre , qui l'obligea de recommencer. Huées plus
fortes , la tête lui revint en ce moment : « Sans
» doute , Meffieurs , dit-il , mon trouble m'a
» empêché de me fervir des expreffions conve-
» nables , je vous en demande pardon. Veuillez
» ne l'attribuer qu'à mon appréhenfion extrême
» de vous déplaire.... » Sa préfence d'efprit lui
rend à l'inftant toute la bienveillance du public ,
& il eft applaudi à tout rompre.

23 *Février.* C'eft M. *Geoffroi de Limon* , membre de la caiffe d'efcompte , qui dans l'affemblée
a échauffé le zele des actionnaires , par un difcours qui ne manque pas de mouvement & de
fenfibilité , mais ridicule au milieu d'une troupe
d'agioteurs qui naguere par leur cupidité ont mis
l'alarme dans tout Paris , & fait fouffrir momen-
tanément beaucoup de citoyens dont ils avoient
l'argent , fur lequel ils avoient bénéficié , & qu'ils
fe faifoient autorifer par le gouvernement à ne
pas leur rendre. Les vues du bien public & de
défintéreffement qu'il annonce , ne font pas
moins révoltantes. Quoi qu'il en foit, l'auteur défire dans fa harangue qu'on ait fur-tout foin des
pauvres femmes en couches , ou enceintes.

23 *Février.* M. *de la Ferté* , quoique dévot &
marié , eft retourné à fon vomiffement ; il eft devenu amoureux de Mlle. *Maillard* , & pour faire
valoir cette actrice , il a imaginé de lui donner en
chef le rôle de *Didon* dans l'opéra de ce nom. Il
a écrit à Mad. de *Saint-Huberty* , qui s'en eft jufques
ici acquittée avec un fuccès fans exemple , que

pour ne pas la fatiguer trop ; il eſtimoit qu'il la
faudroit réſerver pour des rôles plus nouveaux.
Mad. de *Saint-Huberty* a répondu que ſa ſanté
lui permettoit de tenir tous ſes engagements avec
le public, & en même temps a joint à ſa lettre
un certificat de ſon médecin qui atteſte la même
choſe.

M. de *la Ferté*, voyant le peu de ſuccès de la
tournure qu'il avoit priſe, en a imaginé une autre
& vraiſemblablement a ſurpris la religion du
miniſtre, au point que celui-ci a envoyé un ordre
au comité pour qu'il ait à confier le rôle de
Didon à Mlle. *Maillard,*

Mad. de *Sainte-Huberty*, piquée, a écrit à ce même
comité, qu'il venoit de lui prendre une indiſpo-
ſition qui l'empêchoit de paroître ſur la ſcene ;
que vraiſemblablement elle ſeroit longue, & que
la révolution ſurvenue dans ſa ſanté l'obligeoit
de demander ſa démiſſion pour pâques.

Voilà où en eſt cette tracaſſerie du tripot lyrique ; on veut que M. de *Breteuil* ait donné huit
jours de répit à l'actrice pour ſe déterminer &
revenir de ſa bouderie.

23 *Février.* Il paſſe pour conſtant que la chance
a tournée contre Mad. *Veſtris* ; qu'elle a reçu
défenſes à ſon tour de répondre à Mlle. *Sainval,*
& que l'autorité veut abſolument aſſoupir ce procès
naiſſant.

24 *Février.* Extrait d'une lettre de *Montpellier*,
du 15 février... Vous ſerez ſurpris de l'énumération des dépenſes & établiſſements faits nouvel-
lement par les états du Languedoc pour la proſ-
périté de la province.

1. La province a établi à ſes dépens un cours
d'accouchement dans la ville de Touloufe.

Elle a adopté le procédé de MM. *Parmentier & Cadet de Vaux* pour la boulangerie & la meûnerie économique, & elle a décerné à ces meffieurs une médaille d'or aux armes de la province ; en même temps leurs mémoires feront imprimés & diftribués *gratis* au public : enfin les modeles de leurs moulins & de leurs fours économiques font dépofés dans les cabinets de phyfique de Touloufe & de Montpellier, afin que chacun puiffe les vifiter & en faire conftruire de pareils.

3. Les états ont alloué une fomme de 300,000 liv. pour le canal de Beaucaire à Aigues-mortes.

4. Il a été accordé de très-gros fonds pour les ponts & chauffées, ainfi que pour une nouvelle route qui paffera par le Vivarois & qui conduira en Auvergne.

5. Il a été donné des gratifications à plufieurs particuliers qui ont fouffert des inondations de la riviere d'Orbiel.

6. Comme il y a à Marfeille environ pour dix millions de draps invendus depuis les préparatifs de guerre entre la Ruffie & la Porte, il a été délibéré de s'adreffer à S. M. pour en obtenir la permiffion de vendre ces draps dans la province, & par la voie des ports de Cette, d'Agde & de la Nouvelle, où l'on peut les débiter tant aux étrangers qu'aux nationaux, avec les prérogatives de faire les retours dans les mêmes ports.

7. Il a été accordé à la ville d'Agde la fomme de 112,570 liv. pour la conftruction d'un nouveau port, d'après les plans de M. *Groignard*, ingénieur général de la marine, & ces plans feront exécutés fous la direction du fieur *Arnaud*, habile conftructeur.

8. En attendant que les négociants de Cette

puissent agrandir leur port, la province leur accorde pour 1784 53,310 liv. & assure toute sa protection aux intéressés des nouveaux Salins établis pour la vente du sel à l'étranger. Il a été de même arrêté de construire un nouveau canal qui longera les salines, & établira une communication sûre par l'étang de Thau, entre le port de Cette & le canal royal ou de Camarant, qui joint la Méditerranée à l'Océan.

9. Les chambres de commerce de Touloufe & de Montpellier ont été invitées de préfenter à la prochaine tenue des états leurs plans fur divers objets qui fixeront l'attention de l'affemblée.

24 *Février*. On a déjà obfervé que le François, & le Parifien entr'autres, tournoit tout en fpectacle, s'amufoit de tout, même dans fes calamités. C'est ce qu'on voit encore dans plufieurs endroits de la capitale, où l'on a élevé des obélifques de neige, chargés d'infcriptions en l'honneur du roi & de la reine : il eft bon d'en conferver quelques-unes, qui feroient bientôt anéanties, ainfi que les monuments, par le dégel.

A Louis XVI, Homme.

Ce foible monument aura foible exiftence :
Tes bontés, ô mon roi! dans ces temps de rigueur,
Bien mieux que fur l'airain ont mis au fond du cœur
Un monument certain : c'eft la reconnoiffance.

Après avoir brifé les fers de l'Amérique,
Louis triomphateur de l'honneur britannique,
Aux yeux de l'univers eft fans doute plus grand,
Lorfque fa main réchauffe & nourrit l'indigent,

À MARIE ANTOINETTE,

Versant ses bienfaits sur les malheureux souffrant des rigueurs de la saison.

Reine , dont la bonté surpasse les appas ,
Près d'un roi bienfaisant occupe ici ta place ;
Si ce monument frêle est de neige & de glace ,
Nos cœurs pour toi ne le font pas.

De ce monument fans exemple ,
Couple augufte, l'afpect bien doux pour votre cœur ,
Sans doute vous plaira , plus qu'un palais qu'un temple ,
Que vous éleveroit un peuple adulateur.

La pyramide élevée par les habitants de la rue d'Angiviller , attiroit fur-tout la curiofité , même des artiftes : elle étoit fupportée par une bafe d'environ cinq à fix pieds de haut , fur environ douze pieds de face ; elle s'élevoit à douze ou quinze pieds , & étoit terminée par un globe. Quatre bornes pofées fur chacun des angles , accompagnoient très-bien ce fingulier obélifque , & lui donnoient un afpect qui ne manquoit pas d'élégance.

C'eft un garçon boucher , qui étoit le cenfeur des infcriptions.

25 *Février.* Extrait d'une lettre de Bordeaux , du 21 février..... Le fieur *Paliere* vient de graver ici une eftampe deffinée par M. *Trigant de Beaumont* , lieutenant de frégate, qui ne plaira pas à MM. de la marine royale , en ce qu'elle eft en

l'honneur

l'honneur du comte d'*Eftaing*. En voici le fujet
allégorique. La *France* & l'*Efpagne*, fur deux trônes
paralleles, fymbole de leur alliance, donnent audience à l'*Amérique* qui, fous la figure d'une jeune
femme, portant un carquois, garni de treize fleches, implore leur fecours. Ces deux puiffances,
touchées de la juftice de fa demande, remettent
au comte d'*Eftaing*, l'une, la foudre qu'elle tient
de *Jupiter*, & l'autre, le trident que *Neptune* vient
de lui donner. Une renommée plane fur la tête du
héros. *Seldenus* & *Welwood*, auteurs Anglois qui,
pour nourrir les prétentions de l'*Angleterre* à l'empire des mers, avoient compofé, l'un, le livre
de *Mare claufum*, & l'autre, *de Imperio maris*,
déchirent leurs ouvrages au départ de ce général.
Grafwinkel, auteur Hollandois, qui leur répondit
par fon *Maris liberi vindicia*, préfente le fien. Le
miniftre François fous la figure de Neftor, tient
l'égide de Minerve. La déeffe n'attend que l'inftant
du départ de l'amiral pour élever la branche
d'olivier qu'elle tient de la main droite. Un lion
appuyé fur un faifceau de fleches, repréfente les
fept Provinces-unies. Dans le lointain on voit le
génie des finances, la mer, un chantier de conftruction, des vaiffeaux, emblême du rétabliffe-
ment de la marine françoife.

Vous voyez que la compofition de cette eftampe
eft remplie d'imagination & d'érudition, & a
peut-être le défaut d'être trop compliquée.

25 *Février*. On a fait fur les ballons la poliffon-
nerie fuivante, fous le titre d'*Epître de l'abbé
Ballon à un ami* :

Que le public eft indulgent !
Souffrir ainfi qu'on lui dérobe

Tome XXV.

Et ſes *Bravo* & ſon argent !
Plaiſante merveille qu'un globe
Mette d'abord les gens en l'air !
A l'opéra j'en vis hier
Deux bien ronds, bien blancs qui me firent
L'effet que vos badauds admirent.
Hé bien, je n'en ſuis pas plus fier.
Je ne crois pas que j'imagine
De faire imprimer quelque jour
Combien de pieds a ma machine,
Son diametre, ſon contour.
Non ; je fais jouir en ſilence.
Long-temps, je t'en fais confidence,
J'ignorai l'art de maîtriſer
Mon gaz qui s'échappoit d'avance ;
Mais à force de m'exercer,
De répéter l'expérience,
Comme un autre j'ai ſu trouver,
Sans me leſter avec du ſable,
Le ſecret de ne m'élever
Qu'à certain degré raiſonnable.
J'ai bien peur d'être devenu,
Entre nous, un peu trop habile.
Au point où je ſuis deſcendu,
Je regrette, le croirois-tu !
Le temps où, comme un imbécille,
Je montois à ballon perdu.

25 *Février*. La ville d'Antibes, frontiere du
comté de *Nice*, étoit autrefois renommée par des
aqueducs des Romains qui y portoient les ſources

de la Fontrielle & de la Sambaque. Elles se sont
perdues par le laps de temps, & cette ville étoit
réduite à n'avoir d'autres eaux que celles d'un
puits situé à une de ses extrémités ; ce qui étoit
très-nuisible aux bâtimens qui y abordoient. L'in-
vasion des Autrichiens en 1746 ruina entiérement
son commerce & ses habitations par quatre mille
bombes qu'ils y jeterent. En sorte qu'*Antibes*
n'avoit plus que des vestiges de son ancienne pros-
périté.

M. d'*Aguillon*, colonel au corps royal du génie,
a reconnu depuis peu aux environs de la place des
restes des acqueducs, dont on n'avoit plus que la
tradition. Il a démontré qu'avec une modique
somme on pouvoit les réparer. Les consuls de la
ville ont, d'après ses instructions, présenté un
mémoire sur cet objet aux états de *Provence*,
qui ont résolu d'y contribuer pour un tiers, & de
solliciter le gouvernement d'y contribuer pour un
autre tiers.

Les états ont en même temps chargé les administrateurs de témoigner à M. d'*Aguillon*, la reconnoissance de la province, & de lui présenter
leurs remerciemens.

On a d'abord consacré 3,000 livres à la découverte des aqueducs si nécessaires au commerce
& à la fertilisation de la ville, & l'on a démontré
que la dépense totale de la restauration entiere
n'excéderoit pas 72,000 livres.

25 *Février*. Extrait d'un lettre de la Haye, du
20 février.... « On a contrefait à *Liege* les nouvelles *Annales* de Me. *Linguet*. Malgré cela l'édition originale & la contrefaçon ne sont pas fort
recherchées.

» Les petites *Affiches* commencées à *Amsterdam*,

à l'inſtar de celles de *Paris* , ne valent rien ; on ne les continue plus. Nous regrettons encore le *Journal de Paris*, qui avoit cours dans cette ville en 1778 , qui a duré deux ou trois mois , & ſe donnoit une fois par ſemaine. Ce n'étoit point une ſimple contrefaçon de celui dont il portoit le titre , mais une amélioration de cette même feuille , changée & appropriée au lieu & aux circonſtances. »

26 *Février*. Il ſeroit trop long , & ſans doute ennuyeux pour le plus grand nombre des lecteurs de leur rendre compte de tout ce qui s'eſt paſſé dans la querelle élevée entre Mad. *Veſtris* & Mlle. *Sainval* , que les ſupérieurs , la comédie & le public ont également intérêt de voir ceſſer ; car pendant ce temps le tragique languit. L'une continue à prétexter qu'elle eſt malade , & l'autre à ne vouloir pas paroître que les prétentions de ſa rivale n'aient été réglées définitivement. On aſſure ſeulement que Mad. *Veſtris* a montré , ſans ſe démentir en rien , beaucoup de tête , de raiſon , de modération , de conciliation même , lorſque Mlle. *Sainval* n'a fait voir que du dédain , de l'entêtement , de l'aigreur & de l'inconſéquence.

Il s'eſt tenu lundi une grande aſſemblée de comédiens pour négocier un accommodement. Mad. *Veſtris* s'y eſt rendue ; elle y a écouté les prétentions que Mlle. *Sainval* avoit articulées dans une lettre ; elle a acquieſcé à tout. Elle a cependant exigé que le public fût inſtruit des ſacrifices qu'elle faiſoit pour lui plaire , & de la bonne foi qu'elle avoit miſe dans la conteſtation. Cela n'a pu s'arranger encore , & tout le procès doit être rapporté aux gentilshommes de la chambre , qui prononceront.

En attendant, Mad. *Vestris* avoit consenti de paroître le jour même à la cérémonie de la réception du *Mammamouchy* dans le *Bourgeois-Gentilhomme* ; ce qui n'est point un rôle tragique, ni même un rôle. On a fait entendre à mademoiselle *Sainval*, qu'elle ne pouvoit se dispenser de grossir aussi le cortege. Le sieur *Deshayes* qui, en sa qualité de maître des ballets, se mêloit d'arranger la marche, a cru pouvoir se permettre une petite supercherie, dont il est résulté que les deux actrices se sont trouvées, sans s'en douter, avoir les mains l'une dans l'autre. Le public à pris cela pour une véritable réconciliation & a fort applaudi. Mais ceux qui les ont bien observées, se sont apperçus qu'il n'en étoit rien, sur-tout au visage de Mlle. *Sainval*, dont les regards sinistres lancés sur sa rivale caractérisoient trop bien le dépit & la haine. Quoi qu'il en soit, beaucoup de gens en ont été dupes, & les bons journalistes de *Paris* ont annoncé le lendemain cette nouvelle dont il n'est rien. Elle n'a été que trop démentie ce jour même, où l'une & l'autre actrice ayant refusé de jouer, c'est Mlle. *Thénard* qui a rempli le rôle d'*Alzire*.

16 *Février*. Extrait d'une lettre de Soissons, du 10 février. ... « Comment pouvez vous être dupe encore de toutes ces lettres de commande insérées dans les journaux, à la sollicitation d'un homme en place qui les fait faire ou les fait lui-même pour se louer impudemment ? Comptez que, malgré ses talents prétendus en l'administration, votre futur prévôt des marchands est un pauvre administrateur, un véritable colifichet, qui ne s'occupe que de romans & de vers. Il vous suffira, pour vous en donner une idée, de vous raconter une

petite anecdote à ce fujet. M. le comte d'*Effuile*, économifte renommé pour fes projets patriotiques, dont il continue de s'occuper depuis près de vingt ans, étoit venu ici en conférer, de la part du miniftere, avec M. de *Morfontaine*. Il y paffa cinq jours, fans avoir jamais pu parler affaire avec lui, & partit regoulé de fa profe & de fes vers, dont le commiffaire départi n'avoit ceffé de l'ennuyer. Quant à fes fagots & à fes pommes de terre, il faudroit qu'il en fît une furieufe diftribution pour dédommager la province de douze cents mille francs qu'il lui en a fait coûter pour fe loger..... Ce dont monfieur *Necker* étoit furieux.... Voilà l'homme.... »

26 *Février*. Suivant ce qu'on écrit de l'Orient, il fe répand dans ce port des *Obfervations du marquis de Vaudreuil*, dont l'objet eft d'éclairer fa conduite dans l'affaire & les fuites du 12 avril, & de difculper en général tous les accufés, pour entacher le comte de *Graffe*. Celui-ci a répondu à ces *Obfervations* très-bien, fi l'on en croit fes par-tifans, puifqu'il combat fes adverfaires, & le mar-quis de *Vaudreuil* lui-même, par leurs propres lettres ; qu'il les met en contradiction avec eux, & doit dépofer fur le bureau fes originaux, fi le confeil l'ordonne, de façon que tous les juges puiffent les lire & connoître la vérité de ce qu'il avance.

26 *Février*. Relation de la féance publique de l'académie françoife, tenue aujourd'hui pour la réception de M. le comte de *Choifeul-Gouffier* & de M. *Bailly*.

Les brouhahas ordinaires qui précedent ces fortes de féances, ont été plus tumultueux encore à celle-ci, en raifon du nombre plus confidérable

de femmes, de jeunes feigneurs, & de perfonnages frivoles dont elle étoit remplie, cherchant
à fe dédommager de l'ennui d'une longue attente
par toutes les niaiferies poffibles. Enfin l'affemblée
s'eft formée, les candidats on paru & pris
place.

Vraifemblablement ils étoient convenus tous
deux d'omettre les anciennes formules ; car aucun
n'a fait mention du cardinal de *Richelieu*, du
chancelier *Séguier*, de *Louis* XIV, de *Louis* XV ;
mais ils n'ont point fupprimé les fadeurs qui in-
fectent ordinairement ces difcours, & ils fe font
paffé tour-à-tour l'encenfoir à qui mieux mieux.
Voilà uniquement ce qu'ils avoient de commun.
Du refte, chaque récipiendaire s'eft renfermé dans
l'éloge de l'académicien fon prédéceffeur, ac-
compagné de quelques vues & digreffions relatives.

M. de *Choifeul - Gouffier*, comme fuccédant à
M. d'*Alembert*, mort le premier, avoit une ample
matiere & s'y eft étendu avec une complaifance
non moins verbeufe. Cependant, paffant rapide-
ment fur le favant, il s'eft fur-tout attaché au
littérateur, & dans fon enthoufiafme a fans doute
outré le mérite de cet académicien ; mérite qui,
aux yeux de la poftérité, ainfi qu'à ceux des con-
temporains impartiaux, ne fera jamais que médiocre. Il a enrichi fon éloge de plufieurs anecdotes propres à faire infiniment d'honneur au
héros. La mieux traitée, la plus neuve & la plus
intéreffante, c'eft celle où il n'a point diffimulé
l'illégitimité de la naiffance de M. d'*Alembert*,
malheureux enfant, fans parents, fans berceau, &
qui ne dut fa confervation qu'aux foins de la
femme d'un artifan, d'un vitrier. Le panégyrifte,

a enveloppé le fait du voile qu'exigeoient le lieu &
les circonstances , mais que les étrangers seront
bien aises de voir levé pour eux & d'apprendre
dans son intégrité.

M. d'*Alembert* étoit fils de Mad. de *Tencin* la
chanoinesse , & du cardinal de *Tencin* son frere,
suivant les uns, mais suivant la version la plus
reçue & la moins maligne , de M. *Destouches-
Canon* , militaire qui , en faisant exposer l'enfant ,
lui assigna en même temps une pension de 1,200 l.
& donna dans un billet des renseignements nécessaires pour la toucher à ceux qui en prendroient
soin.

Lorsque M. d'*Alembert* eut acquis quelque
célébrité , madame de *Tencin* voulut le reconnoître & le recueillir chez elle : il s'y refusa
& resta constamment chez la vitriere , où M. de
Choiseul le peint méditant *Newton* , traduisant
Tacite , analysant *Montesquieu* , recevant les lettres
des souverains qui l'appelloient dans leurs Etats.
C'est par cette anecdote & le récit des vertus pri-
vées du défunt, honoré tout à la fois des regrets
de ce que l'Europe a de plus illustre dans tous les
genres & de ceux des enfants d'un obscur artisan ,
que M. de *Choiseul* a terminé son discours , très-
purement , très-correctement écrit , élégant & sans
maniere.

Le comte de *Tressan* , remplacé par M. *Bailly* ,
sans offrir un champ aussi vaste à l'éloquence de
de son successeur , lui fournissoit pourtant des
choses précieuses qu'il n'a pas négligées. Mais
malgré l'abondance du sujet, il s'en est plus écarté
& malheureusement a commis plusieurs héréfies
en littérature , que les critiques ne manqueront pas
de relever. Par exemple , il a renouvellé l'assertion

fi fouvent démentie par les faits, qu'un auteur fe
peignoit néceffairement dans fes ouvrages, que
fon ftyle devoit avoir la trempe de fon ame. Quel
homme plus doux dans la fociété que *Crébillon* le
pere, & quel ftyle plus raboteux & plus dur ? Quel
écrivain a mieux facrifié aux graces que *Sainte-
Foy*, & quel perfonnage plus ruftre, même pour
fes amis ? Cette opinion erronée n'eft rien auprès
d'une autre plus extraordinaire, que le récipiendaire fur-tout n'auroit jamais dû fe permettre,
comme trop intéreffé à la foutenir. Du concours
de circonftances affez bizarres, fuivant lefquelles
les deux académiciens défunts étoient en même
temps de celle des fciences, ainfi que le récipiendaire & le directeur élu par le fort pour répondre,
M. *Bailly* a conclu que les fciences font fort utiles
aux lettres. Bien plus, il a voulu donner à entendre que déformais on ne feroit point grand littérateur, fans être en même temps méchanicien,
aftronome, géometre. Outre qu'on pourroit tout
uniment récufer le favant & lui dire : *Vous êtes
orfevre, Monfieur Joffe !* c'eft que les exemples
dont il fe prévaut, font contre lui, puifque les
trois confreres qu'il cite, & lui-même, fans doute
l'élite de l'académie des fciences en littérature, ne
font, ainfi qu'on l'a dit de M. d'*Alembert*, & qu'il
faut en convenir, que des hommes de lettres
d'une claffe inférieure & tout au plus du fecond
rang. Quoi qu'il en foit, au ridicule près de ce
paradoxe d'un amour-propre trop exalté, que
M. *Bailly* a pourtant foutenu avec efprit & vrai-
femblance, fon difcours eft excellent. Il y répand
fur le tombeau du comte de *Treffan* les fleurs
les plus convenables & les mieux afforties. Il en
peint les ouvrages & le caractere de couleurs pro-

pres & vraies Son style est noble & ferme, & sent le sujet vraiment académique.

M. le marquis de *Condorcet* a répondu, comme directeur, aux deux discours, & a varié sa maniere ainsi que ses sujets. En parlant à M. de *Chöiseul-Gouffier*, successeur de M. d'*Alembert*, il a été plus disert, parce qu'il s'agissoit de son maître, de son ami, de son bienfaiteur. Peut-être auroit-il mieux fait de se réserver la partie scientifique de l'éloge de son héros, pour celui qu'il doit prononcer à l'académie des sciences, & ne l'envisager que sous les rapports relatifs au lieu, ne parler que de ses ouvrages de littérature & sur-tout de ses éloges d'académiciens qu'il a composés. M. de *Condorcet* n'a pas manqué de féliciter le récipiendaire sur l'honneur qu'il alloit avoir de représenter son maître à la Porte; il a exhorté à faire bien entendre à cette cour que désormais l'empire Ottoman ne peut subsister, s'il n'abaisse les barrieres que ses souverains ont trop long-temps opposées aux sciences & aux arts de l'Europe; assertion dont on pourroit relever la fausseté par l'histoire. Assurément les *Soliman*, les *Bajazet*, les *Amurat*, qui ont vaincu tous les peuples les plus éclairés de la Grece & de l'Europe, ne commandoient pas à des peuples plus instruits que ceux d'aujourd'hui. Mais on veut dire du nouveau, & l'on avance de brillantes absurdités.

La réponse à M. *Bailly* est plus courte; elle n'est point imprégnée de ce sentiment de tristesse qui convenoit à l'autre; le directeur ne s'y appesantit sur rien & parcourt avec légéreté les différents points de sa tâche, tels que l'énumération des ouvrages qui ont rendu digne ce membre de l'académie des sciences, de passer dans le sanc-

tuaire de la littérature, tels que l'éloge du comte
de *Treffan* qu'il repréfente en bref, & comme cour-
tifan fage, & comme littérateur exquis, & comme
homme aimable de fociété ; mais à la fin appuyant
de plus fort fur l'étrange paradoxe de ce double
confrere, qu'il n'a pas moins d'intérêt que lui de
foutenir, il change de ton, il prend de l'humeur
& femble difpofé à fe fàcher férieufement contre
quiconque ne feroit pas de fon avis & oferoit le
contredire.

M. *Marmontel*, le nouveau fecretaire de l'académie, a pris la parole après ces quatre difcours,
& a annoncé qu'un ami de M. *d'Alembert*, qui
défire n'être pas connu & que tout le monde a
nommé fur le champ (M. le marquis de *Condorcet*)
avoit prié l'académie d'accepter une médaille d'or
de 600 livres, à décerner comme prix extraordinaire au meilleur difcours dont le fujet fera un
Eloge en profe de M. *d'Alembert.*

La féance a fini par la lecture que l'abbé de
Lille a faite du premier chant du *poëme fur l'imagination.* Le morceau dont il a fait part à l'affemblée ; contenoit les caracteres des principaux poëtes
épiques, variés comme leur ftyle & leur maniere.
Il y a de très-beaux vers qui ont été fort applaudis.
Le poëte a adapté à la circonftance l'épifode du
génie de la Grece, étonné de voir un favant
françois le rechercher au milieu de fes ruines :
tout le monde a fenti l'allufion & a reconnu qu'il
s'agiffoit de M. de *Choifeul-Gouffier* & de fon
Voyage pittorefque fi renommé.

M. de *Montgolfier*, dont on parle tant aujour-
d'hui, étoit à cette féance ; il a été claqué à toute
outrance dès que le public l'a déterré dans la foule ;
on l'a fait affeoir aux places deftinées aux mem-

bres des deux académies des sciences & des belles-lettres; M. *Bailly* l'a célébré dans son discours, & il a été de nouveau exposé aux regards, à l'admiration & aux applaudissements de l'assemblée.

27 *Février*. On parloit depuis long-temps d'un chevalier de St. Louis qui, mandé chez M. le lieutenant-général de police, pour se soustraire au supplice qu'il méritoit, & à l'ignominie qui en devroit être la suite, s'etoit donné plusieurs coups d'épée chez ce magistrat même. On doutoit encore du fait & de ses circonstances. On sait aujourd'hui qu'il n'y a rien de plus vrai, & l'aventure fait grand bruit dans le monde littéraire, parce qu'elle a trait à une virtuose.

Le chevalier de St. Louis est M. de *Rome*, ancien gendarme de la garde, assez beau cavalier, rempli d'esprit & de talents; mais malheureusement ayant dès sa plus tendre jeunesse pris l'habitude de mentir avec une impudence sans exemple. Il est devenu amoureux d'une demoiselle *Matné de Morville*, fille de condition, savante, faisant des romans, & connue par différents ouvrages. Quoique celle-ci fût laide, peu coquette en apparence, & parût uniquement occupée de littérature; quoique le cavalier passât pour très-rangé, très-économe, très-serré même, leurs affaires se sont trouvées dérangées: il faut que l'avarice se soit emparé de tous deux & les ait excité à s'enrichir aux dépens des autres. Pressés par leurs créanciers, M. de *Rome* a imaginé de fabriquer un billet de cent mille écus à son profit, signé de *la Borde*, l'ancien banquier de la cour, & l'a montré à quelques-uns pour les appaiser. L'un d'eux plus avisé est allé chez M. de *la Borde*, pour éclaircir le fait;

celui-ci alarmé, ayant pris tous les renseignements néceſſaires, en a rendu compte à M. *le Noir.*
De-là la cataſtrophe finiſtre de M. de *Rome,* qui
n'eſt pas mort de ſes bleſſures, & commence même
aujourd'hui à ſe remontrer. Comme l'accuſé n'avoir
heureuſement point livré le billet à perſonne, on
croit que M. le lieutenant de police ſe l'eſt fait
remettre ſeulement & que l'affaire eſt aſſoupie.

Quant à mademoiſelle *Marné de Morville,* on
ignore ce qu'elle eſt devenue ; mais elle a montré
peu de tête en cette circonſtance, & l'on juge qu'elle
entend mieux à compoſer des romans, qu'à les
mettre en action.

27 Février. Juſqu'ici M. de *Serres de la Tour,*
le prudent rédacteur du *Courier de l'Europe,* avoit
évité adroitement de ſe compromettre avec Me.
Linguet, de le nommer même dans ſes feuilles :
il mutiloit dans les lettres qu'on lui adreſſoit,
tout ce qui avoit rapport à lui, & connoiſſoit parfaitement cette maxime qu'un corſaire ne doit point
en attaquer un autre. Le ſucceſſeur de M. *de la
Tour,* qui depuis le commencement de cette année
ne rédige plus le *Courier de l'Europe,* ſans doute
n'a pas le même principe & la même crainte. On
a vu avec étonnement dans le numéro du mardi,
17 février, la lettre d'un abonné, où celui - ci
plaiſante avec de violents ſarcaſmes l'auteur des
annales de ſon ſingulier projet de donner une édition de *Voltaire* purgée de ſes impuretés, à l'inſtar
des livres claſſiques ; il appelle cela plaiſamment
la *Capucinade de Voltaire,* & il propoſe à Me.
Linguet d'adopter ce titre, le plus juſte qu'il puiſſe
choiſir. On attribue cette facétie au ſieur *Caron
de Beaumarchais,* qui craint peut-être que l'édition
de Me. *Linguet* ne faſſe tort à la ſienne. 'Quoi

qu'il en foit, on feroit bien aife de voir ce champion démafqué, & affaillir de front un adverfaire
auffi digne de lui. On attend avec impatience la
réponfe du journalifte, qui, fans doute, ne fera
pas auffi anodine que fon *profpectus*.

27 *Février*. Le fieur *Merlincourt*, ce prifonnier
dont il a été queftion l'année derniere, eft libre
enfin. On lui a même reftitué une penfion de 400 liv.
qu'il avoit : il a été délivré avant la rentrée du
parlement, & malgré les réponfes du roi à cet
égard, la compagnie ne doute pas que cet acte de
clémence, quoiqu'il ait paru venir du propre mouvement du roi, ne doive s'attribuer à la conftance
de fa réclamation. Il n'en eft pas de même de M.
de *Mions*; il femble que plus le parlement fait des
inftances en fa faveur, plus le monarque croit
devoir prolonger la punition.

28 *Février*. Quoique l'églife foit fort aife de
voir les fpectacles concourir à la feconder pour
fecourir les pauvres par des repréfentations à leur
profit, cependant elle ne veut pas que les curés
touchent immédiatement cet argent des mains des
hiftrions; il faut qu'il fe purifie d'abord en quelque forte en paffant par les mains de M. le lieutenant-général de police. Quoi qu'il en foit, un
plaifant a faifi cet événement, a mis faint Auguftin en jeu, & lui a fait adreffer aux comédiens
italiens l'épître fuivante, très-ingénieufe, datée
du 20 février:

    Salut à la troupe italique
    De ce comité catholique,
    Dont le cœur loyal s'attendrit
    Sur la calamité publique;

C'eft le fils de fainte *Monique*,
C'eft *Auguftin* qui vous écrit !
Oui, mes amis, par cette épître
J'abjure maint & maint chapitre,
Où j'ai frondé votre métier
Comme un tant foit peu diabolique,
Votre tendreffe apoftolique
Vient de nous réconcilier.
Tout homme au cœur dur, inflexible,
Devant Dieu, voilà le païen ;
Mais quiconque a l'ame fenfible,
Fût-il un Turc, eft un Chrétien,
Jadis en prêchant chez *Valere*
Je tenois à des préjugés ;
Depuis nous avons lu *Voltaire*,
Voltaire nous a bien changés ;
Ni moi, ni le curé d'Hyppone
Nous n'avons plus damné perfonne.
Tel arrêt n'eft point fraternel,
Et fans vouloir imiter Rome
Nous laiffons bonnement au ciel
Le droit de difpofer de l'homme.
Oui, fans être garant de rien,
Je croirois qu'un comédien
Rifque, s'il eft homme de bien,
D'être fauvé tout comme un autre.
Un mime en face d'un apôtre,
C'eft un fcandale, dira-t-on ;
Saint *Paul* à côté de *Rofiere*,
Trial vis-à-vis de Saint *Pierre*
Et bienheureufe *Dugazon*

Aux pieds d'un diacre ou d'un Vicaire ,
Le paradis feroit bouffon.
Tant pis pour qui s'en fcandalife.
Allez au ciel par vos vertus,
Et laiffez clabauder l'églife.
Oui , malgré Rome & fes abus.
Vous êtes au rang des élus
Quand le pauvre vous canonife.

28 Février. Le parlement ne lâche point prife & attend inceffamment une réponfe due à fes itératives remontrances fur les évocations & fur-tout fur l'affaire des quinze - vingts. Le fcandale de cette maifon excite de plus fon zele ; on y donne des bals & c'eft le réceptacle de toutes les catins de Paris.

28 Février. Il y a fix femaines environ que le fieur d'*Azincourt*, dans une affemblée des comédiens françois, propofa de donner une repréfentation au profit des pauvres : fes camarades reçurent très mal fon idée ; ils lui dirent que l'hiver n'étoit pas affez favorable pour eux , qu'ils étoient les premiers pauvres & qu'il falloit commencer par fonger à foi. Depuis que les Italiens ont réalifé cet acte de bienfaifance , il ont rougi de fe voir donner l'exemple par une troupe qu'ils méprifent, & ils cherchent toutes fortes de tournures pour s'en attribuer l'imagination ; mais perfonne n'en eft la dupe , & ils auroient mieux fait d'imiter ceux - ci & de renoncer à une vaine gloriole.

Le fieur *Larive* , dit on , avoit feul accédé à l'avis ouvert par le fieur d'*Azincourt*.

28 Février. Meffieurs d'*Ormeffon* , coufins-germains , étoient inftitués légataires univerfels de

M. de *Rosemadec* , dont la fucceffion eft éva-
luée à 1,500,000 livres. Ils ont eu la générofité de la renvoyer aux véritables héritiers , dont
eft le comte de *Bruc* , qui les a célébrés dans
des vers affez mauvais , mais faifant honneur à
fon cœur. Cette conduite , comparée à celle de
M. de *Nicolaï* le vieux , captant au contraire la
fucceffion du tréforier de la chambre des comptes ,
au préjudice de la fœur du défunt , dont il rou-
giffoit même enfuite de porter le deuil , rappelle
une anecdote bien déshonorante pour ce glorieux
perfonnage.

29 *Février.* Depuis que *le Mariage de Figaro*
a été joué chez M. de *Vaudreuil* , le fieur de
Beaumarchais ne ceffe d'intriguer afin de faire
lever la défenfe du roi. Derniérement , après avoir
trouvé un cenfeur affez fot ou affez complaifant
pour l'approuver , il en a fait lecture à M. le
baron de *Breteuil* , qui lui a dit : « Mais je crois
» que votre comédie pourroit fe jouer dans cet
» état. » Le fieur de *Beaumarchais* eft parti de-
là , eft venu trouver les comédiens , leur a fait
part de fa converfation avec le miniftre & les a
flattés que la défenfe feroit levée. Les comédiens
fe font toujours provifoirement recordés fur l'ouvrage , qu'ils ont répété le lundi & le mardi-gras.
Le bruit général étoit qu'il feroit joué famedi.
M. le lieutenant-général de police inftruit de la
rumeur , a mandé & l'auteur & les comédiens , &
en préfence de beaucoup de témoins a vertement
réprimandé le fieur de *Beaumarchais* d'avoir ofé
fe prévaloir d'un mot de complaifance du miniftre
contre un ordre formel de fa majefté. Cette cor-
rection a été vive , humiliante & fans réplique de
la part du fieur de *Beaumarchais* , qui ne répon-

doit aux reproches du magiftrat que par de pro-
fondes révérences.

Quant aux comédiens, M. *le Noir* leur a fait
fentir leur bonhomie, de s'être laiffé leurrer par
un homme connu pour fes menfonges & fon impudence, par un homme leur plus redoutable ennemi, qui avoit fait les plus grands efforts contre
eux dans les affemblées de fon bureau de légifla-
tion dramatique, dont l'objet principal étoit
fur-tout d'ériger une feconde troupe, une troupe
rivale.

Le fieur de *Beaumarchais* avoit d'abord imaginé une tournure plus adroite d'éluder les défenfes; il avoit propofé aux comédiens de jouer
fon *Mariage de Figaro* au profit des pauvres, afin
que cette piece fi immorale pût au moins avoir
un objet de bienfaifance. Les comédiens lui avoient
répondu qu'il avoit été gagné de primauté par
M. de *la Harpe*, & que ce feroit la premiere
repréfentation de fon *Coriolan*, qui auroit lieu ce
jour-là. Le foir, la comédie reçut une lettre anonyme, pleine d'injures & de farcafmes fur le refus
qu'ils avoient fait, & l'on ne doute pas que ce
pamphlet ne vînt de la part du fieur de *Beaumarchais*.

29 Février. Il court depuis la fin de l'année
des noëls dans le goût de ceux qui ont paru
déjà plufieurs fois. Ceux - ci, à toutes les calomnies reffaffées déjà vingt fois contre les perfonnages les plus auguftes, joignent une platitude rare. L'âne y joue un grand rôle, & l'on
n'eft pas furpris, en les lifant, du foible que le
poëte femble avoir pour cet animal. Un feul couplet, de treize dont eft compofé le noël, a quelque gaieté. D'ailleurs il eft fondé, finon fur une

vérité bien conftante, au moins fur une tradition
de la cour très accréditée. Le voici :

> La feconde fultane
> Dit, en hauffant le ton,
> Je m'appelle Diane,
> Je fuis chafte de nom.
> Je réclame en ces lieux
> L'honneur de vierge & mere ;
> Car je fuis fille, Dieu merci ;
> J'accouchai plufieurs fois auffi :
> Et cela fans myftere.

29 Février. M. *Hérault* eft un avocat du roi
au Châtelet, dont il a déjà été queftion comme
d'un homme de lettres. Il a en outre les qualités
de l'homme aimable & du magiftrat. Il eft parent
proche de Mad. la ducheffe de *Polignac.* Ces jours
derniers il fe trouva chez elle comme la reine y
venoit. Il refta, fuivant l'ordre de S. M. qui ne
veut pas qu'on faffe attention à elle & veut jouir
de toute la liberté de la fociété. Il parla très-bien
& de façon à intéreffer S. M. Quand il fut forti,
la reine demanda quel il étoit ? Mad. de *Polignac*
lui ayant appris que c'étoit fon neveu, la reine lui
dit qu'avec le talent qu'il montroit, il falloit lui
faire faire le plus grand chemin. En conféquence,
elle a obtenu du roi que M. *Hérault* auroit la
premiere place d'avocat-général vacante au parlement.

1 Mars 1784. L'expérience de M. *Blanchard* eft
décidément fixée au mardi deux mars. Elle aura
lieu dans le champ de Mars, & toutes les précautions font prifes pour établir le bon ordre & la libre

circulation des voitures , de maniere à empêcher les accidents.

C'eſt dom *Pech* , religieux bénédiⅽ̨in de Saint-Martin des-Champs , phyſicien eſtimé & enthouſiaſte des ballons , qui doit monter & voguer avec M. *Blanchard*. Suivant le bruit général , il paroît que ce religieux a eu beaucoup de peine à obtenir la permiſſion de ſes ſupérieurs ; & l'égliſe en général voit avec inquiétude un de ſes enfants concourir à cette œuvre diabolique , puiſqu'elle tendroit à anéantir les miracles les plus extraordinaires, tels que l'Aſcenſion de Jeſus Chriſt , &c.

Au reſte , dom *Pech* eſt un petit homme maigre , fluet, & qui fera bien le pendant de monſieur *Blanchard.*

1 *Mars.* Le concours des acheteurs ne diminue point à la vente de la bibliotheque du duc de *la Valliere* ; il augmente plutôt. Après celle des livres rares ſe montant ſeule à 5,668 articles & qu'on eſtime devoir durer juſqu'au mois de mai, on donnera le catalogue des autres livres , qui excédera 26,000 articles. Ce bréviaire de *Salisbury* dont on a parlé déjà comme vendu cinq mille liv., mérite plus de détails. Il a pour titre *Breviarium ſecundum uſum ſacrum , ſive eccleſia Saliſberienſis.* Il eſt ſur vélin de ſept cents douze feuillets in-quarto , orné de beaucoup de miniatures d'un fini patfait. Ce bréviaire fut exécuté par les ordres du duc de *Bedfort*, régent de France, lors de l'invaſion des Anglois. La mort de ce duc, arrivée à Rouen en 1435 , empêcha qu'il ne fût terminé. On y trouve pluſieurs notes chronologiques intéreſſantes ſur l'hiſtoire du temps. Il a été acheté pour la bibliotheque du roi.

Virgilii opera , Roma 1469, quoique ce ne ſoit

qu'un petit in-folio de 191 feuillets , a monté à 4,200 liv.

On recherche beaucoup le catalogue de cette bibliotheque ; il deviendra infiniment précieux, & doit fervir à corriger bien des erreurs & omiffions de la *bibliographie inftructive* du fieur de *Bure.*

1 *Mars.* Le confeil de guerre de l'Orient commence à prendre couleur, & l'on donne comme certain dix décrets d'ajournement perfonnel qu'il a enfin lancés le 17 février derniet.

1 *Mars.* Mlle. *Audinot*, une des doubles pour le chant du théâtre lyrique, a imité en petit l'exemple du comte d'*Arci* ; elle a réclamé le nom & l'état de fille légitime du fieur *Audinot*, directeur du fpectacle forain intitulé *l'ambigu-comique.* C'eft la dame *Gardel* fa fœur qui lui conteftoit fes qualités : elle a gagné, & acquiert ainfi des droits non-feulement à la fucceffion de fon pere, mais à celle de cette fœur dénaturée qui n'a point d'enfants. On conçoit que ce procès a pu donner lieu aux avocats de s'égayer dans leurs *factums* : les amateurs du théâtre lyrique fe font réjouis du triomphe de Mlle. *Audinot* , joli fujet en général, très-aimé du public.

2 *Mars.* On a rapporté il y a deux ans le peu de fuccès de M. *Blanchard*, qui tentoit par la méchanique ce que M. de *Montgolfier* a depuis obtenu de la chimie ; il prétend aujourd'hui que fes tentatives n'avoient pas été tout-à-fait infructueufes ; qu'il étoit, même parvenu à quitter le fol ; mais il convient que pour obtenir une afcenfion de vingt pieds, il lui avoit fallu employer un contrepoids de fix-livres & une manœuvre pénible. Il étoit donc occupé à chercher de meilleurs moyens, lorfque *l'aéroftat* eft venu à fon fecours.

Son projet étoit aujourd'hui, une fois élevé en l'air avec Dom *Pech*, s'ils en fentoient la poffibilité, de couper les cordes du ballon, de le laiffer aller où il voudroit, & de manœuvrer en liberté à l'aide feulement de leurs ailes, de leur gouvernail, & n'ayant au-deffus d'eux qu'un vafte parafol capable de rallentir leur chûte, fi elle arrivoit. Des incidents qui ne font nullement prévenus de la faute des voyageurs, les ont empêchés d'exécuter ce projet dans toute fon étendue; mais M. *Blanchard* en a affez fait pour prouver l'excellence de fa méthode & la poffibilité de fon exécution.

2 *Mars*. L'opéra a joué hier *Caftor & Pollux* au profit des pauvres. Cet ouvrage a été remis, après une ou deux répétitions feulement; auffi a-t-il été fort mal exécuté, quoiqu'en difent les journaux, toujours louangeurs en pareil cas.

La garde militaire a refufé, ainfi qu'aux Italiens, fa folde & a fait le fervice *gratis*. La recette a été de onze mille cinq cents foixante-fept liv. dix fous.

2 *Mars*. M. de *Mouhy*, auteur de différents romans, des tablettes dramatiques, &c. vient de mourir dans un âge avancé. On voit dans l'énumération de fes qualités en fon billet d'enterrement, qu'il étoit *chevalier titré par le roi*.

3 *Mars*. Hier M. *Blanchard*, jaloux de tenir fa parole envers le public même quant à l'heure, fe difpofoit à partir à midi, & il étoit déjà embarqué avec dom *Pech*, lorfqu'un éleve de l'école militaire, nommé *Dupont*, qui avoit fait avec fes camarades le pari de monter dans le bateau volant, a réalifé les extravagances qu'on a racontées de Lyon en pareil cas; il s'eft précipité dans la gondole, l'épée nue à la main, & a voulu partir avec ces

messieurs; Furieux d'être rejeté, il a brisé le parasol, les ailes, & les a laissés hors d'état de servir ; il a même blessé à la main M. *Blanchard* : il a fallu l'arrêter & le conduire en prison. Dom *Pech* voyant alors qu'il devenoit inutile, puisque le voyage ne pouvoit s'exécuter que suivant la méthode de M. *Charles*, est redescendu. M. *Blanchard* resté seul n'en est pas moins parti vers midi, & à l'aide de son seul gouvernail a fait réellement des évolutions, est allé & revenu ; il a passé & repassé la riviere & a même navigué contre le vent. Il est descendu vers les deux heures sur le chemin de Versailles, près la verrerie de *Seves*, à très-peu de distance de la *Seine*, On ne peut rendre tout ce que la jalousie & l'envie ont débité à ce sujet pour affoiblir le mérite de M. *Blanchard*, & atténuer son expérience, dans son imperfection préférable encore à celle de M. *Charles*, puisqu'il a montré un moyen de direction & fait faire un pas de plus à la science de la navigation aérienne.

3 *Mars.* La premiere représentation de *Coriolan* a été fort bien accueillie hier du public brillant & nombreux qui composoit l'assemblée. M. de *la Harpe* n'ignorant pas que ce sujet traité déjà souvent n'avoit point réussi, l'a pris d'une maniere différente : il s'est donné plus de marge ; mais il en résulte en même temps des défauts sensibles, qui heureusement n'ont pas fait de tort à sa tragédie. On a demandé l'auteur à la fin. On ne croyoit pas qu'il parût ; on pensoit du moins qu'il imiteroit M. *Ducis*, son confrere l'académicien, & qu'il se montreroit seulement dans une loge ; mais il s'est laissé amener sur le théâtre par un comédien & a eu l'humiliation de voir le sieur *Larive*, qui a joué supérieurement le rôle de

Coriolan, demandé à plus grands cris encore, & reçu d'une façon non moins flatteuse.

Madame *Vestris* a reparu pour la premiere fois depuis son démêlé avec Mlle. *Sainval* dans cette piece, où elle joue le rôle de *Veturie*, la mere de *Coriolan*. Elle a été, dès qu'elle s'est montrée, généralement applaudie. Cependant un coup de sifflet lâché par un polisson de l'assemblée, a détruit toute la sensation délicieuse que devoit lui causer la satisfaction générale ; elle s'est trouvée mal dans l'entr'acte, & n'a continué & fini son rôle qu'avec beaucoup de peine.

4 Mars. Extrait d'une lettre de Montargis, du premier mars....C'est M. de *Lisle*, directeur de la superbe manufacture de papier établie à l'Anglée, près cette ville, qui a fait fabriquer le papier d'herbe dont vous avez eu un échantillon : il espere, dès que la saison le permettra, recommencer ses opérations, & donner à ce papier toute la flexibilité, la solidité, le lisse & la blancheur du plus beau papier à lettre.

M. de *Varennes*, receveur des finances de cette ville, a envoyé à madame *Blondel*, la femme de l'intendant du commerce qui a les papeteries dans son département, le madrigal suivant, écrit sur une feuille de ce papier d'herbe :

> Quel bonheur, bergers amoureux :
> Vous devez goûter à décrire,
> Sur ce gazon voluptueux
> Les transports qu'Amour vous inspire.
> Ce Dieu lui-même imagina
> Ce papier qu'il déposera
> Dans les archives de Cythere.

Sous

Sous ſes yeux on y tracera
L'art d'aimer, l'art heureux de plaire,
Et tous les vœux des cœurs conſtants ;
Tendres bergeres, vos amants
N'oſeront plus être volages ;
L'autel qui reçut leurs hommages,
Eternifera leurs ſerments.

4 Mars. Au 16 février dernier on a arrêté le produit de la vente de la bibliotheque du duc de *la Valliere* ; il n'y avoit eu encore que trente vacations , & elles avoient déjà rendu 200,000 liv. : il doit y avoir quatre-vingt-dix vacations. Les livres qui compoſent cette bibliotheque devant aller à 600,000 livres , ſuivant cette proportion , mais dont on réduit le total toujours à 500,000 liv. n'avoient peut-être pas coûté au propriétaire la moitié de cette ſomme.

5 Mars. Les groſſes eaux qui ont ſuccédé aux gelées , ont empêché l'arrivée du bois par la riviere ; en ſorte que les commiſſaires du roi ont annoncé en exécution de l'arrêt du conſeil du 15 février , une prime pour les approviſionnements de cette marchandiſe, & il a été rendu un arrêt du conſeil en date du premier mars, qui proroge de dix jours ſeulement l'eſpace fixé à quinze pour exiger l'impôt de ſix livres d'augmentation ſur chaque voie de bois.

5 Mars. Ce qui a ſur-tout affligé madame *Veſtris* avant-hier, c'eſt la comparaiſon que ſon amour propre a faite de ſon retour avec celui de Mlle. *Sainval*, dont le triomphe, en reparoiſſant le ſamedi 28 dans le rôle de *Bérénice*, n'a été mêlé d'aucune amertume, d'aucun ſifflet, & ce-

pendant ce parallele même tourne à l'avantage
de Mad. *Vestris*, qui n'a point eu la bassesse
d'employer un moyen aussi vil & aussi facile d'hu-
milier sa rivale. L'intérêt qu'ont pris à l'instant
à son état les plus grands personnages, M. le
duc d'*Orléans*, Mad. de *Montesson*, M. le comte
d'*Angiviller*, Mad. la duchesse de *Villeroy* & vingt
autres de cette espece, auroit bien dû la rassurer;
un coup de sifflet parti depuis encore, a détruit
tout l'effet des consolations; elle en est vraiment
malade, & l'on ne sait si elle sera en état de
jouer samedi à la seconde représentation.

5 *Mars*. Une anecdote singuliere arrivée mardi
2, à l'assemblée publique de la société royale
de médecine, mérite qu'on en fasse mention: un des
vainqueurs du prix s'est trouvé être M. *Thomas
Olliff*, médecin anglois. L'épigraphe de son mémoire a frappé; quel étonnement d'y lire un dis-
tique latin à la gloire du roi de France! éloge
non suspect d'adulation dans la bouche d'un étranger & d'un Anglois; il portoit:

> *Hæc ego ; dum felix nimium tu Gallia, regem,*
> *Pacis habes legumque & libertatis amicum.*

On les a traduits par le quatrain suivant s

> J'écrivois ce mémoire au temps où trop heureuse,
>   La France vivoit sous un roi,
>   Ami d'une paix glorieuse,
>   De la liberté de la loi.

6 *Mars*. M. de *la Harpe* fait remonter l'action de
sa tragédie jusqu'au temps où *Coriolan* est cité

devant le peuple ; mais cette époque historique embraffant une période de plufieurs années, il couroit rifque qu'on lui reprochât juftement de pécher contre les trois unités. Il a imaginé d'éviter ce triple défaut par une licence dramatique dont il y a mille exemples ; il a fuppofé que Rome étoit déjà affiégée au moment de l'exil du héros, & que les Volfques étoient aux portes de la ville. Ainfi fon exil, fon admiffion chez les ennemis, la défaite des Romains fe trouvent ne plus faire en quelque forte qu'un feul fait ; le tout a pu fe paffer dans la même journée, & le territoire de Rome eft le lieu unique dans lequel l'action foit circonfcrite. Alors voici comme la piece fe trouve naturellement partagée.

Au premier acte, expofition des griefs du peuple romain contre *Coriolan* ; refus de celui-ci de comparoître devant le peuple où il eft cité ; un fénateur, fon ami, cherche en vain à excufer la complaifance du fénat, & à déterminer ce patricien à foufcrire au décret de fon ordre. La mere feule de *Coriolan* qui intervient, peut obtenir de lui qu'il obéiffe.

Le fecond acte, très-court, roule uniquement fur l'exil de *Coriolan* ; il fe fouftrait aux confeils de fon ami & de fa mere, & par des réticences douloureufes annonce qu'il médite un projet finiftre.

Son admiffion chez les Volfques remplit tout entier le troifieme acte : *Tullus*, le général ennemi, fe réfout à fuivre l'avis que donne *Coriolan*, de ne point laiffer refpirer les Romains, les attaquer au moment même. Il veut partager fon commandement avec l'étranger, & le regarde comme fon égal.

Au quatrieme acte, la victoire est remportée, & la destinée de Rome ne tient plus qu'à la destinée de *Tullus*, fâché de la confiance que les soldats ont prise dans le Romain. *Volumnius*, l'ami de l'exilé, arrive pour lui demander la paix. *Tullus* en laisse *Coriolan* le maître; mais celui-ci ne respirant que la vengeance, prescrit des conditions si dures, que l'ambassadeur s'y refuse: cependant il ne désespere pas de réussir; il lui vient une heureuse idée qu'il court exécuter.

Arrivée de *Véturie* dans le cinquieme acte : la tendresse maternelle triomphe de la haine de son fils contre ses ingrats compatriotes: il lui promet de déterminer les Volsques à une paix honorable, ou de les quitter. Il se rend à leur conseil pour les y engager. Cet avis de la part de *Coriolan*, donne prise à la jalousie de *Tullus*, qui profite de l'indignation de l'assemblée pour faire regarder *Coriolan* comme un traître & le faire massacrer. La mere se console de la mort de son fils par le salut de la patrie.

Les deux défauts principaux de la maniere dont M. de *la Harpe* a étendu son sujet, sont d'avoir affoibli les caracteres de son héros & de *Tullus*, les plus saillants de la piece : le premier, en ce qu'on ne peut approuver le passage trop brusque d'une haine profonde & motivée à la pitié qui succede dans le cœur de *Coriolan*, très-naturelle au contraire, lorsque son ressentiment, affoibli par le temps, par les dégoûts qu'il a éprouvés, par cet amour de la patrie qui survivoit toujours dans le cœur républicain aux plus fortes injustices, par le repentir qui doit enfin naître chez ce vertueux personnage; il entend les supplications, il voit couler les larmes d'une mere. Dans le second, en

ce que le spectateur, touché de la magnanimité
avec laquelle il a reçu un ennemi proscrit, est
fâché de voir que *Tullus* se laisse gagner si prompte-
tement par la jalousie & dans la même journée
en vienne à l'excès monstrueux de faire assassiner ce héros.

Malgré ces défauts & plusieurs autres qui en-
traîneroient une trop longue discussion, la piece
plaît par sa simplicité, par son austérité dans la
maniere dont elle est traitée, par la netteté du
plan, la rapidité de la marche, & sur-tout par
une diction pure, noble, harmonieuse, où se
trouve joint l'élégance à l'énergie.

6 Mars. Depuis la bibliotheque des dames &
les couplets, il paroît de *petites affiches* sur la
cour qu'on dit très-plaisantes. On les attribue au
vicomte de *ségur*, fils du ministre. C'est un fa-
cétieux personnage, dont on a déjà une épître
originale à la culotte du vicomte de *Noailles*,
lorsqu'il partoit pour l'*Amérique*, & qu'il envoya
à madame la vicomtesse de *Noailles*, qui est une
dévote.

6 Mars. Les parents & amis du sieur *Radix
de Sainte-Foix* avoient obtenu en sa faveur des
lettres d'extinction, tournure qu'on avoit prise
pour qu'il ne restât pas même entaché; mais le
parlement a refusé de les enrégistrer, ne connois-
sant que les *lettres d'abolition*: il paroît que le roi
ne l'a pas trouvé mauvais.

7 Mars. Extrait d'une lettre de *l'Orient*, du 3
mars... L'affaire du conseil de guerre se complique
de plus en plus. Elle remonte jusqu'à la prise du
Zélé. Il est bien vrai que lorsqu'il en fut question
dans le principe, M. de *Brugnon* s'y opposa sous
prétexte que le conseil ne devoit s'occuper que des

(150)

accufations du comte de *Graffe* contre fes matelots
& contre le refus d'obéir à fes fignaux. La chofe
refta en fufpens ; la pluralité des voix ayant été
contre le préfident, on en écrivit en cour, afin
de prendre les ordres du Roi. Le marquis de *caftries*
fit ce qu'il put pour engager fa majefté à reftreindre
l'examen ; mais elle laiffa la chofe à décider au
confeil de guerre, qui s'en occupe & n'a pas encore prononcé.

M. de *vaudreuil* fe trouve embarraffé, parce
qu'il ne peut plus nier de n'avoir pas vu le fignal
du comte de *Graffe*, puifque M. *Albert de Rioms*,
le chef de file de l'avant-garde que commandoit
M. de *vaudreuil*, l'avoit fi bien vu, qu'il s'étoit
mis en fonction de le fuivre, & fe trouva ainfi
fort féparé de l'avant-garde : voyant que perfonne
ne le fuivoit, il changea fa monœuvre & revint,

M. de *Graffe* a toute la marine contre lui, parce
que dans fes premieres lettres il s'eft plaint de
toute la marine ; depuis il a voulu n'inculper perfonne, mais on lui objecte fes lettres en contradiction avec lui même.

Il paroît qu'ils font tous coupables. M. de
vaudreuil & M. de *Bougainville* de n'avoir pas
obéi aux fignaux, les matelots d'avoir quitté le
commandant, & le commandant de s'être rendu
en bon état ; en vain fe prévaut-il du témoignage
du comte d'*Olivaro* qui n'étoit qu' fpectateur dans
le vaiffeau, on a le témoignage du commandant
des troupes qui eft accablant.

Le 17 février, MM. d'*Arros*, de *Mithon*, de
Gouzillon, de *Bougainville*, le comte d'*Ambli-
mont*, d'*Albert de Rioms*, de *Roquart*, de *Suzannet*,
le baron de *Paroy* & le vicomte d'*Aché*, comme

accufés d'avoir manqué à leur devoir, ont été décrétés d'ajournement perfonnel.

Les autres accufés au nombre de 56 ou 57, affignés pour être ouïs.

7 *Mars*. Quoique le journal de *Paris* continue, d'annoncer que la difcuffion élevée entre les deux, actrices eft terminée, en ce que la Dlle. *Sainval*, a écrit à fa fociété qu'elle fe défiftoit de fes prétentions & qu'elle confentoit à refter à fa place, de double, & que la dame *Veftris* de fon côté, en perfiftant dans le deffein de renoncer à fes droits, comme ancienne, eft toujours difpofée, à faire tout ce que le public exigera; les deux, rivales n'en font pas plus réconciliées; on en peut, juger par les coups de fifflet partis le jour de la, premiere repréfentation de *Coriolan*; la dame *Veftris* en eft encore malade, & n'a pu jouer hier, c'eft la Dlle. *Thénard* qui l'a doublée.

D'ailleurs le procès en diffamation intenté par la demoifelle *Sainval* fubfifte toujours; il eft arrêté feulement par les defenfes qui continuent à la dame *Veftris* de faire paroître fa réplique toute, prête, dont font très contents ceux qui l'ont lue. En attendant qu'elle ait cette liberté, elle communique la lettre à Mlle. *Clairon*, & l'on en voit, des copies dans les cercles.

7 *Mars* M. le comte de *Lamerville*, dont il, a été beaucoup queftion il y a deux ans, qui, avoit excité la jaloufie de M. de *Fleury*, & fubi, la peine de l'exil; qui avoit eu fous M. d'*Ormeffon* quelque lueur d'efpérance de voir exécuter fon, projet, en défefpere aujourd'hui. Les *Polignac*, les *Noailles*, le comte de *Vergennes*, qui le portoient, fe font refroidis à fon égard, & M. de *Calonne* paroît n'en faire aucun cas. Il fe retranche

aujourd'hui à demander une indemnité qu'il éva-
lue à 100,000 liv. Comme M. le contrôleur-général n'a garde d'écouter ses prétentions, ce spé-
culateur économiste a écrit au roi directement:
il se prévaut de la conférence qu'il a eue avec
sa majesté & de son approbation, pour se regarder
comme autorisé à demander une récompense.

8 *Mars*. M. *Rochon de Chabannes*, lorsque le
sieur de *Beaumarchais* a fait courir le bruit qu'il
avoit la permission de faire jouer son *Mariage de
Figaro*, n'avoit point voulu se prévaloir de son
droit d'ancienneté; il s'est retiré prudemment pour
ne pas se trouver dans tout le brouhaha qu'excite
ordinairement ce bruyant personnage. Depuis que
le sieur de *Beaumarchais* est de nouveau arrêté,
les comédiens se sont rapprochés de M. *Rochon*,
& l'ont engagé à ne point différer la jouissance
du public; il s'est rendu à leurs instances, & la piece
doit avoir lieu incessamment sous le titre du *Jaloux*.

8 *Mars*. Il paroît que le parlement a fait des
remontrances séparées sur chacun des objets d'évocation dont on a parlé dans le temps. On voit
aujourd'hui imprimées des *remontrances lues &
arrêtées aux chambres assemblées le mardi* 10 *février* 1784. Celles-ci concernent l'évocation faite
par le roi de l'appel des bénédictins opposants
à l'assemblée de *Saint-Denis*, tenue en septembre
dernier.

Dans ces remontrances très-bien faites, courtes,
précises & fondées sur une logique lumineuse &
très-irrésistible, on démontre l'illégalité de tout
ce qui s'est fait à *Saint-Denis*; on peint énergi-
quement les maux qui en résultent dans la congrégation; on en dévoile les auteurs dans ces

prélats, membres d'une commiſſion dont le but eſt moins de réformer que de détruire.

Le parlement attaque cette commiſſion même, il la dénonce à ſa majeſté comme irréguliere, & lui déclare qu'il la pourſuivra juſqu'à ſa deſtruction, avec tout le zele qu'exigent les entrepriſes de ce tribunal monſtrueux, & que lui preſcrit ſon devoir.

8 *Mars.* Extrait d'une lettre de Dijon, du 1 mars…. Je n'ai pas encore pu me procurer la chanſon que vous me demandez. Elle eſt en treize couplets & ſur l'air *changez-nous cette tête* : elle fait le portrait de tous les juges de M. de *Lally,* & ne peint pas en beau ceux qui ont opiné contre lui. On l'attribue à quelque partiſan du comte de *Tollendal,* ou peut-être à lui-même. Elle a beaucoup de ſel pour ceux qui connoiſſent ces meſſieurs; mais il eſt plus aiſé de la trouver ailleurs qu'ici, parce qu'on craint le parlement, & l'on ne veut pas ſe faire d'affaire avec lui….

8 *Mars.* Il eſt des malins qui profitent toujours des circonſtances pour rire & lancer quelques ſarcaſmes; celle de *Coriolan,* jouée au profit des pauvres, a produit ce quatrain :

> Pour les pauvres la comédie
> Donne une pauvre tragédie ;
> C'eſt bien le cas, en vérité,
> De l'applaudir par charité.

8 *Mars.* Voici la lettre de Mlle. *Clairon* à madame *Veſtris,* telle qu'elle ſe conmunique dans le public.

« J'ai reçu, Madame, la lettre que vous m'avez adreſſée : elle augmente mon profond mépris pour

Mlle. *Sainval* & son talent prétendu. J'approuve fort le parti que vous prenez toutes deux de vous faire connoître. Vous ne pouvez, Madame, qu'y gagner. Démafquez hardiment la fauffeté, méchanceté du caractere de votre rivale ; ramenez à vous par votre franchife, par votre défintéreffement, par la nobleffe de vos procédés, ce public, fouvent injufte, parce qu'il eft fouvent prévenu, mais toujours équitable quand on l'éclaire. Voilà pourquoi il faut néceffairement l'inftruire, il faut porter à fon tribunal les conteftattons par des mémoires imprimés qu'on ne fauroit répandre avec trop de profufion.

» Au refte, je vois avec douleur que votre fociété dramatique à laquelle je n'ai point ceffé de m'intéreffer, eft plus que jamais dans l'anarchie & la diffention. En vain j'ai cherché autrefois à lui donner de la dignité & de la confiftance ; j'ai fuccombé fous mes efforts ; j'ai été jaloufée, perfécutée, & les tracafferies de Mlle. *Dubois*, pareilles à celles que vous éprouvez aujourd'hui, m'ont forcé de renoncer au théatre. Et cependant nous avions alors parmi nous ce *le Kain*, ce défenfeur zélé des loix de la comédie. Depuis, elle n'a fait que dégénerer davantage : on vous a dépouillés de toute propriété ; vous n'avez plus en quelque forte ni feu, ni lieu ; votre état eft abfolument précaire ; vos affemblées, vos délibérations font verfatiles comme la volonté des chefs, parce qu'il n'eft perfonne parmi vous qui ait affez de génie & de courage pour foutenir vos intérêts & vos droits. Seroit-ce votre doyen *Préville*, ce barbouilleur qui parle, parle toujours fans favoir ce qu'il dit, qui s'emporte comme un furieux, & n'a pas plus de bon fens dans fes fougues que

dans son sang froid ? Seroit-ce *Brizard*, dont toute
la candeur réside sur sa figure, dont l'avarice est la
passion dominante, qui n'aime que l'argent, &
trahiroit les camarades & lui-même pour un écu ?
Molé est un joli acteur, brillant, sémillant dans
vos comités comme sur la scene ; il n'y a pas plus
d'assiette & de solidité ; il ne sait ce que c'est que
d'avoir un avis à soi, & se laisse mener comme
un enfant par Mad. *Raymond*, sa fille & sa maîtresse. Parmi vos femmes, Mad. *Bellecourt* a vraiment du caractere, ou plutôt elle en avoit ; car
on ne la reconnoît plus depuis qu'elle est dans l'es-
clavage honteux d'un musicien rempli de vent,
qui la ruine & la déshonore. Mad. *Préville*, la
sous-doyenne des actrices, a plus de jugement &
se possede mieux que son mari ; malheureusement
elle n'a que de petites vues ; d'ailleurs c'est une
hypocrite, travaillant sous terre, ne s'embar-
rassant guere des autres & purement égoïste,
enfin sans les entours nécessaires pour faire valoir
un avis & lui donner du poids. Je ne vois que vous,
Madame, par votre génie, votre zele, votre crédit, en état de relever la comédie, si elle avoit le
bon esprit de se remettre entre vos mains. Comment donc favorise-t-elle Mlle. *Sainval* à votre
préjudice ? Ce n'est pas qu'elle l'aime, c'est qu'elle
vous craint. Vous avez un grand mérite & conséquemment beaucoup de jaloux parmi vos camarades ; vous leur avez été utile presque à tous,
par vos amis à la cour & la considération dont
vous y jouissez, & dès-lors vous avez fait presque
autant d'ingrats.

» Quant au public, car on ne peut se dissimuler
que le plus grand nombre ne soit pour votre rivale ;
c'est tout simple. Lors de la proscription de

Mlle. *Sainval* 'laîuée, vous dédaignâtes de ré-
poudre à fon libelle, vous ne voulûtes point l'écra-
fer dans fon malheur : on crut que vous n'aviez rien
de bon à dire ; on vous regarda comme fon tyran.
Ce public eft toujours pour les opprimés, il prit fa
fœur fous fa protection ; l'on chérit fon ouvrage.
C'étoit une victime qu'il croyoit avoir fouftraite
à vos fureurs ; tout cela la lui rendoit plus intéreffante. D'ailleurs elle eft très-populaire, elle
capte jufqu'au fuffrage de ces roquets du parterre,
qui n'oferoient approcher de votre antichambre.
N'importe, les honnêtes gens reviendront. Faites-
vous voir enfin ; on eftimoit vos talents, & l'on
eftimera votre perfonne & vous triompherez. Je
le fouhaite fincérement, perfonne ne prend plus
d'intérêt que moi à votre conteftation ; apprenez-
m'en les fuites & juftifiez mon pronoftic. »

Paris, ce 26 *janvier* 1784.

Signé CLAIRON.

9 *Mars.* La recette des François pour les pauvres
a monté à 10,389 liv. 2 fous. Les gardes-fran-
çoifes ont continué de ne point prendre de
falaire.

On a donné pour feconde piece ce jour-là, *la
Partie de Chaffe de Henri IV.* Le fieur *Dugazon,*
qui vraifemblablement avoit fait choifir cette comédie, y a introduit quelques propos relatifs aux
circonftances ; il y a fur-tout adapté ce couplet,
fur l'air : *Du ferin qui te fait envie.*

Le roi digne de fa couronne
A pris pitié des malheureux.
La reine & ce qui l'environne
S'occupe à faire des heureux.

Deſſous le chaume qui le couvre
L'infortuné n'a plus d'effroi ;
Il chante aux champs tout comme au louvre
La bienfaiſance de ſon roi.

On a fait répéter ce couplet ; on en a demandé l'auteur, & le ſieur *Dugazon*, mettant la main modeſtement ſur ſon cœur, a déſigné qu'il partoit de-là... & des applaudiſſements ſans fin.

9 Mars. On eſtime que M. Blanchard a été dans ſon aſcenſion porté à environ 2,000 toiſes ; d'après ce calcul c'eſt, de tous les aéroſtats, le ſien qui s'eſt élevé le plus haut. C'eſt à cette grande élévation que les jaloux de ce méchanicien attribuent la variété de ſa marche en ſens contraire ; ils prétendent qu'il ne faut nullement l'attribuer à ſon art, mais à la diverſité des courants d'air qu'il a rencontrés, dont il a été obligé de ſuivre malgré lui la direction. De-là les quatre mauvais vers ſuivants, pour l'intelligence deſquels il faut ſavoir auſſi que ſur la banderole de ſa machine étoit cette deviſe, tirée de Virgile : *Sic itur ad aſtra.*

Au champ de Mars il s'enrôla ,
Au champ voiſin il reſta-là ,
Beaucoup d'argent il ramaſſa ,
Meſſieurs , *ſic itur ad aſtra.*

10 Mars. Les comédiens françois ont à l'ordinaire égayé le public durant le carnaval par des farces ; entr'autres par *dom Japhet d'Armenie ,* dont ils ont prolongé les repréſentations dans le carême. On a été ſurpris de voir que le ſieur

Préville dans son rôle ait supprimé le monologue où ce vers-ci fait le refrein : *Nettoyez-vous mes dents, l'amour vous y convie.* Ce morceau sans doute étoit le meilleur de l'ouvrage, comme le plus ridicule. On attribue la suppreſſion à une coquetterie de cet acteur qui n'a plus de dents. Il faut pour bien jouer ce monologue, le cure dent à la main, étaler long temps aux yeux des ſpectateurs un ſuperbe râtelier.

10 *Mars.* Après de longues plaidoiries dans l'affaire de Mad. la marquiſe de *Valory,* contre M. *Courtin,* où un jeune avocat nommé *Duveyrier,* éleve de Me. *Gerbier,* a parfaitement ſoutenu la premiere, tandis que Me. *Target* défendoit ſon confrere, il eſt intervenu vendredi dernier cinq mars un arrêt tout entier en faveur de Me. *Courtin ;* il condamne ſa partie adverſe en 300 liv. de dommages-intéréts envers lui ; il en ſupprime les mémoires comme injurieux, calomnieux, &c. & ordonne que l'arrêt ſera affiché aux dépens de la marquiſe.

L'ordre en général a été très-ſatisfait de cet arrêt, en ce que, ſur-tout depuis la conſultation de Me. *Maultrot* & ſes lettres, l'affaire étoit devenue en quelque ſorte perſonnelle à tous les membres.

10 *Mars.* M. le baron de *Tſchoudy,* miniſtre du prince de Liege, vient de mourir ; c'étoit un métromane, auteur de quelques opéra mauvais, entr'autres d'*Echo & Narciſſe.* Il s'étoit comporté noblement dans le temps des tracaſſeries avec le corps diplomatique concernant les jeux publics, &, quoique peu riche, s'étoit refuſé aux profits conſidérables que lui avoient offerts les banquiers. M. *Tſchoudy,* avoit compoſé d'autres ouvrages,

de littérature & savants, propres à lui faire plus
d'honneur que ses poëmes lyriques.

11 *Mars.* Les comédiens italiens ont joué
avant-hier une comédie nouvelle en cinq actes
& en prose, ayant pour titre *Ariste*, ou *les Ecueils
de l'éducation*. A l'amphithéâtre, pendant qu'on
jouoit la piece, un quidam avoit un manuscrit
à la main & le suivoit, prétendant qu'on l'avoit
volé. En tout cas, le larcin est peu de chose, &
chacun fera bien de garder l'anonyme.

11 *Mars.* Les sarcasmes continuent contre monsieur de *la Harpe*. On dit que dans sa piece il n'y
a qu'un bon acte, c'est l'acte de charité.

On dit que les comédiens françois font les ava-
res, qui donnent leurs mauvaises pieces aux
pauvres. On attribue cette derniere méchanceté à
MM. de *Rulhieres* & de *Champfort*, & voici la
réponse de M. de *la Harpe* :

Vous connoissez *Champfort*, ce maigre & bel esprit,
Et ce pesant *Rulhieres*, à face rebondie ;
   Tous deux sont pleins de jalousie ;
   Mais l'un en meurt & l'autre en vit.

11 *Mars* Par un arrêt du conseil du 9 mars,
sur le compte rendu au roi que les bateaux de
bois commençoient d'arriver par la riviere, sa
majesté s'est hâtée de supprimer le droit d'augmentation des 6 liv.

11 *Mars.* La mort de son amant tué par son
mari, n'ayant pas ramené Mad. la marquise de
Seignelay, elle a au contraire demandé sa séparation en justice : la cause a été plaidée avec un
grand appareil, & jugée le 2 de ce mois en

préfence de beaucoup de gens de la cour & de tous les Bethune, dont elle porte le nom. Elle a été déboutée de fa demande, & fera obligée d'aller vivre dans fes terres & de s'y enterrer avec fon mari.

11 *Mars.* M. le comte d'*Artois* eft parti dimanche après vêpres pour un voyage fecret dont il avoit fait part au roi feul : il n'avoit que deux ou trois perfonnes à fa fuite. Il s'eft rendu *incognito* à la Trappe ; il y a paffé un jour franc & couché deux nuits. Il eft parti fans être connu de ces bons religieux ; il a ainfi fatisfait à fon aife tous les mouvements de fa curiofité. Il n'a point été mécontent de fa nourriture ; mais il a trouvé les lits un peu durs. Il eft revenu le mardi à Verfailles.

11 *Mars.* Le premier & le fecond acte du *Jaloux* ont été fort applaudis hier, où cette comédie a été jouée pour la premiere fois : malheureufement il s'eft trouvé des longueurs à la fin du fecond, qui ont influé fur l'arrivée d'une amazone, perfonnage effentiel, puifqu'il eft la cheville ouvriere de la piece. Le public n'en a pas fenti d'abord la néceffité, & les ennemis de l'auteur s'en font prévalus pour jeter de la défaveur fur le troifieme acte, dont tout le commencement a été troublé par des clameurs indécentes, par des éclats de rire ironiques : le tumulte croiffant de la façon la plus fcandaleufe, le fieur *Molé,* qui faifoit le rôle du jaloux, étant en fcene, & ne pouvant fe faire entendre, s'eft avancé fur le bord du théâtre & a dit : « Meffieurs, nous ordonnez-vous de nous retirer? » La cabale n'a ofé fe porter à cet excès, & tous les honnêtes gens ont crié au contraire, *continuez.* « Cela étant, a repris l'acteur, nous

allons redoubler d'efforts & de zele. » Ce coup de
tête a relevé la piece : & en totalité elle a plus
été applaudie que beaucoup d'autres qui ont réussi
complétement.

Le caractere du *Jaloux* est fort bien soutenu, &
quoique traité souvent sur la scene il est d'un
genre neuf & présente des nuances très-piquantes.
L'intrigue qui manqueroit de vraisemblance dans
tout autre cas, est ici d'une vérité théâtrale suffi-
sante, puisqu'elle naît du caractere même du Jaloux & tient à son essence. D'ailleurs tous les autres personnages semblent d'accord pour l'entre-
tenir dans sa passion & en réaliser les lubies. Une
méridienne, excellente dans les pays méridio-
naux, mais qui n'est point dans le régime d'une
jeune & jolie femme en France, est ce qui a le
plus choqué & commencé la déroute du troisieme
acte, quoiqu'il en résulte une scene vraiment originale & des saillies du meilleur comique qu'on
n'a pas senties. Du reste, il y a quelques défauts,
& dans le dialogue de mauvaises plaisanteries qui
ont déplu, mais qu'il est aisé de supprimer.

12 *Mars.* Mercredi dernier il a été lu à l'académie des sciences l'extrait d'une lettre de M. l'évêque d'Ypres, en date du 5 mars 1784, à M. son
frere le président à Bruxelles.

« Il vient d'arriver à Warneton un ballon de
grandeur médiocre, proprement travaillé, d'une
forme ovale & oblongue, avec une inscription en
anglois & en françois, qui marque l'endroit,
dans le comté de Kent, d'où il est parti, ainsi
que le jour & l'heure de son départ, & par laquelle on prie celui qui le trouvera, d'en vouloir
donner la nouvelle au physicien anglois qui l'a
fait, & dont le nom est signé dans l'inscription. »

Il en résulte que ce ballon n'a employé que quatre heures pour être transporté dudit comté de Kent à Warneton, terre appartenante à madame la comtesse de Lauraguais, & c'est le premier qui ait passé la mer dont on ait connoissance.

22 *Mars.* C'est le deux de mois qu'il a été présenté aux chambres assemblées des lettres en commandement, portant extinction du fait & de la procédure dans l'affaire du sieur de *Sainte Foy* : les bonnes gens du parlement étoient déjà d'avis d'enrégistrer purement & simplement ; d'autres vouloient que l'impétrant fût tenu de se représenter & de faire purger son décret, lorsque quelqu'un objecta qu'il n'y avoit point d'impétrant, que le roi parloit *proprio motu*, & que c'étoit à sa majesté même qu'il falloit s'adresser. Sur quoi l'assemblée remise au vendredi.

Le vendredi cinq il a été dit que ces lettres d'extinction étoient fort rares ; qu'il n'y en avoit d'exemple que pour *Gaston de France* & deux femmes de la plus haute qualité ; que d'ailleurs elles étoient abolies par la nouvelle ordonnance criminelle ; que le sieur de *Sainte-Foy* n'étoit point dans le cas de mériter une pareille exception. En conséquence arrêté que sa majesté seroit suppliée de retirer ses lettres en commandement, & d'ordonner que le sieur de *Sainte - Foy* seroit tenu de prendre les voies ordinaires pour éprouver la clémence de sa majesté, s'il y avoit lieu.

11 *Mars.* Malgré les défenses faites aux imprimeurs & colporteurs d'imprimer & colporter aucun mémoire dans l'affaire des accusés au conseil de guerre de l'Orient, ils percent dans la province de Bretagne.

12 *Mars.* M. le chevalier de *Treffan de Mont-bazin*, ayant eu une difpute à l'opéra avec M. *Duffon*, autre jeune militaire, ils fe font battus, & le premier a été tué. Comme le fecond avoit abfolument tort, on affure que le roi veut que le vainqueur foit arrêté & puni.

13 *Mars.* Etat de la recette des différents fpec-tacles pour les pauvres :

Comédie italienne.	9162 l.		}	
L'opéra........	11567	10 f.	}	31172 l. 12 f. 6 d.
Comédie françoif.	10443	2 6 d.	}	
Variét. amufant..	2248	18 6.	}	
Grands danf. du roi	1219	2 9	}	
Ambigu comique.	936		}	
Le Wauxhall...	824	14	}	5518 17 3
Spectacle des affoc.	227	2	}	
Curtius.........	63		}	

36691 l. 9 f. 9 d.

On ne comprend point là-dedans le fieur *Pi-netti*, qui a donné l'exemple & depuis a joué trois fois au profit des prifonniers détenus pour mois de nourrice. Il a fait fans doute l'application lui-même de ces recettes.

13 *Mars. Anecdote du dix-huitieme fiecle, deux volumes.* Sous ce titre vague qui embraffe tout le fiecle, on croiroit trouver même des chofes rela-tives à la fin du regne de *Louis XIV.* On eft fort furpris de n'y voir qu'un extrait des *Mémoires Secrets, &c.* qui n'embraffent guere qu'un efpace

de vingt ans. Les compilateurs vraisemblablement
n'ont voulu recueillir que les bons mots, épigram-
mes , vers , historiettes qu'ils ont cru les plus
propres à amuser les lecteurs frivoles & oisifs ,
& en cela ils ont réussi : car cette collection est
d'un grand débit & doit leur rendre beaucoup
d'argent. Nous en avons déjà parlé ailleurs plus
au long.

14 *Mars*. M. *Rochon de Chabannes* , modeste
comme le sont d'ordinaire les gens de mérite ,
respectant le jugement du public, ou qu'il vouloit
bien regarder comme tel , malgré le conseil de
ses amis les plus connoisseurs, étoit décidé à
retirer la piece ; il l'avoit même retirée & ne
s'est rendu qu'aux instances , au zele des comédiens députés vers lui pour l'engager à subir
une seconde représentation, & il n'a point eu lieu
de s'en repentir. Elle a été aux nues, au moyen
d'une suppression de 150 vers environ , dans
lesquels se rrouvoient des galanteries du vieux
style, , telles qu'un bouquet de roses éparpillées
sur la dormeuse, & fadeurs cataliennes que le
Jaloux débitoit à ce sujet. Le *Tâtez-y* du valet,
les deux plaisanteries aérostatiques & les autres
d'un genre trop libre, ont aussi été ôtées. La
comédie a été entendue d'un bout à l'autre avec
intérêt & avec plaisir. La scene du combat a
couronné le succès. L'auteur a eu l'art d'y jeter
un sel comique qu'il étoit difficile d'y placer. Il
a supprimé encore quelques longueurs en cet
endroit. Toutes les parties du dialogue y sont
justes , courtes & convenables aux personnages &
à la situation. L'intérêt du rôle principal y est
conservé jusques après le départ du *Jaloux* , les

rôles des deux femmes bien deſſinés & ſoutenus également juſques à la fin.

La Demoiſelle *Raucourt* fait le rôle de l'*Amazone*, qui enſuite eſt en capitaine de dragons : elle eſt parfaitement en homme & brille dans ce rôle ; mais le ſieur *Molé* excelle ſur-tout & a une prédilection pour la piece qui ne contribue pas peu à l'exciter ; on voit qu'il joue de cœur.

On a demandé l'auteur à grands cris pendant plus d'un quart-d'heure, après quoi le valet (qui, comme la ſoubrette, n'a pas le ſtyle convenable à ſon état) eſt venu dire très-gauchement au public, *que l'auteur étoit parti depuis dix minutes* ; ce menſonge mal-adroit a révolté les ſpectateurs qui ont crié , *il faut le ramener.*

Les comédiens ont cru ou fait ſemblant de croire qu'on avoit demandé le ſieur *Molé* : on l'a conduit par la main au coin du fond du théâtre, où il a fait de grandes révérences en habit de ville ordinaire. La petite piece n'a pu commencer ſans qu'on ait encore crié, *l'auteur.*

Tout étoit aſſez plein , excepté aux premieres loges ; il y avoit grande & bonne compagnie , pluſieurs princes du ſang.

La prévention donnée contre l'ouvrage par les journaliſtes va tomber, & ſurement elle ſera nulle à la troiſieme repréſentation ; trop d'embonpoint avoit empêché le *Jaloux* d'aller ; dégagé de ſon ſuperflu, il ne peut que ſe pouſſer loin. Les paris ſont toujours pour quinze repréſentations.

14 *Mars.* Voici les couplets ſur les derniers juges du comte de *Lally.* On les attribue ici au comte de *Tollendal,* & il n'eſt guere que lui aſſez inté-

reſſé à l'affaire pour avoir eu le courage & la
patience de compoſer une longue diarribe & auſſi
circonſtanciée.

Air : *Changez-nous cette tête.*

Le ſénat ſe raſſemble ,
Toute la ville tremble
De voir s'unir enſemble
Les juges de *Lally* ;
Il n'eſt que leur folie
D'égale à leur furie ,
Et chacun s'écrie ,
Le cœur tout tranſi ,
Changez-nous ces dix têtes ,
Têtes , têtes , têtes , têtes ,
Changez-nous ces dix têtes ,
Ou nous ſortons d'ici.

D'une vertu ſtérile ,
D'une raiſon débile ,
D'un eſprit imbécile
Saint Seine a le renom ;
D'homme il n'a que la mine ,
Le Bevi le domine ;
De cette machine
C'eſt le Vaucanſon :
Changez-moi cette tête , &c.
Tête de triſte oiſon.

Diſcoureur ſans ſcie nce
Et dévot ſans croyance

Bevi n'a de puiſſance
Que pour la fauſſeté ;
C'eſt le feu ſous la glace ,
Sa douceur vous menace ,
Et dès qu'il embraſſe
On eſt étouffé :
Changez-moi cette tête , &c.
Tête de forcené.

Le *Jaunon* ſe travaille ,
Et ne dit rien qui vaille ,
Son eſprit vaut ſa taille ,
Sans talon , ſans toupet ;
Hardi par ignorance ,
Cruel par inſolence ,
A ſa préſidence
Tout ſert de hochet :
Changez-moi cette tête , &c.
D'impudent marmouſet.

D'une éclatante hermine
Couvrant ſa laide échine
Mirmicault imagine
Se cacher tout entier ;
Martin bâton qui veille ,
Dérange la merveille
Et ſaiſit l'oreille
Perçant le mortier :
Changez-moi cette tête , &c.
D'un âne maltôtier.

Le Sauveur de la terre
Etoit fur le calvaire
Maudit par maint *Verchaire* ,
Et par maint *Lornechet* ;
Il fit cette priere,
Pardonnez−leur mon pere ,
Car on ne fait guere
Ici ce qu'on fait :
Changez−moi ces deux têtes , &c.
D'ours & de perroquet.

Le *Marlieu* fans cervelle
Va d'un pied qui chancelle
Du temple à la ruelle ,
Et dévot & paillard
Il bat fa Penelope ,
Mais fon œil de Cyclope
S'ouvre avec égard :
Changez−moi cette tête , &c.
Tète de vieux cafard.

D'une fourde mémoire
Et de fa robe noire
Le Torci fait fa gloire ,
Et va toujours parlant :
Né fans délicateffe ,
Sans efprit fans juftelle ,
Dans fa petiteffe
Il fe croit grand :
Changez−moi cette tête , &c.
Tète de fot pédant.

Le

Le Darceau fe préfente ,
Sa bouche eft écumante ,
Il a la main fanglante ,
Et des grelots au cou.
Vîte de l'ellebore ,
L'accès eft près d'éclore :
Mais il eft encore
Plus méchant que fou :
Changez-moi cette tête , &c.
De tigre fapajou.

Dans le Romain empire
Un Céfar en délire
Pour conful fit élire
Un beau cheval fringant ;
Un bœuf parlementaire
Du cheval confulaire
Dans *Balon* va faire
Le digne pendant :
Changez-moi cette tête , &c.
D'animal ruminant.

Ce jeune homme eft précoce ,
A vingt-fept ans féroce ,
Soumis quand on le roffe ,
Perfide à fes amis.
Auffi comment prétendre
Que la colombe tendre
Du vautour s'engendre ;
La Loge eft fon fils :
Changez-moi cette tête , &c.
Ou qu'on la mette à prix.

Dans ces antres fauvages
Il eft pourtant trois fages,
Objets de nos hommages ;
Ne foyons pas ingrats ,
La vertu magnanime
Défendant la victime
Confondra du crime
Les honteux éclats :
Laiffez-nous ces trois têtes,
Têtes, têtes, têtes, têtes,
Laiffez-nous ces trois têtes
De dignes magiftrats.

Gautier du premier âge
Nous retrace l'image :
Rochefort, ton courage
Egale ta candeur :
Thoré le renouvelle,
Sur ce digne modele
La Goute fidele
A formé fon cœur :
Confervez ces trois têtes ,
Ciel ! pour notre bonheur !

14 *Mars.* Le bruit avoit bien couru que dom
Pech, le religieux bénédictin qui devoit s'embarquer avec M. Blanchard , avoit reçu défenfes de le
faire de fes fupérieurs ; mais comme il a réalifé
l'annonce, que rien n'a démentie en fe montrant
au champ de Mars & montant en effet un inftant
dans la gondole , on a cru que c'étoit un conte,
ou du moins qu'il avoit obtenu une permiffion.

On fait aujourd'hui à n'en pas douter , que fur
le lieu même il s'étoit trouvé le matin un exempt
de police , qui l'avoit ramené dans fon couvent .
& que ce n'étoit qu'en trompant fes fupérieurs ,
qu'échappé une feconde fois , il étoit revenu au
champ de Mars. Son zele trop outré pour les
machines aéroftatiques a été puni de l'exil ; ce
qui prouve encore mieux la vérité de la rumeur.

Ce fera un M. *Affier Périca* , très - célebre conftructeur d'inftruments de phyfique expérimentale
& ingénieur breveté du roi , qui remplacera dom
Pech dans la premiere afcenfion du fieur Blanchard , vers le commencement de mai.

15 *Mars.* On a oublié de rapporter une circonftance effentielle de la premiere repréfentation
du *Jaloux.* La piece avoit fini très - tranquillement
Long - temps après de mauvais plaifants du parterre s'aviferent de demander l'auteur ; cela ré-
veilla le zele des partifans du fieur *Molé* , qui
l'appellerent à grands cris : il étoit en ce moment à s'habiller , il pria le fieur *Defeffart* , fon
camarade , de venir faire fes excufes au public,
& dire qu'il fe rendroit à fes ordres dès qu'il feroit en état décent. Après ce compliment le comédien ajouta , *quant à l'auteur , il n'a point
envie de fe montrer.* Cette bêtife provenue de
fon cru fut huée complétement , & fans l'indulgence de M. *Rochon* ; elle auroit mérité une punition févere.

15 *Mars.* Le 4 mars l'académie françoife a
adjugé le legs de M. de *Valbelle* , pour l'encouragement des lettres , à M. de *Chabrit* , confeiller
au confeil fouverain de Bouillon , avocat au parlement de Paris & auteur de l'ouvrage intitulé :
de la Monarchie françoife ou de fes Loix ; & le prix

fondé par un anonyme , pour l'ouvrage le plus utile qui auroit paru dans l'année , à M. Berquin , auteur de l'ouvrage périodique intitulé : l'*Ami des Enfants.*

19 *Mars.* On a joué hier à l'opéra pour la capitation des acteurs , *Iphigénie en Aulide* & la premiere représentation de *Délie & Tibulle* , acte tiré des fêtes Grecques & Romaines , que mademoiselle Beaumesnil a remis en musique. On en avoit donné les prémices à la cour qui en avoit été contente ; cette bagatelle est peu susceptible d'un grand talent. Il n'y a qu'une scene en quelque sorte ; il y faut de la finesse , de la grace , du sentiment ; c'est ce qu'on y trouve , sur-tout dans le rôle de *Délie* : quant à celui de *Tibulle* , il ne répond nullement à l'idée de ce poëte aimable & séduisant. Quoi qu'il en soit , on a fort applaudi à l'opuscule de l'actrice émérite , & il lui feroit honneur , s'il étoit véritablement d'elle.

16 *Mars.* La durée excessive du froid , l'abondance des neiges & le débordement des rivieres ont occasionné dans le royaume des maux infinis , dont il a été rendu compte en détail au gouvernement. Plusieurs villages ont été submergés , un grand nombre de maisons & de ponts ont été emportés par les eaux , les routes publiques sont dégradées en plus d'une province ; par-tout la classe la plus indigente , la plus utile a beaucoup souffert, & malgré les secours distribués de toutes parts, la misere est grande dans les campagnes.

En conséquence S. M. a d'abord accordé en *moins imposé* & en travaux de charité , une somme de trois millions pour cette année ; elle destine trois autres millions à répartir en distributions de fecours dans les campagnes , fur-tout à employer en achat de denrées de premiere néceffité , en remplacement de beftiaux ou effets néceffaires à la culture & contribution au remplacement d'habitations. Il fera en outre ajouté un million aux fonds ordinaires des ponts & chauffées pour fervir aux travaux de ce département.

Comme toutes ces dépenfes extraordinaires ne peuvent fe tirer dans ce moment-ci du trefor royal fans déranger les difpofitions arrêtées pour fatisfaire à toutes les dépenfes & engagements , il a été décidé au confeil qu'elles feroient remplacées, 1°. par les retranchements ordonnés fur les dépenfes extraordinaires de la maifon du roi ; 2°. par les réductions faites fur les fonds des bâtiments ; 3°. par les économies propofées dans le département de la guerre ; 4°. par le produit de l'extinction des penfions de graces , defquelles il ne fera fait aucun don dans nul département , pendant l'efpace d'une année ; 5°. par la retenue d'un vingtieme , payable une fois feulement, fur les penfions au-deffus de 10,000 liv. & fur les taxations , traitements ou attributions des places de finance , dont les bénéfices excedent pareille fomme.

Tout cela s'eft décidé dans un confeil du 14 mars , & il paroît en conféquence un arrêt conforme.

16 *Mars*. Le margrave régnant de Bade-Douflach-Bade ayant aboli la fervitude dans fes états & remis quelques impôts relatifs , fes fujets lui en ont fait des remerciements. Sa réponfe eft datée de *Carlfrouhe*, le 19 feptembre 1783. Elle eft imprimée & fe répand ici par la voie des économiftes, dont ce fouverain paroît avoir abfolu-

ment adopté le catéchifme & profeffer la doctrine.
Cette piece eft fort finguliere par la philofophie
qui y regne, & par l'efprit de fageffe, d'humanité, d'ég lité qui l'a dictée. Il y a grande apparence qu'elle eft traduite de l'allemand.

17 Mars. Il eft certain que malgré les défenfes
faites aux imprimeurs & colporteurs de Bretagne
de rien imprimer ou diftribuer dans l'affaire du
confeil de guerre de l'Orient, il y a paru plufieurs
pièces de cette efpece imprimées : des Bretons ont
rapporté ici entr'autres un recueil compofé des
trois plus importantes : 1°. le mémoire du comte
de *Graffe*, dont on a parlé dans l'origine qu'il
ne lui étoit pas permis de communiquer à perfonne,
mais qu'il pouvoit lire à qui bon lui fembloit.
Ce mémoire fe trouve, ainfi qu'on l'a rapporté
encore, enrichi de plufieurs cartes qui développent
les diverfes pofitions de l'armée navale, & fervent
à prouver que le général a été non-feulement mal
défendu, mais abandonné ; que l'avant-garde
n'ayant pas exécuté l'évolution ordonnée, s'étoit
laiffé couper ; que M. de *Vaudreuil* qui la commandoit, avoit enfuite fait tout ce qui dépendoit
de lui pour le bien battre ; mais que M. de *Bougainville*, commandant l'arriere-garde, faute
d'avoir répondu au fignal, avoit empêché que
la journée du 12 avril, fi fatale aux François,
ne fût la ruine totale de l'Angleterre.

2°. Les obfervations du marquis de *Vaudreuil*
fur ce mémoire, obfervations que le comte de
Graffe lui reproche malgré la confiance qu'il
avoit eue, après lui avoir donné à plufieurs
reprifes communication de fon mémoire, de le lui
laiffer, d'avoir tenu fecretes pour lui feul ; en
forte qu'il ne les a lues que dans une copie qu'il

en a reçue de ce port , où il a appris qu'elles
étoient publiques. Au furplus, dans ces obfervations
M. de *Vaudreuil* excufe tout le monde, excepté
M. *Albert de Rioms*, le chef de file de fa divifion,
qu'il inculpe de n'avoir pas répété les fignaux du
général.

3°. La réponfe de M. de *Graffe* à ces obfervations, où il oppofe à M. de *Vaudreuil* fes propres
lettres d'un langage bien différent , une fur-tout,
où il inculpe M. de *Bougainville* & le peint comme
un mauvais manœuvrier. Par cette conduite adroite
& par ces pièces produites à propos , & qu'il a,
offert de dépofer au confeil, M. de *Graffe* cherche
à femer la divifion parmi fes adverfaires.

17 *Mars.* Il paffe pour certain que M. le duc de
Chartres fait une très grande réforme dans fa
maifon ; qu'il a vendu à la reine & à M. le comte
d'*Artois* fes équipages de chaffe pour la groffe
bête, fes chiens à M. le prince de *Conti* ; qu'il ne
conferve que trente chevaux en tout, pour lui,
pour Mad. la ducheffe & pour fes enfants ; enfin
qu'il a réglé fa table fur le pied d'un fimple particulier.

18 *Mars.* Les comédiens italiens annoncent
pour demain *Théodore & Paulin* , comédie nouvelle en trois actes & en vers, mêlée d'ariettes.
Les paroles font du fieur *Desforges* , & la mufique
du fieur *Gretry*. Cette comédie jouée à la cour a
fort ennuyé la reine , & n'a eu aucun fuccès.

18 *Mars.* Les petites affiches de la cour ne font
pas auffi plaifantes qu'on les avoit annoncées ;
elles ne font guere que méchantes ; cependant
comme c'eft l'anecdote du jour , & que leur
briéveté permet de les rapporter, les voici:

Affiches, Annonces & Avis, ou *Journal-général de la cour.*

Regis ad exemplum totus componitur orbis.

Du dimanche 13 *février* 1784.

P R O S P E C T U S.

LA feuille connue vulgairement fous le nom de *petites Affiches*, a fait naître l'idée de celle-ci, qui fembloit manquer à la nation. En effet, la cour n'aime pas à avoir rien de commun avec la ville ; elle n'a pourtant pas moins befoin d'un point de réunion, d'un dépôt de fes demandes, de fes queftions, de fes fantaifies, d'un centre enfin de communication & de correfpondance. Beaucoup de feigneurs & de femmes de qualité pourroient répugner à voir leurs articles confondus avec ceux de la bourgeoifie ; c'eft ce qui a déterminé le ré-dacteur à leur confacrer uniquement fes veilles. Il n'a pas fans doute le farcafme à la main, comme l'abbé *Aubert* ; il manque de ce fond de méchan-ceté inépuifable qui le diftingue : mais il fe pique d'avoir la même prudence, de ne dire jamais de mal de ceux dont il a à craindre ou efpérer quelque chofe ; & comme la cour eft la fource des graces, des penfions & des récompenfes, le modele des vertus & des perfections, qu'il n'aura qu'à louer, il efpere réuffir en ce genre autant que le rédac-teur des petites affiches.

On ne recevra d'articles que fignés au moins d'un chevalier de *faint-Louis.*

Bien *seigneuriaux à vendre.*

1º. On continue la vente de toutes les terres, seigneuries & châteaux du prince de *Guimené.* Le mobilier est presque entiérement fondu , & l'on recevra un à compte incessamment. Chaque créancier aura sur 100 liv. un écu ; sur quoi à payer 1 liv. 10 sous pour la quittance, & 3 liv. pour le certificat de vie, seulement attendu que le tout se fait sans frais.

2º. Les biens du marquis de Brancas ne tarderont pas à être vendus ; il annonce qu'il se dispose à faire une banqueroute la plus considérable qu'il pourra ; mais à tout seigneur tout honneur ; elle n'approchera pas de celle du prince de *Guimené.*

Maisons à vendre , ou Appartemens à louer.

1º. La plus grande partie du pourtour des nouveaux bâtiments du Palais-Royal , à louer.

On avertit qu'on n'y recevra que des filles, des brocanteurs , des libertins , des intrigants , des escrocs , des faiseurs de projets , des chefs de musée , de lycée , des inventeurs de ballons , des fabricants de gaz inflammable , comme plus en état de s'y plaire & de bien payer.

S'adresser à M. l'abbé *Baudeau*, qui examinera les sujets , ou en son absence à son secretaire, le sieur de *la Grange.*

2º. Jolie petite maison à vendre à l'entrée de Chaillot par la grille , non encore finie. Elle coûte 100 mille écus, & on la donnera pour mille louis,

S'adreſſer au valet-de-chambre du fils de M. le duc d'*Harcourt*.

On prévient que ceux qui voudront l'habiter ne doivent pas avoir plus de cinq pieds de haut.

Meubles à vendre ou à louer.

1°. Un beau lit de noces à vendre, tout neuf, & de la plus grande magnificence. Il étoit deſtiné à recevoir un prince ſouverain.

On le voit chez Mad. la princeſſe de *Naſſau-Saarbruck*.

S'adreſſer pour en ſavoir le prix, Chauſſée-d'Antin, à M. *Daudé de Joſſan*, qui l'a fait faire & le fera voir.

2°. Les habits de théâtre à louer des demoiſelles *Veſtris* & *Sainval*, attendu qu'elles ne veulent pas jouer que leur différend ne ſoit ajuſté. Cela pourra être long.

S'adreſſer pour le ſavoir à MM. les gentils-hommes de la chambre.

Office à vendre.

L'office d'eſpion de M. le controleur - général dans le parlement eſt vacant. L'abbé *Sabbatier de Cabre*, le titulaire, ayant été démaſqué ne peut plus l'exercer utilement ; il voudroit s'en défaire.

Effets perdus ou trouvés.

1°. M. le comte de *Gamaché* offre une forte récompenſe à ceux qui lui rendront ſon honneur, perdu depuis ſon procès avec le comte de *Maldaré*

2o. M. le comte de *Graſſe* en offre autant à l'avocat qui aura le talent de le blanchir dans l'eſprit du public.

3°. M. le prince de *Ligne*, qui s'eſt caſſé une dent dans ſa chûte en tombant du ballon de Lyon, le 19 janvier dernier, paiera graſſement ceux qui lui en rapporteront les morceaux.

Annonces particulières.

M. le comte d'*Aranda* ayant trouvé ſa femme morte en Eſpagne, & ſe diſpoſant à ſe remarier avec ſa niece ; Mlle. *Flir*, ſa maîtreſſe ſera vacante. C'eſt une jeune & jolie perſonne qui a des diſpoſitions à devenir hommaſſe comme les Allemandes, mais fraîche quant à préſent ; c'eſt une roſe, qui d'ailleurs a des talents.

On prévient qu'elle eſt accoutumée à manger 100 mille francs par an.

Quoique Mlle. de *Coulanges*, fille ſe diſant de condition, ſoit parfaitement entretenue par le prince de *Bauffremont*, cependant comme elle a des beſoins que ce vieux ſeigneur né peut ſatisfaire, elle avertit le public qu'elle continue de recevoir tout le monde, depuis le prince du ſang juſqu'au moindre commis, pourvu qu'il paye & ſoit diſcret. Elle n'eſt même pas chere, & s'eſt contentée de dix louis de M. le duc de *Bourbon*.

Un des abonnés du docteur *Meſmer*, pour faire ſous lui un cours de magnétiſme animal, voudroit bien trouver quelqu'un qui lui rendît ſes cent louis & prît ſa place, attendu que cette étude eſt trop longue, & qu'il n'a pas le temps de la ſuivre. Du reſte, on peut s'adreſſer au marquis de *chatellux*, qui certifiera combien la découverte eſt ſûre & excellente.   H 6

Mad. la duchesse de *Villeroy* auroit besoin d'une demoiselle de compagnie qui fût jeune, jolie, dans l'intention de ne point se marier, & d'une vertu éprouvée au point d'avoir résisté quelquefois à des hommes. Si Mad. la duchesse étoit pourvue, Mad. la marquise de *Senecterre* pourroit s'en accommoder.

On voudroit présenter à la cour Mad. la comtesse de *Linieres*; mais, comme il y a quelque petit vice d'origine, on prie celles qui, dans le même cas, ont vaincu ces obstacles, de vouloir bien indiquer la maniere dont elles s'y sont prises, à madame d'*Etioles* sa mere, qui désire plus que sa fille qu'elle ait cet honneur. On avertit que le cas est grave, puisque Mlle. *Rem* (c'est le nom qu'elle portoit avant d'être Mad. d'*Etioles*) a dansé pendant quelque temps à l'opéra.

M. l'évêque d'Autun désireroit savoir quel est l'auteur du pamphlet intitulé, *Lettres sur l'état actuel de la religion & du clergé de France*. Il promet un bon bénéfice à l'honnête ecclésiastique dont il tiendra là-dessus des renseignements sûrs.

Chirurgie.

La société royale de médecine prévient le public qu'un certain charlatan nommé *Loche*, s'avise de guérir toutes les maladies & accidents des yeux, principalement les fistules lacrymales & autres maladies d'humeur, avec une eau qu'il prétend avoir découverte, & avec laquelle l'on se passe du régime, d'opération, de cautere, de vésicatoires, de seton. Elle ne peut pas dire positivement que cette eau soit nuisible, parce que les chymistes n'ont pu la décomposer, & qu'au cun malade, quelque recherche qu'elle ait faite, ne s'est plaint du mal que lui ait causé cette eau. Mais sûrement elle ne vaut rien, dès que son auteur ne s'est pas soumis à l'examen de la société & sur-tout au tribut qui lui est dû. En conséquence elle doit prévenir le public de se méfier de cette eau, de ne pas croire aux miracles qu'on en dit, & principalement de se garder d'en user, sinon ce sera à ses risques & périls. En foi de quoi elle a rendu la présente déclaration au Louvre, ce vendredi 13 février 1784.

(*Signé*) VICQ D'AZIR, secretaire perpétuel.

AVIS DIVERS.

Vers à une jeune dame de la cour, à qui l'on a envoyé le jour de l'an pour étrennes des tablettes. En les ouvrant, elle y a lu le quatrain suivant:

> Heureux qui sur ces tablettes
> Par vous inscrit se verra :
> Sur les siennes moins discrettes
> Plus heureux qui vous mettra.

On attribue ce joli madrigal à M. le vicomte *de Choiseul.*

Généalogie de la maison de Montesquiou Fezensac, composée par M. le marquis de *Montesquiou* lui-même. Il y prouve que sa maison est plus ancienne que celle de *Bourbon,* puisqu'elle descend en droite ligne de *Clovis.*

Cet ouvrage se distribue *gratis* chez son suisse.

L'incarnation, chanson très-gaie & très savante

de M. le comte d'*Offun*, où ce myſtère eſt mis à la portée de tout le monde.

BULLETINS.

Monſeigneur le garde-des-ſceaux n'eſt point bien en ce moment, tant au phyſique qu'au moral. Il eſt venu s'établir à Verſailles pour ſe faire traiter en regle, & n'en déſemparera que mort ou vif. Au reſte on n'en déſeſpere pas. Ces petites ſantés, avec du régime vont loin quelquefois.

M. le cardinal de *Rohan,* grand-aumônier, eſt toujours languiſſant du coup mortel que lui a porté le Parlement; mais, comme il eſt encore jeune & vigoureux, il peut traîner long-temps.

SPECTACLES.

L'on jouera demain ſur le théâtre du petit Trianon *l'Amitié ſur le trône,* drame nouveau en cinq actes & en proſe, de M. le comte de *Linieres.*

La Reine y fera le principal rôle.

On donnera pour petite piece les *On dit ,* opéra comique nouveau de Boufflers , commandé par ſa majeſté.

La troupe de Mad. de *Monteſſon* jouera le mercredi à Paris , Chauſſée-d'Antin, *le Prince ſpéculateur en finances ,* comédie ſatirique poſtume, trouvée dans les papiers de M. le marquis de *Voyer.* On ne ſait s'il eſt aûteur de la piece, ou s'il l'avoit ſeulement fait compoſer pour être repréſentée dans ſon château des Ormes.

On donnera pour petite piece *le Prince dupe,* par M. *Louis,* de l'académie royale d'architecture.

On repréſentera ſur le théâtre de Chantilly le

jeudi 19 février, *le Duel*, drame où M. le prince de *condé* joue le principal rôle avec beaucoup de dignité, & pour petite piece, *le Mauvais Ménage*, attribuée à M. le marquis d'*Amézague*.

19 *Mars*. Le bruit court depuis quelques jours que M. de *Noiseau*, conseiller au parlement, le fils du président d'*Ormesson*, a trouvé sa femme en flagrant délit, & qu'il l'a fait enfermer par lettre de cachet dans un couvent.

19 *Mars*. Depuis qu'il est question de beaucoup de canaux, M. l'*Allemant*, employé déjà utilement en Corse à des travaux analogues, a présenté un projet au gouvernement, suivant lequel en créant six administrateurs généraux de la navigation intérieure du royaume, qui auroient chacun leur département, sans des frais énormes il offroit de rendre en quelques années toutes les rivieres navigables depuis leur embouchure jusqu'à leur source, soit celles qui l'ayant été, ne le sont plus en partie, soit celles qui ne l'ont jamais été, & susceptibles de l'être cependant.

M. de *Fleury* avoit goûté ce projet, & pour essai, sur la fin de son ministere, avoit fait créer pour M. l'*Allemant* une de ces places. Il a rempli sa destination pour la premiere fois en 1783, & fini sa tournée sur la Garonne. Malgré les obstacles qu'il a rencontrés, il a procuré à ce fleuve plus de vingt lieues de plus de navigation. Il a trouvé des présidents à mortier, qui l'ont menacé de le faire décréter ; de grands seigneurs, de le faire fusiller par leurs gardes-chasses ; des communautés entieres, de le lapider. Comme il n'avoit pas une mission assez souveraine, il a été obligé de laisser beaucoup de choses en souffrance.

M. l'*Allemant* pour sa seconde tournée de

mande des pouvoirs plus amples & de réunir la qualité d'ordonnateur. Les intendants avoient bien des ordres de le seconder ; mais ces messieurs n'ayant qu'une autorité auxiliaire en quelque sorte, pourroient être jaloux & mal concourir à ses vues. Il se loue beaucoup de celui du Languedoc ; mais se plaint de l'intendant de Bordeaux.

20 *Mars*. Avant-hier a été jouée la comédie de *Théodore & Paulin* : le premier acte n'a point déplu ; mais le second & le troisieme ont autant ennuyé la ville que la cour. Il y a quelque chose dans les rôles secondaires de valets & de paysannes qui a amusé : l'on a fait répéter une espece de romance villageoise d'un ton niais & original : c'est ce qui a été le plus applaudi dans la musique même, qui ne peut être mauvaise de la part de M. *Gretry*, mais sans caractere, sans motifs & souvent triviale par le défaut de fond.

24 *Mars*. Le manuscrit dont on a parlé il y a un an, indiscrétement communiqué par le sieur de Beaumarchais, transpire de plus en plus au moyen des copies furtives qui en ont été tirées ; il a pour titre, *Mémoire pour servir à la vie de M. de Voltaire, écrit par lui-même*. Il embrasse en effet deux parties : l'une, depuis la retraite de ce poëte à Cirey auprès de Mad. la marquise *du Châtelet* en 1733, jusqu'à 1758 : vers le temps qu'il avoit fixé son séjour aux Délices, il paroît qu'il interrompit ce mémoire pendant deux ans environ ; car la seconde partie n'est datée aux Délices que du 6 novembre 1759.

Dans la premiere, beaucoup plus longue & plus intéressante, M. de *Voltaire* nous apprend comment, après avoir passé six ans à Cirey, il fut obligé d'aller à Bruxelles en 1740 pour un procès confidérable qu'y avoit depuis long-temps la maifon du *Châtelet*. A l'occafion de la mort du roi de Pruffe arrivée vers cette époque, il entre dans des détails fort curieux fur ce monarque & fur fon fils : il peint le premier fous les traits les plus épouvantables & les plus ridicules en même temps : il rend juftice aux grandes qualités du fecond, fans diffimuler fes défauts, & en parle d'une façon fi lefte, qu'on juge aifément que fon intention ne pouvoit être de faire imprimer fon manufcrit de fon vivant, ou même du vivant du roi de Pruffe.

Voltaire nous apprend comment FREDERIC, alors prince royal & ayant déjà le goût des lettres & de la philofophie, l'avoit recherché & étoit entré en correfpondance avec lui ; comment devenu roi, *Voltaire* vint le voir à Bruxelles, où il le trouva tremblant la fievre, dans un lit fans rideaux & entre quatre murailles ; comment ce prince le chargea de faire imprimer l'*Anti-Ma-chiavel*, ouvrage qu'il avoit compofé avant de monter fur le trône.

Dans ce mémoire, qui eft encore plus propre à compofer la vie du roi de Pruffe que celle de *Voltaire*, l'hiftorien fuit le monarque dans fa guerre contre l'impératrice reine, où il nous apprend que ce héros croyant perdue la premiere bataille qu'il donna, étoit déjà retiré lorfqu'on vint lui annoncer fa victoire.

Après l'hiftoire rapide de cette guerre, *Voltaire* revient à lui, à fes tracafferies littéraires, aux difficultés qu'il effuya pour être de l'académie françoife, à l'exclufion que lui fit donner le théatin *Boyer*, qui prétendit qu'un poëte & un philofo-

phe décrié comme *Voltaire*, ne pouvoit fuccéder
au cardinal de *Fleury*, au rôle important qu'il joua
enfuite de négociateur fecret de la cour de France
à celle de Berlin, pour faire reprendre les armes
au roi de Pruffe contre la reine de Hongrie. Il
rend compte à cette occafion de la vie privée de
ce monarque, & révele des chofes faites pour de-
meurer dans le filence. Enfin, ayant réuffi, il revient à Paris & refte fans récompenfe. Il impute
cet oubli de la cour à Mad. de *Châteauroux*, ce
qui lui donne lieu de parler contre cette maîtreffe,
& enfuite de Mad. de *Pompadour*, avec laquelle
il étoit très-bien. Cette liaifon excita l'envie des
auteurs fes confreres, & pour fe fouftraire à leurs
perfécutions, il fut obligé de retourner à Cirey.
Cette terre étoit voifine de Lunéville. Le roi *Sta-*
niflas y réfidoit alors; il avoit auffi la manie
d'écrire en vers & en profe, ce qui lia bientôt
Voltaire avec ce monarque: de-là une defcription
de la cour de ce prince, qui n'étoit pas fans intrigues & fans noirceurs. *Voltaire* repréfente le
jéfuite *Menou* comme en étant l'ame; il prétend
qu'il attira Mad. du *Châtelet* à Nancy dans le
deffein de lui faire fupplanter Mad. de *Bouffters*,
la maîtreffe de *Staniflas*, qui aimoit à la fois Dieu
& les femmes. Cependant M. de *Saint-Lambert*, qui
étoit témoin oculaire de ce qui fe paffoit, a inféré une note dans ce manufcrit, où il venge
la mémoire de *Staniflas* & l'honneur de Mad.
de *Bouffters*, qu'il prétend n'avoir jamais été la
maîtreffe de fa majefté. Il donne fur le tout un
démenti formel à *Voltaire*.

Quoi qu'il en foit, *Voltaire* ayant perdu madame du *Châtelet* qui mourut à Lunéville dans ce
temps-là, en trouva le féjour infupportable; il

revint à Paris , où il céda peu après aux follicitations du roi de Pruffe , qui le détermina une
feconde fois à retourner à Berlin , qui le combla
d'honneurs & de biens , le fit fon chambellan &
lui donna 20,000 livres de penfion. *Voltaire* ne
diffimule pas , ou plutôt a l'amour-propre de
croire que , quoiqu'il eût obtenu la permiffion du
roi fon maître , il lui en fut mauvais gré & ne
lui pardonna jamais cet attachement étranger.

Le furplus de cette premiere partie ne contient
rien de neuf ; il roule uniquement fur les démêlés de *Voltaire* avec *Maupertuis*, fur la difgrace
qu'il éprouva de la part du monarque fon bienfaiteur & fur tout ce qui s'enfuivit ; c'eft-à-dire,
fon évafion de Berlin , fa détention à Francfort,
& les différentes courfes qu'il fit avant de fe fixer
auprès de Geneve où le docteur *Tronchin* le retint.
Dans le detail qu'il fait avant de fa maniere de vivre ; on aime à voir pourquoi & comment il tra-
vailloit à augmenter fa fortune au point de devenir
un très-riche particulier. Du refte , il revient
encore fur les événements publics , principalement
en ce qui touche le roi de Pruffe , &, fuivant lui,
la guerre de 1756 de la part de ce monarque fut
occafionnée par un vers qu'il fit contre le cardinal ou plutôt contre le poëte de Bernis, où il
difoit : *Evitons de bernis la ftérile abondance.*
Ce miniftre en fut piqué & conclut le traité de
la France avec la cour de Vienne , principe de tous
les malheurs qu'éprouva la premiere.

La feconde partie de ces mémoires , qui eft
très-courte & coupée de différentes dates, contient
encore des anecdotes affez curieufes fur les événements du temps jufques vers 1760. La plus flat-
teufe pour *Voltaire* eft celle où il prétend avoir

été porteur de paroles pour la paix entre la France & la Prusse.

En comparant ces mémoires avec ceux de *Jean-Jacques Rousseau* , on voit bien que l'amour-propre a mis la plume à la main de l'un & de l'autre, mais d'une façon aussi différente que l'étoit le caractere de ces deux grands hommes.

12 Mars. Le *Journal Militaire* qui , recommencé à plusieurs reprise, est déjà tombé autant de fois, reparoît aujourd'hui avec un nouveau véhicule. On a imaginé d'exciter la commisération publique, & sur-tout celles des officiers & des différents corps militaires, en annonçant que le profit en seroit appliqué à l'agrandissement & aux vues patriotiques de la *Maison Royale de Santé* , établie en faveur des militaires & des ecclésiastiques malades.

Du reste, le *Prospectus* promet, suivant l'usage, les plus belles choses du monde ; mais si c'est monsieur *Durosoy* qui continue d'en être le rédacteur, qu'on ne nomme point, il est bien à craindre que la forme n'entraîne le fond , c'est-à-dire, que tout abondant, tout varié, tout intéressant que soient les matériaux , ils ne soient mal employés par un écrivain d'aussi mauvais goût.

12 Mars. M. le duc d'*Aiguillon*, commandant des chevaux-légers de la garde du roi, mecontent de la maniere dont les affaires de la compagnie avoient été administrées sous le major précédent qui n'y entendoit rien, & sous le major actuel qui n'y entend pas davantage, a imaginé d'envoyer à l'hôtel à Versailles un homme à lui , qui prît la gestion des finances sous le titre de commissaire intérieur. Cette espece d'inspecteur adressé à l'état-major, en a été mal vu, & ces meſſieurs aſſemblés au nombre de cinq, l'ont fait venir parmi eux, lui ont témoigné combien il leur déplaiſoit, lui ont dit qu'ils le regardoient comme un eſpion du commandant ; celui-ci s'étant excuſé de ſon mieux, ils ont prétendu qu'il leur avoit manqué, qu'il étoit un impertinent & qu'il méritoit d'être puni. En conſéquence pluſieurs ont tiré l'épée, l'ont aſſommé de coups de plat, & lui ont ajouté que c'étoit à défaut de bâton qu'ils ſe ſervoient d'une arme auſſi noble. Enſuite ils ont dreſſé procès-verbal du tout, & l'ont envoyé au duc d'*Aiguillon*. Celui-ci l'a adreſſé au comte d'*Agenois*, ſon fils, commandant en ſurvivance, qui en a rendu compte au roi. Sa majeſté a nommé non un conſeil de guerre, mais un conſeil de diſcipline, pour examiner l'affaire. Ce conſeil, compoſé des officiers à hauſſe-col du corps & de quelques officiers étrangers, a prononcé une ſentence ſur laquelle on varie, mais que tout le monde convient abſolument trop douce. Il s'agit tout au plus de quelques ſuſpenſions ou d'une priſon très-courte envers ces officiers, dont quelques-uns chevaliers de Saint-Louis, & le moins âgé a quarante ans, coupables d'une action infame, qui, en juſtice réglée, leur auroit mérité le dernier ſupplice.

11 *Mars*. M. *Couet Loſquet*, ancien évêque de Limoges & ci-devant précepteur du roi, depuis quelque temps tombé en enfance, vient de mourir. C'étoit un fort honnête homme, peu fait pour vivre à la cour : il laiſſe une place vacante à l'académie françoiſe.

13 *Mars*. La vente des livres de M. le duc de *la Valliere*, qui ſe prolonge plus qu'on ne comp-

toit, offre toujours quelques fingularités. La plus remarquable eft le prix fou auquel a été porté derniérement le livre intitulé *la Guirlande de Julie*, 14,510 liv. C'eft un in-4° compofé de vingt-neuf fleurs peintes par un certain *Robert*, & à chacune defquelles il y a des madrigaux affez médiocres de divers auteurs. Il y a en outre une efpece de frontifpice, où eft repréfentée une guir-lande de ces vingt-neuf fleurs, & fur le feuillet fuivant, on voit un cupidon. M. l'abbé *Rives*, chargé ci-devant de la direction de la bibliotheque de M. le duc de *la-Valliere*, a donné en 1779, une notice exacte & curieufe de la *Guirlande de Julie*, laquelle n'avoit été, dit-on, achetée que 700 liv. Le marquis de *Sainte-Maure* qui fut en-fuite le célebre duc de *Montaufier*, avoit fait faire cette guirlande pour mademoifelle *Julie d'Angennes de Rambouillet*, qu'il époufa bientôt après.

23 *Mars*. On parle toujours du déplacement de M. le garde-des-fceaux, & il refte toujours en place. Bien des gens attribuent le retard de fa difgrace à l'efpoir qu'on a que fa fanté l'obli-gera de quitter malgré lui. Quoi qu'il en foit, il eft certain qu'il n'a point défemparé de Ver-failles depuis quelque temps, où il a tenu conf-tamment les fceaux pendant l'hiver, foit que fa ma-ladie ne lui ait pas permis de revenir à Paris, foit qu'il ait voulu tenir tête aux orages qui s'élevent prefque fans interruption contre lui à la cour. On affure que c'eft M. *d'Aligre* qui lui a donné cet excellent confeil.

24 *Mars*. L'anecdote dont on a parlé encore à l'occafion de l'*Ode* du roi de Pruffe contre la France inférée dans les mémoires de *Voltaire*, eft

très - exacte ; mais il ne rapporte de cette *Ode*
que les deux strophes suivantes :

O nation folle & vaine !
Quoi ! font-ce-là ces guerriers,
Sous *Luxembourg*, fous *Turenne*,
Couverts d'immortels lauriers,
Qui vrais amants de la gloire
Affrontoient pour la victoire
Les dangers & le trépas !
Je vois leur vil affemblage
Auffi vaillant au pillage
Que lâche dans les combats.

Votre foible monarque,
Jouet de la *Pompadour*,
Flétri par plus d'une marque
Des opprobres de l'amour ;
Lui qui déteftant les peines
Au hafard remet les rênes
De fon empire aux abois :
Cet efclave parle en maître
Et ce *Celadon*, fans l'être,
Croit dicter le fort des rois.

Voltaire ayant reçu cette ode par la pofte dans
un paquet de vers qu'il s'apperçut avoir été dé-
cacheté, eut peur qu'on ne lui imputât ceux-
ci, ou du moins qu'on ne l'accufât de compli-
cité, en ce qu'on n'ignoroit point qu'il corri-
geoit les vers du roi de Pruffe. Il fit part de fon
embarras & de fes craintes au réfident du roi à

Geneve, & il convint avec lui d'adreffer cette ode au duc de *Choifeul*, qui y fit faire la réponfe.

Ce qu'il y a de fingulier, c'eft que ces deux odes qui fembloient devoir rendre les deux rois irréconciliables & faire dégénérer en querelles perfonnelles leurs querelles politiques, fervirent en quelque forte de bafe au traité de paix, dont *Voltaire* fut le premier agent par fa correfpondance avec les deux cours.

24 Mars. On a des détails ultérieurs à joindre à la lettre d'Ypres fur l'aéroftat dont elle parle. Il étoit parti de Sandwich près de Cantorbery, à onze heures & demie, en préfence d'un nombre prodigieux de fpectateurs, & eft arrivé le même jour à Warneton ; il s'eft élevé par un vent très-fort & hors de la vue avec une rapidité étonnante ; il a été conftruit & lancé par M. *W. Boys.* L'auteur écrit lui-même qu'il l'a rempli d'air inflammable, tiré du fer par l'acide vitriolique ; que le ballon & les appareils, dont il a envoyé un deffin, & qui font fort fimples, ne lui ont coûté que 6 livres 16 fchellings, & qu'il n'a employé pour le remplir que huit livres d'huile de vitriol & quatre livres de limaille de fer.

M. *Boys* charge celui qui lui en a donné la nouvelle, de donner une guinée au garçon qui l'a trouvé ; il lui propofe de le renvoyer en Angleterre par un vent fort, & de la même maniere qu'il a paffé la mer ; ou s'il ne fe foucie pas de le remplir, de le lui renvoyer à lui-même par la route de Calais.

Warneton eft éloigné de Sandwich en ligne directe de foixante-quatorze milles & demi ordinaires

dinaires d'Angleterre, dont foixante-neuf milles & demi forment un degré d'un grand cercle, & la vraie pofition de Warneton, par rapport à Sandwich, eft fud-eft par eft.

24 *Mars*. Depuis long-temps le cours des livres contre la religion étoit interrompu. Les matieres politiques y avoient fuccédé. On ne fait fi le projet des écrivains philofophes eft de revenir fur cet objet ; mais il en paroît un qui ne laiffe pas que de faire déjà du bruit. Il a pour titre : *Lettres philofophiques fur Saint Paul, fur fa doctrine politique, morale & religieufe ; & fur plufieurs points de la religion chrétienne, confidérés politiquement.*

On voudroit faire accroire que ce livre a été traduit de l'anglois par Voltaire & qu'il a été trouvé dans le porte-feuillo du fieur Vaniere, fon fecretaire intime, qui étoit encore auprès de lui au moment de fa mort. Ceux qui l'ont lu, affurent qu'il eft bien dans les principes & la maniere de penfer du philofophe de Ferney, mais nullement dans fon ftyle. Comme l'ouvrage eft toujours rare, quoiqu'imprimé dès l'année derniere, on ne peut en-rendre compte plus au long dans ce moment.

25 *Mars*. Le nommé *Thion*, garçon ferrurier à Orléans, qui y avoit été enrôlé à l'âge de dix-fept ans pour aller fervir durant la guerre aux colonies, fut incorporé dans un régiment, & fe trouva au fiege de Bridftovvn-Hill : chargé de porter une bombe avec un de fes camarades, il eut le bras emporté, & foutenant le fardeau de l'autre bras, il ne le rendit pas moins à fa deftination. Ce trait de courage digne des Grecs & des Romains, étoit refté dans l'oubli jufqu'à préfent. Heureufement

que repaſſé depuis peu en en France , il a eü les invalides, & la belle action l'a rendu preſque auſſi célebre que le fameux Bouſſard. Indépendamment du grade de ſergent-major auquel il a été promu, d'une penſion que le miniſtre de la guerre lui a fait donner du roi, & de l'eſpoir qu'il a d'être fait officier, il a été célébré dans les journaux; les grands ont voulu le voir, & l'on s'empreſſe de le combler de bienfaits. Le 9 de ce mois une loge de franc-maçons, ſous le nom de *la Candeur*, l'a couronné, & a voulu mettre ainſi en quelque ſorte le comble à ſa gloire.

15 Mars. On dit généralement que le maître-clerc de Me. *Peron* notaire, coupable d'eſcroqueries & d'abus de confiance, qui depuis long temps étoit entre les mains de la juſtice, & ci-devant jugé par le Châtelet, vient de l'être par la Tournelle , qui l'a condamné hier à être fouetté, marqué & envoyé aux galeres à perpétuité ; mais on prétend que la famille a obtenu un ſurcis, & eſpere avoir ſa grace.

15 Mars. On parle beaucoup d'un abbé arrêté & mis à la Baſtille, avec une autre perſonne que l'on croit être ſon frere. On dit que cet abbé demeuroit chez M. de *Valentinois*, ou du moins qu'il étoit chargé de quantité de papiers qui lui apartenoient; qu'en conſéquence il a ſollicité pour lui M. le baron de *Breteuil*, qui a répondu à M. de *Valentinois* qu'on lui rendroit ſes papiers, mais qu'il ne ſe mêlât point de cette affaire-là.

16 Mars. Quoiqu'il ſoit arrivé beaucoup de bois depuis que la riviere eſt navigable, on n'en prend pas moins les mêmes précautions que ſi l'on craignoit la diſette. On ne donne qu'une voie à la fois; on ne peut aller qu'à ſon tour ; il y a

toujours une garde nombreuſe , & un commiſſaire
de la ville , non pour vous faire rendre juſtice des
friponneries des marchands , mais au contraire ,
ce ſemble , pour les autoriſer , en vous preſſant
d'expédier & de partir. Ces précautions exceſſives
& dont il n'y a point d'exemple ſur-tout dans cette
ſaiſon , plus propres à renouveller les alarmes qu'à
les faire ceſſer , font préſumer que le gouvernement craint réellement une diſette de la denrée.
On ſait qu'il s'eſt tenu mardi dernier une aſſemblée des principaux magiſtrats chez le futur prévôt
des marchands , pour aviſer aux moyens de fournir à l'approviſionnement de cette capitale l'hiver
prochain ; mais on n'en ſait point le réſultat.

26 *Mars.* L'auteur de la bibliotheque des romans , cherchant par toutes ſortes de moyens à
donner plus de véhicule aux ſouſcriptions , s'aviſe
d'un , dont le but paroît fort louable , mais très-
bizarre , & dont l'exécution qu'il ne peut eſpérer
raiſonnablement , lui importe peu ſans doute ,
puiſqu'il n'en remplira pas moins ſon objet. Il
s'agit d'appliquer le tiers des fonds des nouvelles
ſouſcriptions qu'il ouvre , à élever un monument ,
deſtiné à recevoir les cendres de *Deſcartes* , qui
repoſent depuis cent ans ſans honneur dans l'ancienne égliſe de Sainte Genevieve , lorſqu'elles
ſeront tranſportées dans la nouvelle. Du reſte , il
deſtine un officier public pour être le dépoſitaire
des fonds ; & ſi la ſomme ſuffiſante pour l'exécution du projet n'eſt pas remplie dans un temps
déterminé, on rendra , non la totalité , mais le
tiers ſeulement qui devoit y être employé. C'eſt
ce *retentum* qui prouve bien la charlatanerie de
l'annonce.

26 *Mars.* Il court depuis quelque temps une

I 2

plaiſanterie en vers , intitulée *la Réſidence.*
Cette ſatire , attribuée au chevalier de Boufflers ,
paroît dirigée en général contre les évêques , ſans
qu'on y en trouve aucun de déſigné ſpécialement.
La voici :

La Réſidence.

Un évêque de grande mine,
Et dont le nom me reviendra ,
Payoit du tréſor de l'égliſe ,
Comme l'uſage l'autoriſe ,
Une actrice de l'opéra ;
Tandis qu'à Paris , à Verſailles ,
Pour édifier ſes ouailles
Il faiſoit chaudement ſa cour
  Et l'amour ,
Un mot lâché dans une theſe
Sur l'origine des pouvoirs
L'appella dans ſon dioceſe ,
Et le grave prélat, fidele à ſes devoirs,
Vint prendre le congé de ſa belle *Théreſe.*
On ſe jura fidélité ,
Foi d'apôtre & d'honnête femme ;
Mais contre les ferments faits dans la volupté
On proteſte bientôt , & le plaiſir réclame
Les douceurs de la liberté.
L'évêque part : un abbé lui ſuccede ;
Un juif après eſt écouté ;
Puis milord *Spleen* qui la prend pour remede
Par ordre de la faculté,
Prouve que le plaiſir eſt bon à la ſanté.
Milord des médecins rempliſſoit la formule

Quand l'évêque parut , jeûnant depuis deux mois ;
Il ouvre le boudoir . . . . . quel affront ! il recule ;
Et témoin du forfait , il éleve la voix ;
    Mais Thérese avec assurance
    Lui dit : " Calmez votre fureur ;
„ A la cour de Vénus il n'est point de dispense ;
    „ Apprenez que dans la rigueur
„ Une maîtresse est libre après trois jours d'absence :
    „ Ce bénéfice , Monseigneur ,
„ Quoiqu'à simple tonsure , exige résidence.

27 Mars. M. l'abbé de *Mably* , effrayé de l'orage qui s'élevoit contre lui au sein de la faculté de théologie , a pris le parti d'une résipiscence salutaire , & a promis de se soumettre à toutes les rétractations qu'on exigeroit de lui : on a dressé la censure en conséquence , elle doit paroître incessamment , quand elle aura été approuvée dans l'assemblée des docteurs du *primâ mensis* d'avril. En faveur de sa soumission , la censure sera très-modérée , dit-on , & ne roulera que sur l'article qui a fait le plus de scandale. On lui fait grace d'un autre concernant le clergé , son fanatisme , la contradiction de ses principes avec ceux de la politique & de la saine morale, qui méritoit de la part des sages maîtres , une animadversion encore plus forte. Quoi qu'il en soit , le livre de ce moraliste , au fond très-triste , très-ennuyeux , très-maussade , & n'ayant rien de piquant que ces deux morceaux , au moyen de la persécution qu'il a éprouvée , sera vendu , sera même lu de beaucoup de gens qui n'en auroient fait aucun cas , & en auroient peut-être même ignoré l'existence.

Quand cette affaire fera finie, M. l'archevêque de Paris a promis d'écrire en faveur de M. de *Sancy*, le cenfeur du livre, à M. le garde-des-fceaux, pour qu'il lui rende la liberté de fes fonctions, dont il eft fufpendu, ainfi qu'on l'a dit.

17 Mars. Depuis que le dernier arrêt du confeil rendu en finances par M. le contrôleur-général, a été examiné par les gens au fait & en état d'en développer tous les avantages au profit du fifc public, on le regarde comme très-adroit, en ce que ce miniftre fous prétexte de 3 millions de bienfaifance, fe procure une rentrée de 15 millions, dont il difpofera abfolument à fa volonté, fans que cette plus-value entre dans le compte général.

En effet, comme l'impofition momentanée qu'on met par cet arrêt du confeil, eft cenfée uniquement applicable à des œuvres de charité, elle n'a eu befoin d'aucun enrégiftrement; perfonne n'ofera réclamer, & la chambre des comptes fe gardera bien de vouloir en connoître.

On prétend que la deftination de ces 15 millions eft déjà faite, & que la plus grande partie fera diftribuée à des créatures de la famille royale. M. le contrôleur-général s'attire ainfi de plus en plus la bienveillance de ces auguftes perfonnages & de ceux qui les entourent.

Du refte, on fe plaint que la répartition des bienfaits du roi a été fi mal faite & fi modique, que plufieurs villages ne fe font pas fouciés de les recevoir, & qu'un entr'autres a renvoyé dix-huit livres de riz qu'on lui avoit adreffé.

17 Mars. Quoi qu'il n'y pas long-temps que M. le baron de Breteuil foit en place, & que dans ce court efpace il ait déjà fait beaucoup de

chofes qui le rendent recommandable & précieux
dans fon miniftere , la manie du coupler s'eft
étendue jufques fur lui. On voit que l'auteur fentant cependant qu'on verroit avec peine ce miniftre
mis fur la fcene & tourné en ridicule , a moins
cherché à être méchant que gai.

28 *Mars.* M. Laus de Boiffi étant ces jours
derniers chez Mad. la marquife de *Villette* qui eft
groffe , trouva fous fa main un *Matthieu Lansberg.*
On fait que cet almanach eft rempli de centuries
dans le goût de celles de *Noftradamus* , & contient des efpeces de prophétie : « Ah! Madame ,
» s'écria-t-il , en voilà une qui vous concerne ; »
& il lut le quatrain fuivant , qu'il venoit de compofer , comme s'il l'eût trouvé dans l'almanach :

De *Belle & Bonne* il doit naître un enfant ,
Qui recevra le furnom de fa mere :
Il y joindra grace, efprit , enjouement ,
Car il faut bien qu'il tienne de fon pere.

Il faut fe rappeller que Belle & Bonne , eft le
furnom que *Voltaire* donnoit à Mad. de *Villette.*

28 *Mars.* La fcandaleufe aventure de madame
d'*Ormeffon de Noifeau* n'eft que trop vraie. C'eft
à l'abbaye de *Bons-Secours* qu'elle eft renfermée.
On blâme beaucoup ce magiftrat d'avoir fait tant
d'éclat , de s'être caché fous fon lit, & à un
fignal donné d'avoir fait paroître fes domefti-
ques le flambeau à la main , & enfin d'avoir fait
forcer le galant de Mad. de *Noifeau* à fe nommer
devant eux. Il donne pour excufe qu'il y a été
obligé pour convaincre fon pere des déportemens
de fa femme, auxquels ils ne vouloit pas croire;

car on prétend qu'elle avoit eu déjà plusieurs amants avant celui-ci. Il s'appelle M. de *Curieu*; c'est un militaire jeune & bon payeur d'arrérages. Quant à Mad. de *Noifeau*, elle est *Baillon* en son nom, fille d'un ancien intendant de Lyon. Elle n'a guere que vint ans; elle n'est point jolie, elle est maigre, feche & n'a rien de féduifant.

28 *Mars.* Le difcours de clôture prononcé hier à la comédie françoife par le fieur *Sainval* comme le dernier reçu, a paru fort fingulier, en ce qu'il étoit plutôt un éloge emphatique du fieur *Préville*, que le tribut de reconnoiffance & de refpect dû au au public. L'orateur nous a appris que ce comédien après trente ans de fervice vouloit fe retirer; mais que fes camarades ayant député vers lui pour l'engager à refter, il y a confenti. Et cependant il eft certain que cet acteur commence à perdre beaucoup auprès des connoiffeurs, qu'il n'a plus de dents, qu'il barbouille, qu'il veut occuper des rôles qui ne lui conviennent point, & que pour conferver fa réputation toute entiere, il auroit dû quitter déjà il y a plufieurs années.

29 *Mars.* Le college de chirurgie vient de perdre dans la perfonne de M. Barbaut, un homme qui faifoit honneur à cette fociété de favants.

Il fe diftingua, dès fa jeuneffe, par des ouvrages eftimés, tels que fes traités *fur les principes de la chirurgie*, & *fur les vifceres*, & par des cours particuliers très fuivis, dans lefquels il développa fon talent pour l'inftruction.

Mais bientôt renonçant aux autres branches de fon art, il fe livra totalement à celle des accouchements & fe rendit fi célebre dans cette fcience, qu'il fut jugé digne de fuccéder à M. *Puzos* dans la chaire publique des accouchements à l'école de chirurgie.

Il l'a occupée pendant ving-cinq ans.

Depuis forcé par fes infirmités de garder la retraite , il s'étoit livré à la compofition tout entier, & laiffe beaucoup de manufcrits fur fon art, qui fans doute verront le jour s'ils en font jugés dignes.

29 *Mars*. La reine s'étant amufée à dire à M. de Boufflers de faire une chanfon fur elle, où il reprendroit fuccellivement tous les défauts qu'on lui reproche dans les chanfons & autres écrits calomnieux qui ont courus contre S. M. ; cet agréable poëte a ufé de la permiffion qui lui étoit donnée , & par une tournure ingénieufe & piquante, a fait valoir, à l'avantage de la reine , tout ce qu'elle l'avoit autorifé d'articuler. Cette chanfon, dit-on , eft pleine de fel & très-flatteufe ; & S. M. a daigné la chanter elle-même à fa cour. On conçoit bien qu'elle y eft défignée fous un nom étranger ; mais le voile peut fe lever facilement.

30 *Mars*. M. le duc de *Chartres*, qui depuis quelque temps, follicitoit du roi la permiffion d'aller en Angleterre , voyage que fa majefté l'avoit engagé de fufpendre jufqu'à préfent , vient enfin de partir , après avoir pris tous les arrangements néceffaires pour le meilleur ordre de fes finances très-délabrées. On augmente même fa perte au jeu , & l'on affure qu'elle a été portée jufqu'à 180,000 livres. Quoi qu'il en foit, on veut que des 1,800,000 liv. de revenus qu'il a , il réferve 100 mille écus pour lui, pour Mad. la duchelle & pour fes enfants ; que le furplus foit deftiné à payer fes créanciers , & à finir fes bâtiments.

31 *Mars*. La clôture de la comédie italienne n'a

été remarquable que par un grand tumulte occasionné à la vue d'un monde prodigieux placé fur le théâtre , lorfqu'on a levé la toile. Les acteurs ne pouvant commencer , on a fait baiffer la toile , on a tâché de reculer ces fpectateurs offufquant le public. Cet arrangement n'a pas fatisfait les mécontents : les clameurs ne ceffant point, on a fait entrer des fufiliers dans le parterre ; une telle précaution l'a irrité encore plus ; on a voulu arrêter quelqu'un ; tout le monde a pris fait & caufe pour lui ; on a dit qu'on ne fouffriroit pas qu'on l'emmenât ; on a colleté la garde : alors un officier eft venu & a ordonné aux fufiliers de fe retirer. Le fieur *Thomaffin* a pris le parti de haranguer le public, de lui faire des excufes au nom des comédiens , de prier qu'on leur paffât pour cette fois une dérogation à l'ufage ; il a réclamé l'indulgence de l'affemblée ; quelqu'un a crié : *à la bonne heure , mais fans tirer à conféquence* , & le bruit a pris fin.

31 *Mars.* Les *Lettres fecretes fur l'état actuel de la religion & du clergé de France* continuent. On a imprimé les lettres 13 & 14 entremêlées de deux , dont l'une de l'archevêque de Touloufe à M. d'Autun en date du 6 janvier 1784 , & la réponfe de celui - ci du 30 janvier. On voit qu'elles font récentes & roulent fur des anecdotes du jour.

1 *Avril* 1784. Le mufée de Paris pour fe donner une confiftance qu'il n'avoit pas encore eue, vient de faire imprimer *Séance du mufée de Paris du 1 février*. C'eft une petite brochure où l'on rend compte des progrès de la fociété, de l'admiffion des dames en qualité d'*affociées honoraires*, & où l'on fait les analyfes des ouvrages

qui y ont été lus. On y fait encore mention de cadeaux & de préfents en livres que la fociété a reçus. Enfin on y rend même compte en détail du concert exécuté ce jour - là devant l'affemblée.

Rien de plus plat & de plus miférable que cette brochure, & fur-tout que le difcours du préfident, moins propre à rehauffer l'éclat du mufée qu'à le dégrader.

1 *Avril. Hiftoire d'un pou françcis, ou l'efpion d'une nouvelle efpece, tant en France qu'en Ang'eterre, contenant les portraits des perfonnages intéreffants dans ces deux royaumes, & donnant la clef des principaux événements de l'an 1779, & de ceux qui doivent arriver en 1780.*

Tel eft le titre d'une brochure qui a paru dès 1781, qu'on a annoncé dans le temps, mais dont il y a fans doute eu peu d'exemplaires de diftribués, en forte qu'elle eft encore exceffivement rare.

Dans ce cadre dégoûtant d'un pou voyageur, eft enchâffé un fond moins mauvais qu'on ne croiroit, mais très médiocre : il y eft fur-tout queftion du docteur *Francklin*, du fieur de *Beaumarchais*, de M. de *Sartines*, de M. *Linguet*, & ces perfonnages n'y font point mal peints Refte à favoir fi ces morceaux & les anecdotes qu'ils renferment, ne font pas pillés, comme le *dialogue entre un vieux commiffaire de marine & fon ami*, copié mot-à-mot de l'*Efpion anglois*.

1 *Avril.* Suivant ce qu'on confirme des deux *quidams* arrêtés à l'hôtel de *Valentinois*, ils étoient en effet freres, & fe nommoient *Seri* ; l'un d'eux avoit été inftituteur de ce feigneur & lui étoit refté attaché en qualité de fecretaire. Il paroît que la

fouille concertée a eu lieu pendant que le duc &
la duchesse soupoient aux petits appartements.
On prétend qu'on a trouvé une petite imprimerie;
on les accuse d'être les auteurs de couplets & de
méchancetés contre la cour. Tout le reste est
exact.

2 *Avril.* Une demoiselle *Paradis*, aveugle depuis l'âge de deux ans, a exécuté hier au concert
spirituel un concerto de clavecin; spectacle nouveau qui a intéressé singuliérement. Cette virtuose
n'est point jolie; elle paroît avoir 25 à 30 ans;
elle s'est montrée grande musicienne, elle a l'exécution sûre & la main très-brillante; elle a été fort
applaudie. Après avoir fini, elle s'est fait voir en
loge, & a attiré de nouveau les regards & les
battements de mains du public.

2 *Avril.* Mad. *Dugazon*, qui depuis quelque
temps fait les beaux jours de la comédie
italienne, a non-seulement été obligée de priver
le public de sa présence à l'époque la plus intéressante, mais encore est menacée de ne pouvoir
de sa vie remonter sur le théâtre. L'anecdote est
singuliere.

Le sieur *Asteley* pere, ce superbe homme de
cheval, si renommé pour sa figure, sa taille,
son adresse & sa vigueur, a eu désir de coucher
avec une aussi charmante actrice; il a acheté fort
cher deux de ses nuits & a toutefois mieux payé
de sa personne. Dans cette double séance il lui
a fait courir vingt-deux postes: ç'auroit été sur-
croît de plaisir & la belle ne s'en seroit que mieux
portée, si le cavalier, monstrueusement conformé,
ne lui eût fait prendre un écart terrible & renouvellé une descente de matrice qu'elle avoit eue
autrefois; en sorte que dans le cas où elle gué-

riroit, elle ne pourroit plus faire le moindre
effort, fans craindre un pareil accident.

Le fieur *Dugazon*, fon mari, eft le premier
à conter l'aventure dans les foyers & dans les
les cercles ; il en plaifante, il dit que fa femme
eft une gourmande qui avale les morceaux trop
gros.

2 *Avril*. Dom *Pech*, condamné en effet par
le fénat monacal à être exilé dans la maifon la
plus reculée de fon ordre, & à un an & un
jour de prifon avant, n'a point encore fubi fa
punition. On s'intéreffe pour lui auprès de M. le
cardinal de la *Rochefoucauld*, fon fupérieur ma-
jeur, qu'il avoit prévenu, & l'on efpere qu'il en
fera quitte pour la peur.

3 *Avril*. Le livre des *Lettres philofophiques fur
Saint Paul* n'eft pas en effet de *Voltaire*, mais
n'en eft pas indigne. L'auteur, qui eft un François,
& un très-bon François, a eu les raifons pour
les mettre fur le compte du défunt, & même
pour les prétendre tirées de l'Anglois, idée qu'il
a cherché à favorifer le plus qu'il a pu par toutes
les vraifemblances acceffoires. Il s'eft ainfi donné
librement carriere fur des maximes hardies, meil-
leures dans la bouche d'un philofophe de Londres,
que dans celle de tout autre fpéculateur. Quoi
qu'il en foit, ces lettres font au nombre de dix-
neuf. C'eft *Mirza* qui écrit à *Elife*, noms plus
propres à figurer dans un roman que dans un
livre philofophique.

L'écrivain examine fucceffivement l'authenticité
des épîtres de *Saint Paul*, fes contradictions, fon
opinion fur le péché originel, fur l'humanité,
fur l'origine de la puiffance des rois, fur la priere,
fon don des langues, fon don de prophétie, fa

vifion, fa guérifon, fon fyfteme fur les anges &
les démons, fa politique. Il parle de fes voyages,
de fes prédications, de fes idées fur la prédefti-
nation & des conféquences qu'elles entraînent,
fur le concubinage, l'adultere, le divorce, la ré-
furrection, les contradictions de Paul. Il termine
par en faire le vrai portrait : il le peint comme
foutenant tour-à-tour le déifme, le polithéifme,
le manichéifme, le matérialifme, le judaïfme,
l'idolâtrie, la tolérance, l'intolérance; conféquemment comme un homme fans principes, fans
tenue, comme un enthoufiafte du moment, va-
riant fuivant que fes organes étoient affectés,
comme un vifionnaire, comme un fou.

Ce livre eft dans la maniere ironique de *Voltaire*; il a fa gaieté & fon farcafme, mais plus
de difcuffion & de raifonnement. Une grande logique, une érudition vafte, fans pédanterie, le
caractérifent fur-tout. On peut lui reprocher des
longueurs & des répétitions. C'eft un des plus for-
midables ouvrages contre la religion, en ce qu'il
renverfe de fond en comble les actes des apôtres,
regardés comme une de fes bafes les plus folides.
Les matieres dogmatiques, d'un foible intérêt aujourd'hui, y font entremêlées de digreffions piquantes fur la politique & la morale, remplies
de vues excellentes écrites avec autant de chaleur
que d'énergie, décélant un philofophe ami de
l'humanité, qui en connoît les droits & ofe les
défendre courageufement contre les entreprifes du
defpotifme & de la tyrannie.

3 *Avril.* M. l'abbé Bexon, grand-chantre de
la *Sainte-chapelle*, mort le 15 février dernier, étoit
un philofophe économifte, auteur de plufieurs
ouvrages en ce genre, tels que le *fyfteme de la*

fertilifation, *le cathéchifme de l'agriculture*, *l'hif-toire de Lorraine*, &c. Il eft plus particuliérement connu comme affocié aux travaux de M. de Buffon, pour la partie de l'hiftoire naturelle concernant les oifeaux, & il en a fi parfaitement imité le ftyle, que bien des gens s'y trompent & la croient une continuation du même écrivain.

4 *Avril*. Le parlement attendoit depuis long-temps une réponfe du roi à différentes remon-trances. S. M. l'a donnée enfin.

Il tranfpire qu'à l'égard des bénédictins, le roi perfifte à regarder le chapitre de Saint-Denis comme très-canonique, & ne veut rien changer à ce qui a été fait à cet égard. Il a trouvé très mauvais que le parlement s'élevât avec tant de furie contre la commiffion des réguliers ; lui a déclaré que tout ce qu'elle avoit fait, l'avoit été par fes ordres.

Pour ce qui concerne les quinze-vingts, le roi a dit qu'il feroit favoir inceffamment fes inten-tions. On s'attend à voir paroître fur cette ma-tiere une déclaration qui réparera le vice de l'admi-niftration précédente.

Ce qui excite aujourd'hui le plus l'attention, c'eft le reproche que le premier préfident a reçu de S. M. que fon parlement ne lui eût pas encore mis fous les yeux, depuis un an, aucun mémoire fur la réforme de la juftice. Le roi a dit qu'il étoit infor-mé qu'il en avoit été lu un aux commiffaires, qu'il favoit contenir de très-bonnes chofes & dont cependant on n'avoit tenu aucun compte.

Ce mémoire eft celui que M. d'*Outremont*, de la feconde des enquêtes, avoit remis dès le com-mencement des féances, & fur lequel on avoit ren-voyé à ftatuer plus tard.

On a jugé que le roi prenoit la chose fort à cœur , parce qu'il en a non - seulement parlé à la députation , mais parce qu'il a fait rappeller deux fois le premier président & l'en a entretenu très-longuement.

Cependant les grand'chambriers , forcés de s'occuper du mémoire de M. d'*Outremont*, ont été jaloux qu'un membre de enquêtes vît préférer par S. M. son travail. M. d'*Amecourt* sur-tout, en sa qualité de rapporteur de la cour , a dit que ce mémoire étoit trop long pour être mis dans cet état sous les yeux du roi, & s'est chargé de le rédiger & de l'abréger.

Enfin dans l'assemblée des chambres , tenue avant-hier vendredi, le vœu de messieurs a été de supplier S. M. de supprimer les épices , & d'attribuer à leurs offices des gages porportionnés à la finance & au travail.

4 *Avril.* M. Bignon, bibliothécaire du roi, vient de mourir. Son fils, très-jeune, ne peut lui succéder. En conséquence S. M. ne lui a donné que la survivance, & a nommé à cette place M. le Noir, avec la survivance pour M. Bignon le fils.

Le bruit a d'abord couru que monsieur le Noir avoit cette place comme une retraite honorable ; mais il est constant aujourd'hui que ce n'est qu'une marque de faveur du roi & un encouragement , car S. M. a dit qu'elle avoit encore besoin de lui à la police , & qu'elle espéroit qu'il lui continueroit ses services.

4 *Avril.* La chanson de M. de Boufflers dont on a parlé , a pour titre : *les on dit.* Elle est sur l'air ; *Philis demande son portrait ,* en

quatre couplets & très-agréable effectivement ; la voici :

C H A N S O N.

Air : *Philis demande son portrait.*

Voulez-vous savoir les *on dit* ,
Qui courent sur *Thémire !*
On dit que par fois son esprit,
Paroît être en délire.
Quoi ! de bonne foi !
Oui , mais , croyez-moi ,
Elle fait si bien faire ,
Que sa déraison ,
Fussiez-vous *Caton* ,
Auroit l'art de vous plaire.

On dit que le trop de sens
Jamais ne la tourmente ;
On dit même qu'un grain d'encens
La ravit & l'enchante.
Quoi ! de bonne foi !
Oui , mais croyez-moi ,
Elle fait si bien faire ,
Que même les dieux
Descendroient des cieux
Pour l'encenser sur terre.

Vous donne-t-elle un rendez-vous ,
De plaisir ou d'affaire ,

On dit qu'oubliant l'heure & vous ,
Pour elle c'eft mifere ,
Quoi ! de bonne foi ?
Oui , mais croyez-moi ,
Se revoit-on près d'elle ,
Adieu tous fes torts ;
Le temps même alors ,
S'envole à tire-d'aile.

Sans l'égoïfme rien n'eft bon ,
C'eft-là fa loi fuprême ;
Auffi s'aime-t-elle , dit-on ,
D'une tendreffe extrême.
Quoi ! de honne foi !
Oui , mais croyez-moi ,
Laiffez-lui fon fyftême ;
Peut-on la blâmer ,
De favoir aimer
Ce que tout le monde aime !

§ *Avril.* L'auteur des *Lettres Secretes* , &c. dans
fa treizieme reprend la plume à l'inftigation de
fon correfpondant. Il a peine à remuer la fange
dans laquelle M. l'évêque d'Autun eft plongé
tout entier. Il le difculpe de fon acharnement contre
le prélat , miniftre de la feuille , fur fon zele pour la
religion , fur fon amour de la vérité. Tout chrétien
eft obligé de défendre l'une ; tout homme doit chercher l'autre. Il n'a point fait une déclamation , mais
une peinture trop fidelle des maux qui affligent
l'églife & de ceux qui la menacent. Qui oferoit
juftifier M. d'Autun ? qui oferoit condamner fon
accufateur ? C'eft le feul moyen de faire par-

venir la vérité à *Louis XVI*. Au reste, il s'étaie de la décision du célebre *Arnaud*, qui justifioit les *Lettres Provinciales*, qui regardoit cette audace d'attaquer les chefs de la religion lorsqu'ils la mettent en péril par leur doctrine ou par leurs scandales, comme louable & sainte.

M. l'archevêque de Touloue, dans sa lettre prétendue interceptée, datée de son diocese, où il s'étoit retiré pour laisser passer l'orage, & qui n'est qu'une tournure nouvelle pour rendre la correspondance plus piquante, après avoir loué M. d'Autun de sa fidélité à exécuter d'abord le concordat, le blâme d'avoir gauchi, d'y avoir même manqué. Il regarde comme une fausse démarche d'avoir fait rechercher avec fureur l'auteur des *Lettres Secretes*, ce qui leur a donné plus de véhicule & de publicité. Il finit par l'exhorter à être plus scrupuleux sur ses engagements, & par lui offrir une réconciliation sincere. Cette lettre contient des anecdotes très - curieuses, mais qui ne font qu'indiquées, & que peu de gens peuvent deviner.

Le critique dans la **XIV.** lettre se félicite de sa justification dont on a senti la justesse. Elle est encore mieux confirmée par les faits. Ses pamphlets ont intimidé M. d'Autun au point de se tenir en bride, lors de la nomination insérée dans la gazette de France du 3 février dernier, à laquelle la religion a applaudi. Au surplus, il veut prouver à monseigneur qu'il n'est pas son ennemi, & lui donner des conseils salutaires. Ils sont plaisants, & le dernier sur - tout ne sera pas suivi. C'est d'écrire au roi une lettre, dont il lui envoie le modele, pour donner sa démission à sa majesté.

La quatrieme & derniere piece de ce recueil eſt une réponſe fictive de M. l'évêque d'Autun à M. l'archevêque de Narbonne , où il bourre d'importance ſon mentor. Il ſe juſtifie de tous les griefs que lui reproche celui - ci , & fait voir qu'il ne pouvoit faire de meilleur choix pour exécuter le plan concerté entre eux. Il finit par lui annoncer qu'il va propoſer un prix pour le meilleur traitement de la *folie de famille intermittente , mêlée de quelques criſes de fureur.* Telle eſt la cruelle plaiſanterie , qui eſt comme le coup de maſſue que l'écrivain aſſene ſur ſon héros.

En général , cette troiſieme partie n'eſt point indigne des premieres. C'eſt le même ton , la même légéreté ; ce ſont des tournures fines & piquantes. Ce qu'on peut reprocher à l'auteur , c'eſt d'être trop peu ſerré de faits & d'anecdotes, de revenir ſouvent ſur les mêmes objets , tels que la folie de ſon héros , & d'être plus fécond en mots qu'en choſes.

5 *Avril.* Le roi a décidément acheté 600,000 liv. la ſalle de l'opéra de la porte *ſaint - martin* , dont on payoit un loyer fort cher & qui appartenoit à la compagnie qui l'avoit fait-élever à ſes frais. Elle ſervira aux répétitions des ballets & formera un dépôt pour les machines & décorations , &c. lorſque l'on en conſtruira une nouvelle.

6 *Avril.* Extrait d'une lettre de Bordeaux , du 30 mars.... Le parlement eſt toujours en combuſtion, & les affaires des plaideurs ne finiſſent point.

1. L'inſurrection des procureurs & avocats contre M. *Dupati* n'eſt point rallentie , & ce préſident de la tournelle , pour n'avoir pas l'humiliation

de voir ſon tribunal déſert , reſte à Paris depuis ce temps.

2. Le parlement perſiſte à ne pas vouloir re-connoître M. *Dudon* fils , pour adjoint à ſon pere , & malgré tous les coups d'autorité frappés en ſa faveur , ne ſe ſoumet point aux volontés du roi. Il a même fait de vigoureuſes remontrances qui reſtent ſans réponſe , & la cour eſt dans l'inaction à cet égard.

3. Une nouvelle conteſtation s'éleve en admi-niſtration. L'intendant ayant rendu une ordon-nance concernant les corvées , le parlement en a empêché l'exécution par un arrêt de défenſe , & cela ne peut qu'engager une querelle très - ſé-rieuſe.

4. La premiere chambre des enquêtes ayant mulcté fortement un avocat qu'elle a décrété d'aſ-ſigné pour être ouï , avec injonction de dépoſer le plaidoyer qu'il venoit de débiter au greffe , tout l'ordre a pris fait & cauſe pour lui.

6| *Avril.* Il paroît que M. l'abbé *Maury* a été ſoupçonné d'être l'auteur des *Lettres ſecretes ſur l'état de la religion & du clergé en France,* & qu'il a été obligé d'aller chez M. d'Autun ſe juſtifier. Quoi qu'il en ſoit , il faut qu'on ſoit aujourd'hui convaincu que l'ouvrage n'eſt pas de lui, puiſqu'il brigue la place d'académicien , vacante par la mort de M. de *Cœtloſquet,* & paroît aſſuré de la majorité des ſuffrages , malgré les coucurrents très-accrédités qu'il a dans le premier ordre du clergé , tels que l'ancien évêque de Senez, l'évêque de Leſcar, &c. concurrents qui ne manqueroient pas de faire valoir contre lui le crédit de M. d'Au-tun, ſi celui ci ne le regardoit comme innocent.

6 Avril. Les *Mémoires pour ſervir à la vie de*

M. de Voltaire paroissent imprimés, au grand scandale de toute l'Europe ; car on n'y a rien omis de tout ce qui concerne le roi de Prusse. Le ministre des affaires étrangeres en est furieux. On ne doute pas que le sieur de *Beaumarchais* ne soit l'auteur de cette publicité. Au moins ne peut-il se disculper de l'infidélité d'avoir manqué à la volonté du testateur, en ouvrant le paquet qui devoit rester clos jusqu'après la mort du roi de Prusse.

7 Avril. Extrait d'une lettre de Bourges, du 3 Avril..... A ce que je vous ai écrit dans ma lettre du 14 février, concernant les états du Berry, il faut ajouter que dans ce temps où les hommes ne se conduisent que par des vues d'intérêt, on a cru devoir annoncer trois prix de 600 livres chacun, à décerner aux trois meilleurs mémoires sur les questions suivantes :

1°. Quels sont les meilleurs moyens de diminuer les frais de récolte, qui sont très-dispendieux ?

2°. Quelle est la marche la plus utile à suivre pour ramener à Bourges & dans la généralité, la fabrication & le commerce de la bonneterie, & d'encourager l'emploi des laines, une des matieres premieres les plus précieuses de la province ?

3°. Quels sont les moyens les plus propres à y favoriser la population, en procurant aux habitants, & sur-tout à ceux des campagnes, l'aisance qui leur manque ?

L'Administration provinciale jugera du mérite des ouvrages, durant la tenue de ses séances en 1785, & décernera les prix.

7 Avril. Extrait d'une lettre de Rome, du 15 mars 1784..... Les actions du vénérable *Benoît-Joseph Labre*, qui n'est pourtant pas encore béatifié, après avoir baissé pendant quelque temps, commencent à remonter beaucoup. Les merveilles qu'on dit s'opérer par son intercession continuent d'attirer l'attention de M. le cardinal-vicaire qui, suivant ce que dit le cardinal de Bernis, recueille avec soin les faits propres à contribuer à sa béatification, à en constater l'authenticité & les degrés de croyance qu'ils méritent. On parle plus que jamais de l'enfant mort, ressuscité ; ce qui est le miracle des miracles. Il étoit tombé d'une fenêtre, & le pere ayant invoqué le nouveau saint, il est revenu vivant, garni de tous ses membres & en bon état.

Le vénérable a fait des menaces contre Rome, dont on redoute fort les effets. On craint que ce ne soient des malheurs semblables à ceux de Messine & de la Calabre. Ce n'est point que *Labre* en voulût à la capitale du monde chrétien : mais c'est par un excès de zele contre la corruption des mœurs & le débordement des cardinaux. Ce qu'il y a de certain, c'est que le pape en a été effrayé & a ordonné des prieres de quarante heures & des processions solemnelles comme à la Fête-Dieu. D'autre part, les bonnes gens comptent sur la protection du saint & récitent souvent ces deux vers, comme une antienne en son honneur :

> La terre engloutissant Messine & la Calabre,
> Dieu nous préservera par le bienheureux *Labre*.

On assure que le saint-pere a hérité du lit sur lequel couchoit le vénérable, & couche dessus . . .

7 Avril. Les *mémoires du comte de Saint Germain* ont paru en 1779, & c'est en 1780 qu'ont été publiés des *commentaires* sur ces mémoires qui jufqu'à préfent, avoient été prohibés avec le plus grand foin de la part du gouvernement, en forte qu'ils étoient exceffivement rares. Ces *commentaires*, avec le texte, forment un gros in-8° très-fourni. Ils font extrêmement curieux & mérirent d'être placés dans la bibliotheque de tout militaire, & fur-toût de quiconque afpire aux places éminentes de cet état.

7 Avril. Extrait d'une lettre de la Haye, du 2 avril. On dit qu'il s'eft vendu à la vente des livres de M. le duc de *la Valliere* un petit livre très-rare & fort cher par conféquent, intitulé : *de la Tyrannie des François.* Il fut compofé lors de l'invafion de *Louis* XIV & des démêlés violents qui s'éleverent & fubfifterent jufqu'à fa mort entre la France & la république. C'eft aujourd'hui l'inverfe. On a fait imprimer ici en hollandois & en anglois une efpece de catéchifme qu'on diftribue dans-toutes les écoles & qu'on fait apprendre à tous les enfants. Il roule fur la tyrannie de la Grande-Bretagne. De long-temps cette haine ne s'éteindra.

8 Avril. M. le contrôleur-général, qui a beaucoup d'efprit & connoît parfaitement les hommes, fait qu'en politique, comme en médecine, un peu de charlatanerie eft d'un grand fecours; qu'au défaut de foulagements réels, il faut au moins faire acte de bonne volonté, donner de l'efpoir par des adouciffements apparents & féduire l'imagination. On a vu ce qu'il a déjà fait en conféquence. C'eft ainfi qu'il vient de faire rendre une déclaration (en date du 31 mars 1784, regiftrée en la cour des aides le 3 de ce mois) portant réduction d'un dixieme dans l'évaluation des droits fur le fucre, le café & la cire. Cette réduction, qui n'eft qu'une fuppreffion d'une injuftice, puifque,

que,

que, suivant l'exacte équité, le droit n'auroit pas dû porter sur la tare, a produit le meilleur effet; la déclaration a été publiée avec emphase dans les rues, & reçue avec reconnoissance.

C'est dans le même esprit que M. le contrôleur-général a annoncé qu'il vouloit accélérer le paiement des rentes, qu'il a fait ouvrir les six derniers mois de 1783, quoiqu'on n'eût pas fini le paiement des six premiers; que sans donner plus de fonds il fait passer au C, avant que l'A soit terminé, & qu'il annonce qu'il veut qu'on soit à jour en juillet, & qu'on commence à acquitter alors les six premiers mois 1784.

Il profite avec non moins d'adresse de la circonstance des Hollandois, qui s'empressent de retirer leurs fonds de la banque d'Angleterre, & les versent en France, pour faire valoir le crédit & l'augmenter par la hausse de tous les papiers royaux. On ne doute pas qu'il ne se trouve nécessité de rouvrir l'emprunt de 2co millions, fermé à 100, pour satisfaire ces républicains, qui en étoient très-contents, y donnoient beaucoup, & le redemandent à corps & à cris.

Outre les grandes qualités du ministre, M. de *Calonne* a celles du courtisan & de l'homme de société. Il est très-bien avec les *Polignac*, les *Vaudreuil*, qui le tutoient familiérement. Il est aimé de la reine; il l'amuse, & quand il ne paroît pas à son cercle, il y fait faute & laisse un vuide; on craint qu'il ne soit incommodé. En un mot, il a tout ce qu'il faut pour se soutenir long-temps en faveur.

8 *Avril*. Les *Danaïdes*, ce fameux opéra du chevalier *Gluck*, annoncé depuis si long-temps & qui avoit souffert des difficultés de la part du

comité pour le paiement, en ce que ce muſicien avouoit qu'il n'en avoit, de fait, compoſé que le premier acte, eſt ſans doute aujourd'hui dans un enſemble très-ſatisfaiſant, puiſqu'il eſt accepté & annoncé avec emphaſe comme ſon chef-d'œuvre. Il n'eſt cependant pas venu lui-même pour le faire exécuter, il eſt hors d'état de ſe déplacer, & c'eſt le ſieur *Salieri*, ſon éleve, qui eſt chargé de ce ſoin. On prétend que cet éleve vaut bien ſon maître. On en jugera par *ſémiramis*, ſa premiere production, qui doit avoir ſon tour après les *Danaïdes*.

8 *Avril.* M. le baron de *Goltz*, miniſtre plénipotentiaire du roi de Pruſſe, a jeté les hauts cris lorſqu'il a été inſtruit de l'impreſſion & de la publicité des *Mémoires de Voltaire*. On dit qu'il en retire tous les exemplaires qu'il peut, ce qui les rend rares.

9 *Avril.* On raconte que ces jours derniers la reine avoit beſoin de 900,000 livres pour nettoyer quelques dettes, & ſur-tout pour ſatisfaire à des actes de bienfaiſance. S. M. a parlé avec confiance au contrôleur-général. Celui-ci, après avoir témoigné à la reine qu'il étoit à ſes ordres, lui a repréſenté que ce déplacement dans ce moment-ci, contrarieroit fort ſes autres arrangements. « A la » bonne heure, a dit S. M. je veux bien attendre, » mais à condition que vous viendrez tour-à- » l'heure avec moi chez le roi, lui atteſter com- » bien je ſuis raiſonnable. » M. de *Calonne* a ſuivi la ſouveraine; le roi a été enchanté de la modération de ſon auguſte compagne, & en même temps de la fermeté reſpectueuſe du miniſtre des finances. Cette anecdote le met mieux que jamais auprès du monarque.

9 *Avril.* Le *Mesmérisme* n'est plus qu'un jeu. Hommes, femmes, enfants, tout s'en mêle, tout magnétise. On confirme de plus en plus que le soufre est le principal agent de ces merveilles. On écrit d'Amiens qu'un professeur de physique a enseigné cet art à ses écoliers, qui s'en amusent. Une Mad. de *Saint-Martin*, femme vaporeuse, après avoir été long-temps entre les mains d'un des docteurs de la nouvelle secte, lui a volé son secret & tient aujourd'hui école de magnétisme chez elle. Un augustin, fameux prédicateur, appellé *pere Hervier*, non content de guérir les ames, a voulu guérir aussi les corps. Il a acheté, du bénéfice de ses sermons, le secret de *Mesmer*. Sa réputation l'ayant fait appeller à Bordeaux pour la station du carême, il remplit aussi son second apostolat, & propage de son mieux la secte de son maître.

Le sieur *le Dru*, qui est aussi un *Magnétisant* dans son genre, est toujours chargé de l'hôpital que le gouvernement a confié à ses soins; mais plus que jamais brouillé avec la faculté dont les commissaires se sont retirés, il a fallu que S. M. donnât des lettres de cacher à quelques-uns pour continuer à suivre le traitement.

Les sieurs *Mesmer*, *Deslon*, *le Dru*, on ne peut le dissimuler, operent quelques cures, mais en trop petit nombre pour pouvoir les attribuer à leur art, plutôt qu'au temps, à la nature, aux circonstances, ou aux remedes connus, dont ils font usage aussi.

10 *Avril.* L'auteur des *Commentaires des mémoires du comte de Saint-Germain*, s'annonce pour un officier-général qui a été employé en 1779, & écrivoit alors. Il paroît qu'il connoissoit par-

faitement ce miniftre & fon ouvrage ; qu'il en parle en homme très-inftruit , ayant approfondi toutes les parties de l'art militaire , & le loue & le blâme avec une parfaite impartialité. Tout ce qu'il dit eft clair , lumineux , & à portée des plus ineptes. Les commentaires font beaucoup mieux goûter les mémoires.

Du refte, l'écrivain montre une ame forte, courageufe , au deffus des préjugés & des craintes. Il eft curieux par fes anecdotes dont il nomme affez les mafques , & parle prefque toujours comme témoin ; ce qui donne beaucoup plus de poids à fes affertions. M. le maréchal de *Braglio* eft fon héros actuel. Il exalte quantité d'autres officiers-généraux , colonels , &c. & s'accorde affez bien avec l'opinion publique. Cependant il la contrarie quelquefois. C'eft ainfi qu'il fait cas d'un *Senac de Meilhan* ; d'un *Foulon* , dont le premier paffe pour un colifichet , & le fecond pour un bourreau , qui fait trembler la France toutes les fois qu'on parle de l'élever au miniftere.

M. *Necker* eft auffi , fuivant l'auteur , le plus grand homme en adminiftration qu'il connoiffe , & il eft très-poffible qu'il l'ait cru , qu'il en ait été dupe , comme beaucoup d'autres gens éclairés , mais peu au fait de l'état des finances , peu propres à découvrir le vice des manœuvres hypocrites de ce charlatan.

En général , il réfulte des obfervations du nouvel éditeur, que, les mémoires du comte de *Saint-Germain* font très-eftimables , très-précieux , mais qu'il n'en a pas fuivi le plan dans fes opérations ; qu'il n'a pas eu le courage de les exécuter comme il les avoit conçues , & qu'il s'eft fouvent trouvé en contradiction avec lui-même ; ce qui résultoit en partie de sa foiblesse à consentir qu'on morcelât son ensemble , de sa présomption à croire qu'il voyoit mieux que personne , & de sa défiance de ceux qui auroient pu l'éclairer & lui faire prévoir les obstacles à vaincre. En un mot , il convient que ce réformateur avoit certainement des principes; mais il lui reproche d'avoir manqué de méthode. Il dit que sa marche étoit chancelante , incertaine; ses opérations décousues & sans liaison.

Ces commentaires sont écrits, comme ils sont pensés , avec beaucoup d'énergie. Le style en est pour l'ordinaire correct & noble ; cependant on y rencontre quelquefois des incorrections & des trivialités.

10 *Avril.* On a oublié de faire mention de l'abbé *Blanchet* , censeur-royal , interprete de la bibliotheque, & ancien garde des livres du cabinet du roi à Versailles. C'étoit un littérateur très-instruit dans plusieurs langues. Il étoit peu curieux de se faire imprimer. Il venoit de publier tout récemment deux volumes de *Variétés morales & amusantes.* Il laisse en porte-feuille des *contes Orientaux* , dont ses amis disent beaucoup de bien.

11 *Avril.* Extrait d'une lettre de Bordeaux , du 6 Avril. . . . . . Je ne puis vous dire si ce sont des merveilles ou des prestiges , mais il est certain que le pere *Hervier* est fort étonnant. Voici ce qui m'a frappé le plus par les circonstances.

Il prêche dans la paroisse destinée au plus célebre orateur , parce que c'est l'église de la cour; il y a ce qu'on appelle le banc du parlement. Un jour qu'il étoit en chaire , une femme de l'auditoire se trouve mal , a des convulsions, & ressemble beaucoup à une épileptique. Cet événement cause une grande rumeur : on s'effraie ; le prédicateur est obligé de s'arrêter : il descend, il s'approche de la malade, il dit qu'on ne s'inquiete point ; il la *magnétise* & la remet dans son état naturel. Il remonte en chaire & continue son discours. Les uns le prônent comme un saint homme, un faiseur de miracles ; les malveillants disent que c'est un sorcier. Les grands-vicaires qui régissent le diocese pour l'archevêque absent, instruits du fait, interdisent provisoirement le pere *Hervier*. Il jette les hauts cris, il demande ce qu'est donc la charité, l'humanité, la bienfaisance ; depuis quand on convertit en crime des actes de cette espece, les secours qu'on donne à son prochain, en un mot l'art de guérir ? Il invoque tous les témoins de la cure ; il les somme d'articuler s'il s'est passé rien de malhonnête ou d'indécent dans son opération. Il supplie sur-tout les magistrats de le juger & de le justifier. Ceux-ci prennent fait & cause pour lui ; ils agissent auprès des grands-vicaires, qui sont obligés de rendre la parole à l'interdit, mais à condition qu'il ne magnétiseroit plus les femmes.

Le pere *Hervier* est remonté en chaire & a pris son texte de l'exemple de *Jesus-Christ* guérissant les malades, pour faire son apologie & la satire des grands-vicaires, mais d'une façon adroite ; en sorte que ceux ci, sans pouvoir se venger, sont devenus la risée de la ville pour leur imbécillité.......

11 *Avril*. Mad. la duchesse de *Praslin*, morte le 27 décembre 1783, a fait un testament olographe, bizarre & dénaturé, par lequel, quoiqu'ayant des enfants & des petits-enfants, elle institue son

légataire univerfe) , un étranger ; le maréchal prince de *Soubife*, & à fon défaut le fils cadet de Mad. la princeffe de *Guimené*. Le prince de *Soubife* s'eft défifté du legs univerfel ; mais le jeune *Guimené* étant encore mineur, il a fallu réclamer le legs pour lui, ce qui a donné lieu à des plaidoiries aux requêtes du palais, où la caufe a été portée.

Me. *Boudet*, avoçat du vicomte de *Choifeul*, fils de Mad. la ducheffe de *Praflin*, a prétendu que ce teftament , quelque bien fait qu'il fût, devoit fe regarder comme un teftament *ab irato* ; & les juges en ont fans doute penfé de même, puifque le mineur *Guimené* a perdu & a été condamné aux dépens. L'arrêt eft du 2 avril, & a été, dit-on, unanime.

On affure que Mad. de *Praflin* imaginoit que fes enfants n'étoient pas à elle , & que fon mari leur avoit fucceffivement fubftitué ceux du même fexe qu'il avoit eus de Mlle. *Dangeville*. Quelque romanefque & abfurde que fût cette fuppofition, elle étoit tellement entrée dans la tête de cette dame vaporeufe & finguliere, qu'elle l'a portée à une averfion foutenue de fa poftérité, à laquelle elle n'a jamais donné la plus légere marque de tendreffe. Elle avoit fait un premier teftament, daté du 7 janvier 1766, qui manifeftoit fes difpofitions barbares , & les a confirmées dans un fecond du 19 février 1779.

Mad. de *Praflin* n'aimoit pas plus fon mari, & elle ne parle de lui dans fon teftament , que pour le perfiffler par un legs ridicule. L'article porte :

« Je prie M. le duc de *Praflin*, mon mari, » d'accepter le modele du cheval de bronze fur

» lequel eſt *Henri IV*, que j'ai apporté de mon
» château de la Fleche. »

C'eſt peut-être la premiere mere de famille ayant
des enfants & des petits-enfants, & raſſemblant
ſous ſes yeux juſqu'à la troiſieme génération, qui
ait conçu le projet de déshériter tous ſes enfants
nés & à naître, qui l'ait exécuté autant qu'il étoit
en elle, ſans aucun motif légitime ou apparent,
& avec le ſang-froid, la réflexion de la raiſon la
plus calme.

Une autre bizarrerie appartenant à cette cauſe,
c'eſt que la teſtatrice ne connoiſſoit pas le jeune
Guimené, appellé au défaut du prince de *Sou-
biſe*, qu'il y a deux cadets de ce nom, & qu'elle
le déſignoit d'une maniere ſi incertaine qu'il en
auroit enſuite réſulté néceſſairement un procès
entre les deux freres pour faire prononcer par la
juſtice quel étoit ce légataire qu'elle préféroit à
toute ſa deſcendance.

Madame la ducheſſe de *Praſlin* étoit *Champagne*
en ſon nom, & avoit apporté plus de 150,000
livres de rentes à ſon mari.

C'eſt Me. *Treilhan* qui plaidoit pour le mineur,
& Me. de *Bonnieres* pour le vicomte de *Choiſeul*.

12 *Avril*. Le jugement prononcé dans l'affaire
des chevaux-légers le 21 mars, porte exactement
que le ſieur de *Villers*, major, eſt condamné à
un an de citadelle & ſuſpendu ; de *Montemain* à
ſix mois d'abbaye (Saint-Germain, priſon des
militaires à Paris) & ſuſpendu pour trois ans ;
de *Sarraſin* à quatre mois d'arrêts & ſuſpendu juſqu'en 1785 ; de *Saint-Eloi* & *Stableton*, à trois
mois d'arrêts & même ſuſpenſion ; de *Grand-camp*,
à un mois d'arrêts. Celui-ci n'étoit point de l'aſ-

femblée, mais avoit figné depuis le procès-verbal
en forme de lettre au duc d'*Aiguillon*.

M O N S E I G N E U R,

« Le confeil informé que *Renaud* a donné à
» monfeigneur un mémoire, dans lequel il inculpe
» la plupart des membres de ce confeil, & no-
» tamment le major, M. de *Montemain*, fupplie
» monfeigneur de prononcer entre cet homme &
» les accufés, qui de lui ou d'eux doit refter
» dans l'hôtel & dans fa place. *Renaud* interpellé
» de dire au confeil les motifs de ce mémoire,
» l'a nié & a été expulfé par M. de *Montemain*,
» à coups de plat d'épée, parce qu'il n'avoit pas
» de bâton.

» Le confeil demande pardon à monfeigneur de
» defcendre à la parité avec *Renaud*; mais la juf-
» tice eft pour tout le monde & le confeil ne
» demande rien de plus à monfeigneur; il eft
» certain de l'obtenir.

» P. S. Depuis cette délibération, le confeil a
» eu des raifons, & M. de *Montemain* lui-même
» de croire qu'on n'avoit pas fait l'honneur à ce
» dernier de le nommer dans le mémoire, mais
» feulement dans les propos qu'il méprife, dès
» qu'il peut croire qu'ils ne font pas parvenus
» à monfeigneur. Ceci ne change rien à la quef-
» tion, & le confeil ne perfifte pas moins à de-
» mander juftice. »

Cette lettre feule, dans laquelle il n'y a ni
efprit, ni fens, ni ftyle, prouve combien M. le
duc d'*Aiguillon* avoit raifon de leur donner un
tuteur.

12 Avril. Mémoire pour fervir à l'hiftoire du
K 5

siege de Gibraltar. Tel eft le titre d'un ouvrage profcrit févérement , fuivant l'ordre de M. le garde-des-fceaux, aux imprimeurs & libraires de Paris & de France, rapporté au mois de feptembre dernier. Cette profcription en a rallenti feulement la publicité. Il devient plus commun aujourd'hui. On voit par l'annonce que ce mémoire avoit paru autrefois, mais *mutilé*. On annonce que les reftitutions font indiquées dans l'édition préfente par des accolades, dont le texte & les notes fourmillent également.

13 *Avril*. On ne peut douter, en lifant le *mémoire pour fervir à l'hiftoire du fiege de Gibraltar*, que ce ne foit celui de M. d'*Arçon*, l'ingénieur, auteur du projet & du plan des batteries flottantes. Il ne répond nullement au furplus à l'idée qu'on en avoit donnée. Il eft peu curieux ; il ne contient que des anecdotes vagues, légérement indiquées & par conféquent dénuées d'intérêt.

C'eft une répétition longue & faftidieufe de tout ce qui a été dit fur cette matiere. On juge bien que l'apologifte voudroit faire entendre que l'amour-propre & la jaloufie de M. de *Crillon* ont été la caufe véritable & fecrete du défaut de fuccès ; mais il n'attaque pas ce général avec la vigueur annoncée que lui permettoit l'anonyme. On ne voit pas pourquoi ce pamphlet a été fi févérement profcrit & perfécuté.

13 *Avril*. Jamais *Turenne*, ou *Condé*, ou le maréchal de *Saxe* ne furent mieux accueillis à la cour que l'a été le bailli de *Suffren* depuis fon retour de l'Inde. Comblé d'honneurs, de graces, de faveurs, il a vu *Monfieur* l'embraffer & le ferrer tendrement dans fes bras pendant quelques inftants. Il a vu la reine le conduire elle-même chez

M. le Dauphin, le préfenter à ce jeune prince en lui difant : *Mon fils, apprenez de bonne heure à entendre, prononcer & prononcer vous-même le nom des héros, défenfeurs de la patrie.*

On affure que c'eft *Monfieur* qui a le premier parlé au roi du mérite & des talents de M. de *Suffren*, qu'il avoit eu occafion de connoître lors de fon voyage à Toulon.

13 *Avril*. M. *Raulin*, docteur en médecine, cenfeur royal, & membre de plufieurs académies nationales, vient de mourir. Il a écrit quelques ouvrages de fon état.

14 *Avril*. Un événement extraordinaire, fuite apparemment du long & rigoureux froid qui a régné dans toute l'Europe durant cet hiver, a jeté l'alarme en Bretagne, & eft aujourd'hui tellement conftaté, qu'on ne peut plus le révoquer en doute.

Le 7 mars, la grande marée jeta dans la baie d'Audiern trente trois monftres effroyables, ayant 43 pieds de long, mais peu filés, d'une groffeur prefqu'égale à leur longueur. Il y avoit fix pieds de diftance entre leurs yeux ; la mâchoire inférieure étoit garnie de deux rangs de dents ; ils en avoient au total 44, de la forme & de la groffeur de la corne d'un taureau fur 9 à 10 pouces de long. Quatre hommes auroient pu paffer de front & avoir leurs coudées franches dans la gueule de ces monftres. Ils approcherent en troupe, en s'élevant fur leur queue, dont chaque coup les jetoit 25 pieds en avant. Leurs mugiffements faifoient retentir les environs & donnerent l'épouvante aux payfans ; mais ils fe trouverent enfablés quand la mer fe retira. Etendus fans eau fur le rivage, ils périrent bientôt. Une femelle mit bas

plufieurs petits qui, tirant moins d'eau, décam-
perent; deux feuls refterent. Ils font gros comme
un cheval. Comme ils rendoient les derniers
foupirs, un officier de marine & plufieurs autres
monterent fur l'un d'eux qu'ils croyoient mort :
d'un coup de queue le monftre les lança à dix
pieds fur le fable. L'amirauté y eft defcendue,
difant que c'eft un *poiffon-royal*, de petites *baleines*,
des *fouffleurs*, des *cacbalots*. On prétend que chaque
poiffon a dû rendre 30 ou 40 barriques d'huile.

Tous ces détails fe trouvent dans une lettre
de Quimper, en date du 9 mars, imprimée, &
qui a été publiée à Rennes, fous l'infpection du
parlement, ce qui en garantit l'authenticité.

14. *Avril.* On ne croiroit pas que le concert
fpirituel, fpectacle fi froid & fi grave, pût dégénérer en opéra bouffon & même en farce: c'eft
ce qui eft cependant arrivé hier mardi de pâques,
malgré la fainteté du jour, afin de jeter apparemment plus de variété dans ce fpectacle trop monotone.

On a terminé par une fymphonie de *Hayden*,
remplie de traits agréables qui n'ont pu être en-
tendus, tant le public étoit en gaieté & éclatoit
de rire. Succeffivement chaque muficien, après
avoir fait fa partie, a éteint fa bougie, pris fon
inftrument fous le bras & quitté l'orcheftre ; en-
forte que le premier violon s'eft trouvé à la fin
jouant feul.

On prétend que cette caricature harmonique
tient à une anecdote qu'il faut favoir. C'eft fans
doute une énigme dont on nous donnera le
mot. Quoi qu'il en foit, le directeur du concert a trouvé plaifant de l'appliquer à la circonftance, en ce que c'étoit la derniere fois que
l'on exécutoit dans cette falle, & que le lieu de

la scene sera désormais la salle des machines, dans le même palais des Tuileries.

15 *Avril.* On a dit que l'auteur des *Liaisons dangereuses*, pour se disculper d'avoir composé un roman trop noir & trop atroce, avoit promis d'en donner un d'un genre différent. C'est ce qu'il fait aujourd'hui en publiant les *Mémoires du vicomte de Barjac*, en deux petits volumes très-succincts, où tous les hommes sont francs & généreux, toutes les femmes & filles honnêtes, quoique couchant par fois avec des hommes & faisant des enfants; mais elles vont bientôt pleurer leur faute & ensevelir leur honte dans une retraite, ou même dans un cloître. Cependant ce fond de vertu générale pourroit devenir fastidieux. M. de *Laclo* l'a varié de détails critiques en politique & en littérature, de tableaux, de portraits, qui n'ont souvent que le trait. On peut lui reprocher malheureusement d'être dans les premiers, tranchant, dur & peu judicieux; dans les seconds, obscur & inintelligible. Malgré ces defauts, ces *mémoires pour servir à l'histoire de ce siecle*, ainsi qu'il l'annonce, se font lire avec plaisir, par la rapidité des faits, la chaleur du style & le très-bon ton qui y regne; mais ils n'ont pas le caractere original des *Liaisons dangereuses*.

L'auteur s'est ménagé une pierre d'attente pour donner une suite à ce roman, en cas que cela convienne au public, ou qu'il lui en prenne fantaisie à lui-même. Au reste, de bons connoisseurs doutent encore que cet ouvrage soit réellement de M. de *Laclo*.

15 *Avril.* Le procès du comte de *Mirabeau*, sur sa demande en cassation de l'arrêt du parlement de Provence du 5 juillet 1783, qui le fé-

pare de corps & d'habitation d'avec son épouse, commence à prendre couleur, & l'on voit déjà dans le monde un *Mémoire à consulter & consultation pour M. le comte de Mirabeau fils*, qu'on dit être très-curieux & très-bien fait. Il est volumineux & a 155 pages. Quoiqu'il soit signé d'un Me. *Duport du Tertre*, avocat, ceux qui l'ont lu, n'y trouvent nullement le travail lourd & pesant du barreau, mais tous les caractères d'un ouvrage de littérature, & ne doutent pas qu'il ne soit en entier de la plume de M. de *Mirabeau*, sauf la consultation, signée de sept jurisconsultes, dont quelques-uns très fameux.

15 *Avril*. Les musiciens du prince d'*Esterhazy* ayant eu quelques difficultés avec les officiers de sa maison, donnerent leur démission, qui fut acceptée. Le jour de leur départ étoit fixé, & la veille ils exécuterent le dernier concert qu'ils devoient donner au prince. *Hayden* composa pour cette circonstance une symphonie, dont le dernier morceau est d'un genre très-extraordinaire. C'est un *adagio*, où chaque instrument récite, l'un après l'autre, un *solo*, après lequel *Hayden* avoit écrit sur la partie : *éteignez votre lumiere & allez-vous-en*. En effet, le premier hautbois & le second cor s'en vont les premiers ; après eux le second hautbois & le premier cor ; puis les bassons, puis les basses, & ainsi de tous les exécutants ; il ne reste que deux violons seuls qui finissent la symphonie. Le prince étonné demanda à *Hayden* ce que cela signifioit ; *Hayden* lui dit que ses musiciens partoient & que leurs voitures étoient prêtes. Le prince eut la bonté d'aller les trouver, leur reprocha avec sensibilité la maniere dont ils abandonnoient un si bon maître : les musiciens se jeterent à ses pieds, & rentrerent à son service.

Telle eſt l'origine de la ſymphonie qui termina avant-hier le dernier concert ſpirituel donné dans la ſalle actuelle. On l'exécuta avec toute la panto-mime, & MM. *la Houſſaye* & *Guénin* reſterent ſeuls dans l'orcheſtre & finirent le morceau.

16 *Avril.* On a remis, il y a quelques jours, à beaucoup de portes cocheres, un *Mémoire* manuſ-crit pour le marquis de *Vaudreuil*, en réponſe à ceux du comte de *Graſſe*. Il a été donné de la part de la marquiſe & du comte de *Vaudreuil*. Il eſt aſſez volumineux & précédé d'une lettre du marquis de *Vaudreuil* au marquis de *Caſtries*, où il lui fait ſentir la néceſſité de répandre cet écrit juſtificatif.

16 *Avril.* M. le maréchal duc de *Richelieu*, gouverneur de Guienne, a jugé à propos de rendre une ordonnance de police, qui défend à qui que ce ſoit d'aller ſur le théâtre pendant tout le ſpec-tacle, excepté aux deux jurats gentilshommes. Cette ordonnance qui bleſſoit les droits des jurats, pré-tendant avoir la police du ſpectacle excluſivement, a ſur-tout déplu au maire, M. le vicomte de *Noë*. Il étoit à Paris & s'eſt rendu à Bordeaux ; il s'eſt préſenté pour paſſer avec les jurats non gentilshom-mes, & a été arrêté par un Suiſſe à la livrée du roi : ſur un refus formel & ſoutenu, il a fait enlever cet homme & mettre en priſon.

L'affaire, on ne ſait pourquoi, a été portée au tribunal des maréchaux de France, qui ont con-damné M. de *Noë* à faire des excuſes au gouverneur en tels termes qui lui ſeront dictés, & l'ont ſuſpendu un an de ſes fonctions.

M. de *Noë* a eu peine à ſe ſoumettre à la ſen-tence : il prétend qu'il y a partialité ; que pluſieurs membres du tribunal étant gouverneurs, ne pou-voient être juges, & l'on croit que le parlement de Bordeaux interviendra.

16 *Avril.* Depuis cet hiver on parloit de difpofer au château des Tuileries un appartement pour loger la reine, lorfque S. M. jugeroit à propos de coucher à Paris. Depuis l'arrêt du confeil du 14 mars, où S. M. déclare qu'elle va fufpendre les conftructions qui devoient fe faire fur les fonds de fes bâtiments, on préfumoit que l'arrangement projeté cette année n'auroit peut-être pas lieu ; mais on ne regarde pas fans doute cette dépenfe comme affez confidérable pour y faire attention, & l'on préfume qu'il en eft férieufement queftion, puifque le concert fpirituel qui fe tenoit dans la piece devant fervir de falle des gardes, n'y doit plus être, à commencer de demain.

17 *Avril.* Mlle. *le Vaffeur* qui avoit acquis une grande réputation du temps des opéra du chevalier *Gluck*, au fuccès defquels elle avoit même contribué, nejouoit plus il y a du temps, & étoit devenue prefque inutile, fur-tout depuis que Mlle. *Saint-Huberty* l'avoit remplacée & éclipfée. Cependant elle ne parloit point de quitter le comité : on lui a fait fentir qu'il étoit temps qu'elle fongeât à fa retraite, & enfin elle a pris ce parti forcé, quoi-que pour ménager fon amour-propre on foit convenu qu'il feroit annoncé comme volontaire.

Mlle. *Peflin*, danfeufe, qui auroit dû difparoître auffi plutôt, a fa retraite également.

17 *Avril.* Le *Concert fpirituel* a été tranfporté hier à la falle des machines du château des Tuileries fur le théâtre où ont joué fucceffivement l'opéra & la comédie françoife. Il s'y eft rendu une foule immenfe, moins pour le fpectacle, que pour juger des arrangements de ce nouveau local. On a été fort furpris de trouver une falle horriblement enfumée, où l'on n'a remarqué d'autres changements que des banquettes dans le parterre.

Quant au théâtre , le fond en étoit tapiflé de planches en demi-cercle , non peintes , & figurant aflez ces voiles qu'on met fur les autels & les tableaux dans les églifes durant le carême. La falle, en outre , étoit fort mal illuminée ; en un mot, tout caractérifoit une mefquinerie affreufe. L'effentiel étoit de juger fi elle feroit fonore , & pour comble de défagrément on l'a jugée fourde ; ce qui n'a poit fait honneur au directeur, le Sr. *le Gros*.

Quant au concert en lui-même , il a été peu brillant : nulle nouveauté. Le feul morceau qui ait véritablement fait plaifir , quoique peu neuf, c'eft le ô *Salutaris* , motet fans accompagnement ; de M. *Goffec* , qu'on a redemandé. Il eft d'une fimplicité onctueufe & fublime. Il a été exécuté dans la plus grande perfection par les fieurs *Lais* , *Rouffeau* & *Cheron*. La *fortie* d'*Egypte* , oratorio de M. *Rigel* , très-connu auffi , n'a pas eu le même fuccès , faute de voix.

Mlle. *Paradis* a continué de faire l'admiration du public par fa profonde intelligence & fon exécution favante , précife , rapide & fûre.

18 *Avril*. M. le marquis de *Paulmy* avoit demandé la place de bibliothécaire au roi. Il ne vouloit, dit-on, que le titre & offroit de rendre les émoluments au fils de M. *Bignon* : à cette condition il auroit laiflé , après fa mort , au roi fa propre bibliotheque très-précieufe. S. M. qui étoit décidée à donner à M. *le Noir* cette marque de faveur & cette récompenfe , n'a point voulu changer la deftination qu'elle avoit faite. Dans tout autre cas l'offre du marquis de *Paulmy* auroit été acceptée. C'eft , en outre , un feigneur ami des lettres , les cultivant , & chez qui cette

paſſion tient lieu aujourd'hui de toutes les jouiſ-
ſances.

18 *Avril*. Le mémoire de M. le comte de *Mirabeau* fils , eſt d'autant plus curieux qu'il y
rend compte de toute ſa vie , en fixe les diver-
ſes époques , & par les détails qu'il donne , conduit à éclaircir ou rectifier ce qu'on en a dit en pluſieurs endroits.

En juin 1772, il épouſa Mlle. de *Marignane*,
qui rompit en ſa faveur d'autres engagemens.

Le 8 octobre 1773 , elle lui donna un fils.

La modicité du revenu qu'on lui aſſigna , les
dépenſes de ſon mariage , la dépenſe perſonnelle
de madame de *Mirabeau* , lui firent contracter
des dettes. Son pere en prit occaſion pour faire
prononcer contre lui une interdiction de biens,
au châtelet de Paris , & il obtint des ordres du
roi pour fixer ſon ſéjour au château de Mirabeau ,
& enſuite dans la ville de Manoſque. Sa femme l'y
ſuivit.

Au mois de mai 1774 , ſon époux découvre
une correſpondance imprudente : il en témoigne
ſa jalouſie ; il pardonne & pouſſe la généroſité
juſqu'à continuer de rendre des ſervices à l'homme
qui en étoit l'objet. Les intérêts de celui - ci exigent que le comte de *Mirabeau* faſſe un voyage
aux environs de Graſſe. Il rompt ainſi ſon exil ;
une rixe imprévue divulgue le ſujet de ſon voyage ;
il eſt décrété de priſe - de - corps.

A la ſollicitation de ſon pere , afin de prévenir
les ſuites de la procédure , il eſt enfermé au *Châ-
teau-d'If*, le 13 ſeptembre 1774.

Le 11 février 1775, un cantinier du château
l'accuſe de l'avoir volé avec ſa femme ; M. d'*Ale-
gre*, le commandant du château, le juſtifie. Il

eſt transféré en mai au château de *Joux*, priſon plus douce : il obtient bientôt de n'avoir que les arrêts de la ville de *Pontarlier*. Tout-à-coup le comte de *Saint-Maurice* qui commandoit dans le château & la ville, ordonne la retraite du priſonnier au château. Il s'évade au mois de février 1776.

Le 25 août 1776, la marquiſe *le Monnier* diſparoît de *Pontarlier* ; on accuſe le comte de *Mirabeau* de l'avoir engagée à venir le trouver en *Hollande*, où il s'étoit réfugié. Il eſt condamné par une ſentence de contumace à la mort.

Sa famille le fait arrêter en *Hollande* le 17 mai 1777, & il eſt mis au château de *Vincennes* juſqu'au 17 décembre 1780.

M. de *Mirabeau* eſt reſté depuis ſeize mois auprès de ſon pere, & il ne l'a quitté que pour faire anéantir, par ſa repréſentation, la ſentence de *Pontarlier*.

Le 11 août 1782, par une tranſaction paſſée entre le marquis *le Monnier* & lui, toutes les difficultés nées & à naître entre eux ſont éteintes & terminées.

Il arrive enfin en *Provence* ; il réclame ſa femme. Après avoir tenté inutilement tous les moyens de réconciliation, il a recours à la juſtice ; il plaide ſa cauſe lui-même pluſieurs fois, & le 17 juin 1783 en préſence de l'archiduc & de l'archiducheſſe de *Milan*. Son pere & ſon oncle le ſoutiennent dans cette affaire. Enfin intervient l'arrêt dont il demande la caſſation, parce que ſur-tout la ſéparation a été prononcée, ſans ordonner la preuve des moyens de ſéparation, & ſans qu'aucun de ces moyens ait été prouvé.

19 *Avril*. Les demoiſelles danſeuſes de l'opéra viennent de faire un acte de police fort édifiant. Durant les vacances , il a été commis un aſſaſſinat & un vol , dont une demoiſelle *Bourgeois* eſt accuſée d'avoir été complice , ou témoin au moins. Elle eſt ſœur d'une de leurs camarades, portant le même nom. Quand celle - ci eſt venue pour les répétitions , les autres n'ont point voulu communiquer avec elle , & l'ont expulſée.

19 *Avril*. Madame la marquiſe de *Cabris* la jeune , qui dans trois *Factums* vigoureux a déjà expoſé fort au long au public le ſujet de ſes réclamations , vient de les reproduire dans un quatrieme plus volumineux que les autres. Il a 191 pages , & porte pour titre : *Mémoire & conſultation pour madame la marquiſe de Cabris, belle - fille , défendant l'interdiction de ſon mari ; contre madame de Lombard de Saint-Benoît , marquiſe de Cabris , douairiere , pourſuivant l'interdiction du marquis de Cabris ſon fils , pour cauſe de démence.*

C'eſt un nouvel orateur qui ſe met aujourd'hui ſur les rangs , comme le champion de cette dame. Il ſe nomme Me. de *Beauſéjour*. Il a joint une *Conſultation* en date du 19 mars 1784 , ſignée de lui ſeul.

Il faut ſe rappeller que la jeune marquiſe de *Cabris* eſt *Mirabeau* en ſon nom , ſœur du comte. On croit que celui - ci , infatigable au travail , occupé de ſa propre défenſe n'a point négligé celle de ſa ſœur & a beaucoup de part à ce mémoire ; ce qui le rend encore plus recherché.

20 *Avril*. Madame la comteſſe d'*Artois* , quoique malade , & ne recevant perſonne , voulut cependant voir M. de *Suffren* , lorſqu'il fut pré-

fenté à la cour, & c'eſt la ſeule perſonne qui
entra chez elle pendant toute la journée.

M. le duc d'*Angoulême* étoit à ſon travail,
lorſque l'amiral entra chez lui. Il ſe ſeva &
s'avançant lui dit : *Je liſois dans ce moment même*
l'hiſtoire des hommes illuſtres ; je quitte mon livre
avec plaiſir, puiſque j'en vois un. On aſſure que
ce propos eſt vraiment du jeune prince, rempli
de vivacité & d'eſprit.

Le roi entretint M. de *Suffren* pendant plus
d'une heure de ſes opérations de l'*Inde*, & ce
marin fut étonné de la maniere dont ſa majeſté
avoit les choſes préſentes, comme ſi elle eût
été à côté de lui pendant ſes opérations.

En entrant dans la ſalle des gardes, quelqu'un
ayant averti la ſentinelle que M. le *Maréchal*
de *Caſtries* paſſoit : « *Meſſieurs*, dit le miniſtre,
« c'eſt *Monſieur* de *Suffren*. » A ces mots les
gardes-du-corps ſe leverent, & quittant leur
mouſqueton formerent le plus grand cortege à
cet amiral juſqu'à la chambre du roi.

A dîner, le 4 de ce mois chez le maréchal
de *Caſtries*, où étoient beaucoup d'officiers de
la marine, & ſur-tout le comte d'*Eſtaing*, quelqu'un appelloit toujours celui-ci, général. Monſieur d'*Eſtaing*, déſignant M. de *Suffren*, lui répondit : « Monſieur, voilà le ſeul général qu'il y
» ait ici. »

Quelqu'un diſant à M. de *Suffren* : « voilà
» bien des honneurs ; mais y a-t-il quelque
» penſion ? Il répondit : *Je me ſoucis bien*
» *de penſion, je ſuis plus riche qu'eux tous.* » En
effet, il a 54,000 livres de rentes en comman-
derie, & dans peu il lui en revient une à-peu-
près auſſi forte. Sa place de vice-amiral lui vau-

dra 24,000 livres ; le cordon du *saint-Esprit*
3,000 livres. Il jouit outre cela de 6,000 livres
d'anciennes penſions. Il aura pour ſa part plus
de 100,000 livres de ſes priſes ; & les préſents
d'*Hyder-Aly*, avec ce qu'il lui a laiſſé par teſ-
tament, forment un objet de plus de 300,000 liv.

20 *Avril*. On ne peut ſe diſſimuler que le
Mémoire de madame de Mirabeau ſigné d'elle ſeulement , & auquel étoit jointe la conſultation
de ſix avocats , publié à *Aix* le 6 avril 1783 ,
ne contînt des griefs ſuffiſants , s'ils étoient
prouvés.

Elle y propoſe la vie entiere de ſon mari comme
un moyen de ſéparation.

Il n'a jamais connu de devoirs , s'eſt joué de
l'honneur , de la bonne foi , de la vertu ; il
n'a reſpecté ni les liens du ſang , ni ceux de la
nature.

Il a attenté à la propriété d'autrui, & ſon caractere féroce a menacé la ſociété.

Flétri par des décrets , par des procédures , par
des ſentences infamantes , il a toujours été dans
des maiſons de force ou ſous la main de la juſtice ; il a ſouſcrit une tranſaction flétriſſante qui
écarte à jamais toute idée d'abſolution.

Il a été mauvais fils , mauvais époux , mauvais
pere , mauvais citoyen , ſujet dangereux.

Mauvais fils : il a attenté à l'honneur de ſon
pere par d'infames libelles.

Mauvais mari : il a accablé ſa femme de ſoup-
çons & de coups , & profané la ſainteté du mariage par des crimes.

Mauvais pere : des exemples funeſtes , un nom
avili & dégradé. Voilà ce qu'il préparoit à ſon
fils.

Mauvais citoyen, sujet dangereux : il est infame & flétri.

Enfin la consultation dit qu'un homme qui rassemble tous les vices, qui ne respecte rien & qui, couvert d'opprobre & d'infamie, les feroit partager à sa femme, n'a pas droit de la réclamer.

Les mémoires respectifs ont été supprimés par l'arrêt.

20 *Avril.* Relation de la séance publique de l'académie royale des inscriptions & belles-lettres, tenue aujourd'hui pour sa rentrée d'après pâques.

M. *Dacier*, secretaire, a d'abord annoncé que l'académie avoit été assez heureuse pour pouvoir distribuer deux prix à cette époque. Que le premier sujet étoit de déterminer *l'influence des loix maritimes des Rhodiens sur la marine des Grecs & des Romains, & l'influence de la marine sur la puissance de ces peuples.* Que c'étoit M. *Pastoret*, conseiller à la cour des aides, qui l'avoit le mieux rempli. Il a pris occasion de-là pour faire l'éloge d'un jeune magistrat à qui cette matiere auroit dû naturellement être fort étrangere. M. *Pastoret*, présent, étant venu recevoir la médaille des mains du prince de *beauveau*, directeur, M. *Dacier* a dit que le sujet du second prix étoit de comparer entr'elles *la ligue des Achéens, 280 ans avant Jesus - Christ; celle des Suisses en 1307 de l'ere chrétienne; celle des Provinces-unies en 1579, & de développer les causes, l'origine, la nature & l'objet de ces associations.* Ce second prix extraordinaire a été remporté par M. *Jean*, baron de *Meerman*, seigneur de *Dalem*, résident à la Haye, & l'on n'a pas été surpris qu'un homme libre eût le mieux traité cette matiere.

Enfin le fecretaire a propofé au nom de fa compagnie pour le fujet du prix à délivrer à la faint Martin 1785, de rechercher *quel fut l'état de l'architecture chez les Egyptiens, & ce que les Grecs paroiffent en avoir emprunté.*

Faute d'éloges à lire, le refte de la féance a été rempli par la lecture de quatre mémoires.

M. *Dutheil* a commencé le premier. Beaucoup de gens ont été furpris de voir reparoître cet académicien, dont ils ignoroient la deftinée. Il nous a appris qu'il avoit été faire à *Rome* les mêmes recherches que M. de *Brequigny*, fon confrere, avoit été faire à *Londres*. Il faut favoir que M. *Bertin* miniftre, cherchant toutes fortes de moyens d'agrandir fon département, qui n'étoit compofé qu'aux dépens des autres & de divers petits détails, avoit adopté le projet qu'on lui avoit fuggéré d'un bureau de correfpondance & de dépôt pour recueillir les matériaux propres à éclaircir l'hiftoire de France. M. *Dutheil* ; curieux de voyager en Italie, offrit en 1776 fes fervices à M. *Bertin*, qui les accepta & lui donna fes inftructions au mois d'août.

Depuis ce temps, M. *Dutheil* eft refté à Rome, occupé à fouiller dans la bibliotheque du Vatican, dans celles de *faint Pierre* & du château *Saint-Ange*, & dans d'autres particulieres. La premiere eft toute remplie de manufcrits, au nombre de 15,000, mais fi connus des favants, qu'il n'a guere trouvé qu'environ 60 ouvrages à copier. Les deux autres, qui contiennent les lettres des papes, font moins fréquentées. Il en a extrait 5,000 lettres & 5,000 par fragments, par fommaires & par dates. Il a compofé deux ouvrages pendant fon féjour à Rome. La traduction d'un

traité

traité de Plutarque à l'usage des nouveaux mariés,
& une vie de Raphaël Meng, peintre espagnol.

Outre l'énumération que M. *Dutheil* a faite de
ses longs travaux, il a rendu compte ensuite
de tous ceux qui lui ont fourni des secours pour
réussir dans une entreprise où il y avoit des difficultés de plus d'un genre. Il a terminé par un
éloge du cardinal de *Bernis*, auquel il a mis
le comble en disant que c'étoit le meilleur des
hommes.

Il paroît que M. *Dutheil* n'est pas au bout de
ses recherches, & compte retourner pour reprendre
le cours de ses travaux : c'est aujourd'hui sous les
auspices de M. le garde-des-sceaux, qui a succédé
à M. Bertin, pour cette partie.

A ce mémoire, assez ennuyeux dans ses détails,
en a succédé un beaucoup plus intéressant, de M. de
*Keralio, sur les loix & usages militaires des Grecs
& des Romains.* Il a réservé la derniere partie pour
une séance particuliere, & n'a traité que la premiere. Il a divisé celle-ci en deux ; il a parlé successivement d'Athenes & de Lacédémone. On ne
peut croire qu'il ait dit des choses bien neuves sur
une matiere dont ont écrit tant d'historiens ; mais
il en a rapproché les détails d'une façon tout-à-fait
piquante. Son mémoire est précis, rapide & très-
plein. Son but est de faire voir principalement
combien l'éducation de la jeunesse & la discipline
militaire donnoient de force à ces républiques ;
que c'est elles seules qui engendrent & forment les
bonnes troupes & les héros.

Quand cette discussion ne serviroit qu'à nous
apprendre ces grandes & importantes maximes,
elle seroit très-utile. M. de *Keralio* insinue en outre,
que notre tactique pourroit y gaguer, & que

Tome XXV.   L

tout récemment nous avons emprunté de celle des Grecs & des Romains ce qu'on appelle l'*Ordre profond*.

M. *Bouchaud* , qui s'occupe depuis long temps de travaux sur le droit Romain, a fait lire le troisieme mémoire par M. *Anquetil*, son confrere. Il est à la suite de ses recherches, & roule sur la *seconde table de la loi des douze tables*. Il y est question uniquement d'un passage au sujet duquel les commentateurs se sont donné la torture. Après en avoir rapporté les opinions absurdes & ridicules, l'académicien fait voir que le meilleur sens est le plus naturel, celui qui se présente le premier.

M. de *Rochefort* a terminé la séance par un quatrieme mémoire sur le poëte *Menandre*, *& sur l'art qui régnoit dans ses comédies.* On sait que c'est à ce poëte qu'a commencé le moyen âge de la comédie. Il n'y avoit pas un siecle d'écoulé depuis *Aristophane*, & il l'avoit déja purgée des personnalités, de la licence & des grossiéretés qui l'infectoient dans son berceau sous le premier des comiques. On juge, quoiqu'il ne reste que des fragments de cent cinq comédies qu'il avoit composées, qu'il avoit même poussé cet art à un grand point de perfection : par des inductions amenées avec beaucoup de finesse, M. de *Rochefort* prétend découvrir dans ces lambeaux épars les principes d'*Aristote* sur la comédie, traité qui est aussi perdu. Il paroît qu'une grande simplicité caractérisoit les plans de *Menandre*, dont *Terence* a beaucoup emprunté, mais en les compliquant davantage d'incidents. Cette dissertation est pleine d'excellentes vues sur l'art, de jugements prononcés avec goût, & peut-être lue avec fruit par les jeunes gens qui entrent dans la carriere. M. de

Rochefort défend sur tout son héros du reproche qu'on lui a fait de n'avoir pas de *vis comica* , & en rapportant l'avis de celui qui a dit que *Me-nandre* étoit le poëte le plus philosophe après *Homere* , on voit qu'il penche de ce côté & est assez disposé à le croire.

21 *Avril*. Relation de la séance publique de l'académie-royale des sciences , tenue aujourd'hui pour sa rentrée d'après pâques.

M. le duc de *la Rochefoucault* , président , sans doute pour soulager M. de *Condorcet* qui , en qualité de secretaire , auroit dû lire les annonces d'usage , les a faites lui même. Elles sont ainsi :

Le prix de physique sur la question concernant les cotonniers , proposé pour 1781 , & remis à 1784 , a été accordé au mémoire N°. I , ayant pour devise : *Deus boxe* , qui avoit été envoyé au premier concours , & qui l'a été de nouveau avec des additions importantes. L'auteur est monsieur *Quatremere d'Isjonval* , le même qui a remporté en 1777 un prix , dont le sujet étoit *l'analyse & l'examen chymique de l'indigo* , & qui a aussi obtenu en 1781 celui de l'académie de *Rouen* , sur les *terres calcaires.*

Quant au prix , dont le sujet étoit « de déter-
» miner la nature & les causes des maladies des
» ouvriers employés dans la fabrique des chapeaux,
» particuliérement de ceux qui *secrettent* , & les
» meilleurs moyens de les préserver de ces mala-
» dies , soit par des moyens physiques ou mé-
» chaniques , soit par des changements avan-
» tageux dans les différentes opérations de leur
» travail. » Il a été remis à l'année prochaine , &
la proclamation ne s'en fera que dans la séance
publique d'après la Saint-Martin 1785.

Dans le nombre de mémoires envoyés au concours, il y en avoit plusieurs, contenant des recherches intéressantes & des expériences tendant à remplir l'objet de l'académie ; cependant ils ne satisfont pas à ce qu'elle a particuliérement demandé sur l'objet essentiel. Le directeur a ensuite indiqué des détails particuliers à faire pour satisfaire véritablement la question principale.

L'académie a remis encore pour la même assemblée de 1785, un autre prix, dont le sujet étoit « de perfectionner la construction des moulins à » eau ; sur-tout de leur partie intérieure , de » maniere qu'ils soient plus simples , s'il est pos-» sible ; qu'ils donnent plus de farine & des » produits plus distincts dans la qualité de ces » farines; que par la réunion & le jeu des blute-» ries, à mesure que la farine est extraite du grain » ils deviennent propres à la nouvelle espece de » mouture adoptée depuis quelques années dans les » moulins de Corbeil & dans quelques autres, voisins » de la capitale. Enfin qu'ils renferment différentes » méchaniques, pour qu'elles puissent, au moyen » de la force qui les fait mouvoir , produire les » divers effets nécessaires à leur service. »

Deux mémoires ont été distingués par l'académie. L'un annonce un auteur très-instruit sur la construction des moulins & sur la mouture des bleds. S'il releve les avantages de la mouture économique , & la regarde comme préférable à toute autre qu'on a employée jusqu'à présent , il prétend aussi que les procédés qu'on y fait sont défectueux à quelques égards , & propose les moyens de les rectifier; mais en s'expliquant sur quelques-uns, il garde le silence sur un autre très-essentiel, en convenant que ce moyen , auquel il attache un

grand prix, demande une fuite d'expériences dont
il eft occupé.

L'auteur du fecond mémoire a préfenté d'une
maniere très-exacte tout ce qui concerne la mouture des grains, & principalement les procédés
qui font propres à la mouture économique; mais
ces connoiffances raffemblées avec autant d'ordre
que de clarté, ne font proprement qu'un précis
des meilleurs ouvrages publiés fur cette matiere.

Après ces annonces, M. le marquis de *Condorcet*
a lu l'éloge de M. *Hunter*. Cet éloge, très-court,
a intéreffé, quoique roulant fur un étranger, par
la nature du perfonnage. C'étoit un médecin
anglois, qui devoit d'abord entrer dans l'églife,
& s'y refufa pour ne pas mentir à fa confcience
en fignant des formules contraires à fa maniere de
penfer. Dégagé des préjugés, il paroît qu'il n'étoit
pas fort croyant à rien, & fon panégyrifte s'eft
lui-même expliqué à cet égard d'une façon affez
libre; ce qui ne lui eft pas ordinaire : il s'eft
fans doute trouvé entraîné par la force de fon
fujet; il n'a pas même diffimulé que la mort
très-philofophique du docteur a répondu au refte
de fa vie.

La franchife de M. *Hunter* s'étendoit jufques
à fa doctrine; il ne faifoit pas grand cas de fa
profeffion; il croyoit que les empiriques, les
charlatans pouvoient réuffir auffi par hafard; il
n'excluoit perfonne de l'art de guérir, bien loin
de fe l'attribuer exclufivement, comme fait le
médecin ignorant ou médiocre.

A la lecture de cet éloge, a fuccédé celle de
plufieurs mémoires, qui font:

1°. Celui de M. d'*Aubenton* fur des draps fa-

briqués avec de la laine superfine de France ,
provenue de son troupeau de Montbard. On sait
qu'il s'occupe depuis très long-temps d'expériences
tendantes à améliorer nos laines. Son grand
moyen est de faire parquer les moutons , & de les
tenir à l'air au moins pendant neuf mois de l'année. L'académicien prétend qu'il est d'autant plus
nécessaire de généraliser ce travail , que nous
sommes à la veille de manquer des laines que
nous fournissoit l'Espagne. Ce gouvernement
commence à s'éclairer, & pourroit établir incessamment chez lui des manufactures pour lesquelles
il conserveroit cette matiere premiere.

2°. Celui de M. *Tenon* sur les moyens que la
nature a donnés aux oiseaux & aux poissons pour
se diriger dans l'air & dans l'eau. Son objet ,
dans un temps où l'homme veut franchir les limites
prescrites à ses facultés , & marcher dans les eaux ,
s'élever dans les airs , est de prouver que la struc-
ture des ailes ou des nageoires tient à des principes tels qu'il seroit difficile & même impossible d'en imiter & d'en appliquer utilement le
méchanisme.

3°. Celui de M. *Meusnier* sur la décomposition
de l'eau & sur les moyens de faire l'air inflammable en grand. Il prouve par des expériences
faites en commun avec M. *Lavoisier* , que le
fluide dont il s'agit n'est point une substance
simple , & indique comment il est parvenu à le
reconnoître: découverte bien essentielle dans un
temps où l'on a un si grand besoin de cet air
inflammable , agent du nouvel art de s'élever
dans les airs. Celui qu'on obtient de la décomposition de l'eau est dix à douze fois plus léger
que l'air atmosphérique.

Il auroît été fait part au public de plufieurs
autres mémoires intéreffants , fi le reftant de la
féance n'eût été deftiné à l'éloge de M. d'*Alem-*
bert. M. *Houdon*, dont le cifeau paroît plus particuliérement confacré à perpétuer l'image des
hommes célebres , a fait préfent à l'académie du
bufte du défunt. On venoit de le placer , & c'eft
devant cette image que M. de *Condorcet* a fait
fumer fon encens.

Quoique le panégyrifte eût déjà ébauché deux
fois l'éloge de M. d'*Alembert* , il n'a pas craint
de fe répéter en un fujet où il fe complaifoit fi
fort , & s'eft donné carriere pendant plus d'une
heure. Il a très-noblement traité l'anecdote de fa
naiffance ; il a obfervé que les grands hommes
n'avoient pas befoin d'aïeux pour être illuftres,
ni de poftérité pour perpétuer leur mémoire im-
mortalifée par leurs ouvrages. A l'égard de ceux-ci ,
il s'eft étendu principalement, ainfi que l'exigoit
la circonftance fur les fcientifiques. Il a cependant encore trop exalté en M. d'*Alembert* l'homme
de lettres. En faifant un éloge pompeux du difcours
préliminaire de l'*Encyclopedie*, il n'a pas diffimulé
la part qu'y avoit M. *Diderot* , & a ofé le louer ,
quoiqu'il ne foit d'aucune académie. En définif-
fant affez bien le caractere des éloges d'académiciens françois compofés par fon héros , il a eu
l'adreffe de les préfenter fous un point de vue
avantageux , & de les prifer beaucoup plus qu'ils ne
le méritent réellement.

Il n'a pas diffimulé les défauts perfonnels de
M. d'*Alembert*; il eft convenu qu'il étoit aigre
dans la difpute, dénigrant , exclufif; mais il a
encore adouci cet aveu, en difant que c'étoit
en lui vivacité, franchife & zele. Cette tournure

de l'amitié fait d'autant plus d'honneur au panégyriste, qu'il essuyoit souvent des bourrasques de l'humeur de son maître, sur-tout durant les derniers mois de sa maladie, lorsqu'il l'accompagnoit aux Tuileries, & portoit le bourrelet pour asseoir moins douloureusement le philosophe souffrant; car la vénération de l'illustre éleve le portoit jusqu'à lui rendre ce petit service.

On a cru que la tête de M. d'*Alembert* s'étoit affoiblie sur la fin; on s'est trompé : il ne pouvoit plus s'occuper des hautes méditations qui l'avoient toujours agité; mais il se livroit à la littérature; il aimoit à en entendre parler dans son lit de mort, & il s'est endormi avec ces idées agréables.

M. de *Condorcet* n'a pas osé aller plus loin & s'étendre sur l'anecdote de l'enterrement, qui auroit nécessité de sa part une sortie trop vigoureuse contre les prêtres.

21 *Avril.* Quand on a lu le volumineux mémoire de Mad. de *Cabris* la jeune, on est en effet, très-porté à la croire innoncente. Il paroît qu'elle y établit assez bien la fausseté des imputations de ses ennemis, ou plutôt qu'elle y dévoile avec beaucoup d'adresse la malignité par laquelle ils sont parvenus, en mêlant le vrai & le faux, à la faire juger coupable & à en imposer même aux magistrats.

Ce mémoire, d'ailleurs, est très-précieux, en ce qu'il jette un grand jour sur plusieurs endroits de la vie du comte de *Mirabeau*, son frere, si intéressant par son nom, par ses malheurs, par son courage & par ses écrits.

22 *Avril. seconde suite des Lettres curieuses & édifiantes.* Il paroît que le projet de l'auteur ou

des auteurs de ce pamphlet feroit de le convertir
infenfiblement en ouvrage périodique, qu'ils fub-
ftitueroient à la gazette eccléfiaftique, devenue
fi infipile depuis la deftruction des jéfuites. Outre
plufieurs lettres de correfpondance entre les divers
prélats qu'on a déjà mis en fcene, & dont la
plus récente eft datée du 17 janvier 1784, on
y trouve deux pieces plus remarquables.

1. *Mandement de monfeigneur l'évêque de Rennes,
en faveur des biens de l'églife.* Perfifflage affez plaifant, où on lui fait annoncer à fes ouailles le projet
du gouvernement de faire rendre, par les évêques,
aux pauvres la portion qui leur étoit réfervée
autrefois fur les revenus des gros bénéficiers. En
conféquence il ordonne des actions de graces au
tout - puiffant , des prieres pour le roi , &c.

2. *Troifieme partie du mémoire des bénédictins
des Blancs manteaux,* où ce profond théologien,
canonifte & homme d'état, indique de quelle maniere on peut ramener l'ufage des biens eccléfiaf-
tiques à leur deftinatiou primitive, & à quels
établiffements d'utilité publique, conformes à l'efprit des faints canons, on peut employer la portion qui n'eft pas néceffaire à l'entretien des miniftres de l'églife & de fes temples.

Ces lettres ne font pas auffi plaifantes & auffi
méchantes que celles contre l'évêque d'Autun &
autres prélats adminiftrateurs; mais elles tendent
vifiblement à un but plus utile. Le gouvernement
dont elles fervent parfaitement les vues, doit les
favorifer fous main.

22 *Avril.* Quoique dans les quatre derniers
volumes du *Tableau de Paris* de M. *Mercier*, il
n'y ait pas plus de plan, de liaifon, d'ordre que
dans les précédents ; quoiqu'il y ait encore quan-

rité d'articles hétérogenes, croqués, bas, plats,
on y en trouve auffi d'intéreffants, de piquants,
& ils font en général plus foignés & plus amu-
fants. Mais c'eft toujours un ouvrage de libraire,
qu'on groffit comme l'on veut. C'eft une en-
cyclopédie entiere, où l'on ne trouve que des
matieres effleurées, aucune d'approfondie. Il contient en tout 674 chapitres ; ce qui fait environ
quatre pages pour chacun, & il en eft qui exi-
geroient des volumes. On ne peut difconvenir
pourtant qu'il n'ait un certain fuccès, fur-tout
dans les provinces & chez l'étranger, & c'eft à
fon titre qu'il le doit principalement.

13 *Avril.* On a fans doute été content de l'adminiftration actuelle de l'opéra : malgré tous les
bruits de changements & les intrigues des afpirants
à la direction, on l'a confervée fur le même pied.
Quoi qu'il en foit, pendant l'année dramatique
derniere, on n'a donné fur le théâtre lyrique que
cinq ouvrages nouveaux, mais on en a remis
neuf.

Produit des Capitations.

Premiére	*Caftor.* . . .	7,569 liv.	
Seconde	*Iphigénie*		
en *Aulide.*		8,626	38,930 livres
Troifieme	*Didon.* . .	7,608	
Quatrieme	*Iphigénie*		
en *Aul.* & la *Carav.*	15,127		

Il faut déduire de cette derniere fomme 4,894 liv.
provenant de gratifications qu'ont coutume de
donner à la fin de l'année, pour leurs loges, les
princes & autres perfonnes confidérables ; refte
toujours celle de 10,233 liv. à laquelle n'a jamais

atteint aucune recette de capitation faite dans la salle actuelle.

24 *Avril*. Le fieur *de Beaumarchais*, ainfi qu'on l'avoit prévu, a fi bien intrigué qu'il l'emporte enfin, & fa piece eft annoncée pour mardi 27 fous le double titre de *la Folle journée* ou *le mariage de Figaro*, comédie en cinq actes & en profe.

24 *Avril*. Les travaux des comédiens françois, cette année, fe réduifent à quatre tragédies nouvelles, & trois remifes, quatre comédies nouvelles, & cinq remifes; un mélodrame: en tout dix-fept ouvrages. Il y faut ajouter l'*Inconftant*, comédie en cinq actes & en vers, jouée à la cour.

Ceux des comédiens italiens font toujours extraordinaires: ils ont joué dix dramesou comédies, quinze opéra comiques, ou pieces en vaudevilles. Ils ont remis trois ouvrages: en tout vingt-huit ouvrages.

Ils ont en outre joué à la cour les cinq ouvrages fuivants : *les deux Soupers*, comédie lyrique en trois actes: *l'Amant Sylphe*, comédie lyrique en trois actes; *le Dormeur éveillé*, comédie lyrique en quatre actes; *les Quatre coins*, opéra comiqueen vaudevilles ; *les Payfans patriotes*, comédie lyrique en trois actes.

24 *Avril*. Ce qui prouve à quel point M. le duc de *Chartres* eft embarraffé pour la location de fes nouveaux bâtiments, c'eft l'accès qu'il donne à tous les charlatans qui, fous fes aufpices, cherchent à faire des dupes, par l'annonce faftueufe d'inftitutions nouvelles. On parle aujourd'hui d'un *Lycée de Paris*, club littéraire, fous la protection immédiate de S. A. S. monfeigneur le duc de *Chartres* & fous la direction de M. *Baffi*. On doit en répandre inceffamment le *profpectus*.

L 6

24 *Avril*. Jamais le tombeau de *saint Médard* n'attira plus de monde & n'opéra des choses plus extraordinaires que le mesmérisme. Il mérite enfin l'attention du gouvernement. Pour savoir le tolérer & jusqu'à quel point, S. M. a nommé quatre commissaires de la faculté, quatre de l'académie des sciences & autant de la société royale, chargés de suivre les traitements du docteur *Deslon*, & de lui en rendre compte.

Cela devient un spectacle. Derniérement madame la princesse de *Lamballe*, avec une dame de sa suite, est allée chez le docteur *Deslon*, comme il magnétisoit. Il n'y avoit pas moyen de refuser une princesse, & malgré la parole donnée par ce médecin aux malades, S. A. les a vus entourant le baquet mystérieux & s'y livrant à toutes les simagrées qu'il leur fait faire. Les femmes sur-tout ont été très-scandalisées d'une semblable curiosité, car ce sont elles qui éprouvent les plus singulieres convulsions, tenant beaucoup des extases du plaisir; aussi sont-elles les plus ardentes à prôner le mesmérisme.

25 *Avril*. C'est demain décidément qu'on joue sur le théâtre lyrique les *Danaïdes*, opéra en cinq actes, dont les paroles sont du feu baron de *Tschoudy*, revues & corrigées par M. le bailli du *Rollet*. Quant à la musique, dans l'annonce on la donne en commun au chevalier *Gluck* & à M. *Salieri*, maître de musique de S. M. l'empereur & des spectacles de la cour de Vienne. Aux répétitions on n'a remarqué aucune disparate qui ait pu faire connoître la différence des deux manieres; ce qui doit faire supposer que l'éleve est digne du maître.

De grands effets tragiques, peu de chant, de mauvais airs de danse, voilà le résultat du jugement des connoisseurs qui ne sont pas fanatiques.

25 *Avril.* M. de *Vermont*, accoucheur de la reine, pour rétablir sa mauvaise réputation, pour repousser les reproches qu'on lui a fait de dureté, d'inhumanité, de barbarie, vient de faire annoncer un nouveau prix qu'il a fondé, consistant en une médaille d'or de 300 liv. destinée au meilleur mémoire ou aux observations les plus utiles aux progrès de l'art des accouchements, envoyés dans le courant de l'année : comme de raison, le jugement remis à l'académie royale de chirurgie.

Dans cette annonce M. de *Vermont* est qualifié pour la premiere fois de *conseiller d'état.* Ainsi le voilà *haut & puissant seigneur*, de même que M. *Nicolas Beaujon.* Il faut se rappeller à ce sujet la sensation que fit dans Paris le billet d'enterrement de la femme de celui-ci.

26 *Avril.* Aucun ouvrage du chevalier *Gluck*, même sa premiere *Iphigénie*, n'a attiré autant d'affluence que celui d'aujourd'hui. L'a reine n'a pas manqué de l'honorer de sa présence.

M. le bailli de *Suffren*, qui paroissoit pour la premiere fois en public, ayant été apperçu au balcon où il avoit pris place, a été applaudi universellement, avec transport & pendant très - longtemps, malgré la gêne effroyable où étoit le parterre. L'orchestre, excité par cet enthousiasme, l'a salué d'une fanfare avec les timbales & trompettes. Le public a crié *bis*, & la fanfare a recommencé.

Les actes des *Danaïdes* sont heureusement fort courts, car on ne pourroit supporter long - temps cet affreux spectacle, dont les ballets mêmes, parfaitement analogues au genre, ne sont que des jeux atroces, que des pantomimes représentant allégoriquement ce qui doit bientôt se passer en action. C'est sur-tout au troisieme acte appellé *l'acte du festin*, qu'est le comble de l'horreur, par la perfidie de ces femmes dansant avec leurs maris, les careffant, les agaçant, lorsqu'elles ont décidé, dès le second acte, de les maffacrer durant leurs embraffements fecrets, & que le fpectateur eft déjà confident de cet exécrable complot.

Il n'eft point d'ouvrage, malgré la noirceur du fujet, qui préfente un enfemble auffi riche & auffi impofant. La multiplicité des perfonnages, le nombre des décorations & leur genre pittorefques, la belle exécution des machines, le brillant des coftumes, tout contribuoit à faifir l'imagination & à frapper le fpectateur d'étonnement.

M. *Gardel* a mis beaucoup d'intelligence dans fes ballets & s'eft montré digne de marcher fur les traces de M. *Noverre*. Il a fenti qu'il ne falloit pas trop diftinguer entre eux les freres , & les fœurs entre elles ; il en eft réfulté que les premiers fujets font corps avec les figurants, ce qui donne beaucoup plus de vérité à la pantomime, malgré la confufion qui a régné un moment, mais qui s'éclaircira par une exécution plus répétée.

Le jugement déjà annoncé fur la mufique s'eft confirmé. On y pourroit ajouter que l'ouverture ne répond nullement au fublime d'horreur qu'elle devroit rendre. Au refte, un tel ouvrage mérite qu'on y revienne.

26 Avril. Le parlement a repris fes féances pour les affaires publiques ; interrompues pendant les vacances de pâques. On ne croit pas qu'il s'en tienne encore à la feconde réponfe du roi à fes remontrances , concernant les bénédictins , la commiffion des réguliers, & l'affaire des Quinze-

vingts , qui lui défendoit *de se mêler de ces af-*
faires , sa majesté s'en étant réservée la connois-
sance.

Quant aux réflexions de la cour sur les lettres
d'extinction en faveur du sieur de *Sainte - Foy* , on
regarde cela comme une affaire finie , par la réponse de sa majesté qu'elle réfléchiroit sur cet
objet , & qu'elle feroit connoître à son parlement
ses intentions à cet égard.

26 *Avril.* On dit aujourd'hui que la principale
raison qui a empêché d'accepter l'offre de M. de
Paulmy , c'est qu'il est ministre d'état , caractere
indélébile qui , s'il avoit été bibliothécaire du
roi , lui auroit donné le droit de travailler avec
sa majesté , sans l'intervention du ministre de Paris ,
démembrement auquel le baron de *Breteuil* s'est
opposé.

27 *Avril.* Ç'a sans doute été aujourd'hui pour
le sieur de *Beaumarchais* , qui aime si fort le
bruit & le scandale , une grande satisfaction de
traîner à sa suite , non - seulement les amateurs
& curieux ordinaires , mais toute la cour , mais les
princes du sang , mais les princes de la famille
royale ; de recevoir quarante lettres en une heure
de gens de toute espece qui le sollicitoient pour
avoir des billets d'auteur & lui servir de *battoirs* ;
de voir madame la duchesse de *Bourbon* envoyer
dès onze heures des valets de pied au guichet ,
attendre la distribution des billets , indiquée pour
quatre heures seulement ; de voir des cordons
bleus confondus dans la foule , se coudoyant ,
se pressant avec les savoyards , afin d'en avoir ;
de voir des femmes de qualité , oubliant toute
décence & toute pudeur , s'enfermer dans les
loges des actrices dès le matin , y dîner & se

mettre fous leur protection , dans l'efpoir d'entrer les premieres ; de voir enfin la garde difperfée, des portes enfoncées , des grilles de fer même n'y pouvant réfifter & brifées fous les efforts des affaillants. Mais le triomphe véritable pour lui, ç'a été de faire lever une défenfe du roi de jouer fa piece , donnée par écrit il n'y a pas un an, & fignifiée avec une folemnité qui fembloit en faire & caractérifer une affaire d'état. Et dans quelle circonftance ? Lorfque l'auteur le plus honnête n'auroit ofé propofer une pareille piece , par la crainte d'allufion à des bruits qui ont affligé cet hiver la famille royale , & qui pouvoit rappeller le fouvenir d'une calomnie atroce . lorfque du moins aucun cenfeur n'auroit pris fur lui de laiffer fubfifter un incident prêtant fi fort à la malignité du fpectateur.

Quoi qu'il en foit , on juge bien qu'avec cet empreffement général la falle a été remplie de bonne heure. A ces féances tumultueufes il arrive toujours quelque diftraction qui occupe le public. C'eft ainfi que M. le bailli de *Suffren* ayant paru, il a été applaudi avec les mêmes tronfports qu'hier à l'opéra ; mais ce qui a beaucoup diminué le mérite de cet enthoufiafme, & indigné les vrais patriotes, ç'a été de voir la dame *Dugazon* qui , rétablie de fa honteufe maladie , ne s'étoit pas encore montrée au fpectacle , occafionner les mêmes tranfports que le héros.

Quant à la comédie , le plus grand nombre des fpectateurs s'attendoit bien qu'elle feroit mauvaife , mais non auffi longue. On croyoit qu'elle occuperoit la durée ordinaire du fpectacle, puifque les comédiens n'avoient point annoncé de petite piece. On ne s'imaginoit pas qu'elle feroit prolongée depuis cinq heures & demie jufqu'à dix heures. Et pourquoi faire ? Pour nous peindre un grand feigneur au milieu de fa valétaille qui le dupe, le joue & le baffoue durant tout ce temps. La feule préfomption d'occuper le public françois pendant plus de quatre heures avec une farce auffi dégoûtante méritoit d'être fifflée. Il y a bien eu des huées, des fifflets même, mais très-modérés, quoique fréquents, & l'on ne fait ce qu'admirer le plus, ou de l'impudence du fieur de *Beaumarchais*, ou de la patience des fpectateurs !

Monfieur a paru s'ennuyer beaucoup de cette *folle journée*. Quant au comte d'*Artois*, on fait qu'il s'étoit déja en quelque forte oppofé à la repréfentation, en difant au roi que c'étoit une vilainie, une infamie.

Malgré cela, comme la piece, bien inférieure encore au *Barbier de Séville*, n'a pas éprouvé, à beaucoup près, les mêmes contrariétés, on ne feroit pas furpris qu'à la faveur fur-tout des acceffoires, du chant, de la danfe, des décorations, de la fatire vive, des obfcénités, des flagorneries pour le parterre, dont cette nouvelle facétie comique eft mêlée, elle allât loin, & eût beaucoup de repréfentations.

28 *Avril*. C'eft à l'inftar du fameux *Club Littérraire* du café de *Saint-James*, établi à *Londres* par *Willis*, *Steele*, *Adiffon*, *Swift*, où a été compofé le fameux *Spectateur*, que M. *Baffi* veut inftituer le *Lycée de Paris*. Il a déjà donné à Lyon l'idée d'un femblable établiffement, ouvert en 1777 fous le nom de *Lycée de Lyon*, & ce fut fur celui-ci que le fieur de *la Blancherie* imagina fon mufée. C'eft fur les ruines de ce dernier que M. *Baffi* fonge à élever le fien, mais plus étendu, plus utile & plus général.

Il y aura quatre salles pour le service des membres : la premiere pour la lecture , la seconde pour l'étude , la troisieme pour les conférences , & la derniere pour les exercices.

Dans l'une , on trouvera une bibliotheque bien assortie en nouveautés sur-tout de tous les genres ; dans l'autre , des maîtres de toutes les langues étrangeres. La salle des conférences indique par son nom seul ce qu'elle doit être. La quatrieme offrira des instruments de physique , de méchanique , des modeles , des plans , des deffins , des cartes , des objets d'histoire naturelle , des morceaux de peinture , sculpture , gravure , architecture , que les artistes seront invités à exposer. Enfin parmi les *Clubistes* on choisira vingt membres formant academie. C'est au premier novembre prochain que le lycée doit s'ouvrir.

28 Avril. Extrait d'une lettre de Dijon, du 20 avril.... Des trois canaux de navigation entrepris par nos états, l'un s'étendra depuis la ville de *Châlons* sur *Saône* jusqu'au bourg de *Digoin*, durant une longueur de vingt quatre lieues , & opérera la jonction des deux mers par celle de la Saône & du Rhône avec la Loire. Il s'appellera *Canal de Charolois.* Comme il sera compris en entier dans la *Bourgogne*, la province en fera les frais en totalité.

L'autre , appellé *Canal de Bourgogne* , commence à la ville de *Saint-Jean-de-Lône* jusqu'au village de *la Roche* , & sera long de cinquante-deux lieues. Il ouvrira une seconde communication des deux mers par celle de la *Saône* & du *Rhône* , avec l'*Yonne* & la *Seine.* La partie qu'en construira la province ne sera que de six lieues, & pourra être navigable indépendamment du reste.

Enfin le troifieme, fous le titre de *canal de Franche - Comté*, s'étendra depuis le village de *Saint Symphorien* jufqu'auprès de la ville de *Dôle*. De-là il fera continué jufqu'au deſſous de *Straſbourg*, & opérera une troifieme jonction des deux mers par celle de la *Saône* & du *Rhône* avec l'*Ill* & le *Rhin*. La partie qui concerne les états de *Bourgogne* eſt de plus de trois lieues, & fera navigable, indépendamment du furplus.

Ces trois canaux font déjà commencés & ouverts en plufieurs endroits, & l'on efpere que toutes les parties aux frais des états de Bourgogne feront entiérement achevées en 1790.

La premiere pierre de ces trois canaux doit être pofée folemnellement cette année par le prince de *Condé*, au nom du roi, durant l'aſſemblée des états.

Il a en conféquence été frappé une médaille qui porte d'un côté le buſte du roi, avec cette légende : *Ludovici XVI Franciæ & Navarræ Regi Optimo.* Et l'exergue : *Comitia Burgundiæ.* Au revers, la figure de la *Saône*, ayant fur fa tête la couronne ducale de *Bourgogne*, & à fes pieds l'écuſſon des armes de cette province, portant dans fes mains les emblêmes du commerce & de la profpérité, & mélant fes eaux à celles de la *Loire*, de la *Seine* & du *Rhin*, avec cette légende : *Utriusque Maris junctio triplex*, & à l'exergue : *Foſſis ab Arari, ad Ligerim, Sequanam & Rhenum fimul apertis, 1783.*

Cette médaille multipliée en proportion, a dû être préfentée au roi & à toute la famille royale, par les élus généraux des états de Bourgogne.

28 *Avril.* Suivant un *Avertiſſement* mis à la tête du poëme des *Danaïdes*, l'auteur, qu'on fup-

poſe être le bailli du *Rollet*, annonce qu'après les ſuccès nombreux & multipliés que ce ſujet a obte- nus ſur nos différents théâtres , il n'auroit pas oſé le faire reparoître ſur celui de l'opéra , s'il n'avoit imaginé de l'y montrer ſous une forme nouvelle. Du reſte , il déclare que ce mérite ne lui appartient pas tout entier ; qu'il s'eſt beaucoup aidé d'un poëme manuſcrit de M. de *Calzabigi* , auteur de l'*Orphée* & de l'*Alceſte* italiens ; qu'il a emprunté quelques idées du ballet des *Danaïdes* de M. No- verre , & qu'enfin un de ſes amis, pour accélérer l'ouvrage , a mis en vers une partie de ſa compo- ſition. Il prend de - là occaſion , ſans le nommer , de faire l'éloge de l'illuſtre défunt , le baron de *Tſchoudi* , excellent homme , connu par pluſieurs ouvrages en proſe & en vers également eſtimés, auſſi recommandable par ſes vertus ſociales, ſon mérite militaire & ſa haute naiſſance , que par ſon eſprit & ſes talents littéraires.

29 *Avril*. Il paroît que les demoiſelles danſeuſes de l'opéra , malgré leur répugnance à fraterniſer avec la Dlle. *Bourgeois* , n'ont pu l'expulſer de leur ſociété, puiſqu'on la trouve encore au nom- bre des figurantes dans les cinquante *Danaïdes*; mais par une délicateſſe fort ſinguliere, dans la liſte de ces demoiſelles , miſe au - devant des pa- roles de cet opéra, on ne l'a déſignée que ſous la premiere lettre de ſon nom , avec des points, B. ..

29 *Avril*. Depuis l'ouverture de la nouvelle ſalle de comédie françoiſe , on avoit fait diffé- rents eſſais pour la bien éclairer , qui n'avoient pas réuſſi. On a eu recours à une invention de MM. *Lange* & *Quinquet*. Cette lumiere , d'un genre plus parfait, quoiqu'elle laiſſe encore bien des choſes à déſirer , a été jugée ce qu'on avoit

tenté de mieux. Elle eft vive, douce, nette, fans la moindre fumée & peu difpendieufe.

30 *Avril*. Au premier acte des *Danaïdes*, le théâtre repréfente le bord de la mer & un temple. Les préparatifs des ferments de la *Paix* & de l'*Hymen*; les fils d'*Egyptus* defcendant de leurs vaiffeaux dans la ville d'*Argos* où eft la fcene; les ferments, des danfes & une explofion de tendreffe entre *Lyncée* & *Hypermneftre* rempliffent tout cet acte.

La fcene au fecond acte eft un lieu fouterrain du palais de *Danaüs*, confacré à *Nemefis*. La ftatue de la déeffe eft au milieu. Au-devant eft un autel. Ici le roi révele à fes filles fon projet de vengeance. Il leve un voile cachant un faifceau de poignards dont il les arme. Serment effroyable qu'elles font. *Hypermneftre* feule s'y refufe & réfifte à toutes les menaces de fon pere. Monologue de cette princeffe, où elle peint la fituation horrible de fon cœur.

Le troifieme acte, plus en danfes & en fêtes qu'en paroles, n'a que trois fcenes, dont deux très-courtes. On voit un jardin orné pour une fête confacrée à *Bacchus* & aux dieux d'hyménée. On y voit ce qui fuivoit chez les anciens, le banquet du foir au jour des noces : orgie, où les époufes affifes à côté des nouveaux époux, paroiffent vouloir les plonger dans une double ivreffe & leur verfent inceffamment à boire. *Lyncée* préfente fa coupe à *Hypermneftre*, qui recule d'horreur, fans pouvoir lui apprendre la caufe de ce changement. Elle fort : *Danaüs* raffure l'époux, & lui promet de la ramener plus docile. Il exhorte les autres à la joie : on chante un hymne à *Bacchus*. Des *Hymens*, avec leurs

flambeaux , précedent chaque couple d'époux que
des *Génies* enchaînent avec des guirlandes & paroiffent conduire dans la chambre nuptiale.

De-là l'ouverture du quatrieme acte , dont
la décoration offre une galerie qui communique
à l'appartement d'*Hypermneftre* , & à celui de
fes fœurs. Nouveau combat entre *Danaüs* &
celle-là. Il la quitte en renouvellant fes menaces,
fi elle n'obéit pas , ou fi elle parle. Scene d'inquiétude , de tendreffe , de jaloufie , d'horreur
entre *Lyncée* qui furvient , & *Hypermneftre*. Enfin
elle le remet à un officier qu'elle a gagné & chargé
de ménager fa fuite. Il ne peut s'y déterminer
fans avoir vengé fes freres , dont on lui apprend
la catóftrophe. Cris des époux. *Hypermneftre* s'éva-
nouit.

La même décoration qu'au quatrieme acte continue au cinquieme. *Hypermneftre* , inquiete fur le
fort de *Lyncée* , goûte un moment de joie en
apprenant de la bouche même de fon pere qu'il
ne fe trouve pas au nombre des victimes. Il la
fait charger de chaînes. On lui fait annoncer que
Lyncée reparoît armé & à la tête de fes foldats. Le
barbare veut tuer au moins fa fille & eft prévenu
par l'un de fes fujets. *Lyncée* entre: il fe réunit
à *Hypermneftre* : ils quittent enfemble ce palais
horrible que la foudre écrafe.

La tragédie finit par le fpectacle des enfers, où
l'on voit le fupplice de *Danaüs* & de fes filles.

En général, ce poëme n'eft point mal fait. Les
paroles en font mâles, énergiques & pittorefques,
A la repréfentation, on y a fait un heureux changement au quatrieme acte : on a fupprimé la fin.
La mort des époux eft caractérifée par une mufique
rompue , brifée, dans le genre terrible, à laquelle

succede un silence plus affreux. Les *Danaïdes*, ou Bacchantes, entrent en foule & en défordre, & par-tout leur enfemble confirme le crime qu'elles viennent de commettre. *Danaüs* vient les féliciter, mais fe plaint qu'une victime, que *Lyncée* lui échappe. Avides de fang, elles fortent & courent pour la chercher & l'immoler.

Du refte, on ignore pourquoi l'on a jugé à propos de changer le fupplice des *Danaïdes*, imaginé dans la fable, qui pourroit prêter tout autant à la pantomime & offroit un genre d'attitudes plus neuf, & pourquoi l'on y punit *Danaüs* de celui de *Promethée*.

30 *Avril*. Extrait d'une lettre de Nantes, du 26 avril ..... J'ai fait ce que j'ai pu afin de prendre une idée jufte de ce qui eft depuis fi long-temps l'entretien du public, & depuis plufieurs mois le confeil de guerre de l'*Orient*. 1. J'ai lu tous les mémoires publiés par les divers accufés, & je n'y ai vu que mauvaifes manœuvres, infubordination, défordre. 2. J'ai interrogé quantité de matelots, d'officiers mariniers, d'officiers de la marine, d'officiers de terre employés fur les différents vaiffeaux de l'armée navale à l'affaire du 12 avril, & je n'ai trouvé que partialité, animofité & dénigrement réciproques. Chacun attaché au capitaine de fon vaiffeau & à fa divifion, les défendoit pour inculper les autres. 3. Voulant me déterminer par les pieces mêmes, je me fuis fait repréfenter les mêmes journaux de différents pilotes qui, deftinés par leurs fonctions à configner fur le champ chaque fignal, ne peuvent en être diftraits par aucun ordre étranger, & de tout ce que j'ai lu, il ne m'eft refté que l'image d'une confufion générale; en forte que je regarde comme impoffible

aux juges de démêler la vérité à travers ce chaos
de contradictions.

*30 Avril. Histoire raisonnée des opérations mi-
litaires & politiques de la derniere guerre, suivie
d'observations sur la révolution qui est arrivée dans
les mœurs, & sur celle qui est sur le point d'arriver
dans la constitution d'Angleterre.* Tel est le titre
d'un ouvrage nouveau qui, quoique daté de 1783,
ne commence à paroître que de ce moment-ci. On
n'attribuera pas sa lenteur à percer & sa clandes-
tinité à sa méchanceté, car il est très-louangeur
du gouvernement & des généraux françois, très-
dépréciateur du gouvernement & des généraux
anglois.

Pour mieux juger de ce livre, il faut d'abord
en connoître l'auteur qui y a mis son nom. Il
s'appelle *Joly de saint-Valier,* & se qualifie de
lieutenant-colonel d'infanterie. Il nous apprend
qu'il a déjà composé des *réflexions sur l'éloge de
M. de Voltaire, par M. d'Alembert ;* un *traité
sur l'éducation des deux sexes* & autres opuscules.

M. de *Saint-Valier* convient lui-même que, pour
vivre, il a été obligé d'aller en 1778 offrir ses
services à l'*Angleterre,* ce à quoi il ne put par-
venir. De là sans doute déjà une grande prévention
de sa part contre un peuple qui a refusé son bras
& ses lumieres, puisqu'il déclare modestement que
si on l'avoit écouté, les affaires de la Grande-Bretagne seroient sur un tout autre pied. On présume
que c'est au chevalier *Yorck* qu'il s'adressa, & il
cite là-dessus un *mémoire* qu'il a publié sur ce qui
se passa entre ce ministre & lui. Il attribue à ce
même personnage sa détention à Londres, où il
fut mis à *Bridwell* le 13 novembre 1782, & y
resta jusqu'au 11 janvier 1783. Il a été acquitté

de

de la maniere la plus honorable : mais malgré fa pro-
teftation d'impartialité, de fang froid, on conçoit
qu'après un pareil traitement, il eft difficile de
voir fes perfécuteurs de bon œil.

M. de *Saint-Valier* prétend que jufqu'à préfent
perfonne n'a fu écrire l'hiftoire parmi les anciens
& les modernes. Il en veut donner un modele
dans celle-ci. Indépendamment du peu de jufteffe
de fes réflexions, malgré fa briéveté ou plutôt fa
féchéreffe, on trouvera ce fommaire encore trop
long & trop bavard. Beaucoup de chofes mal vues,
tout indiqué, rien d'approfondi, plufieurs ana-
chronifmes, quantité d'erreurs. Tels font les principaux reproches qu'on peut lui faire.

A ce qu'on a rapporté de la préfomption de
l'écrivain, il faut ajouter qu'il n'aime ni *Voltaire*,
ni l'abbé *Raynal*, ni Me. *Linguet* ; qu'il appelle le
premier un *ignorant*, qu'il réprouve le ton *tranchant & décifif* du fecond, & traite le troifieme de
fot difcoureur.

Au refte, le ftyle de M. de *Saint-Valier* n'eft
pas mauvais ; il eft clair, fimple, ferme & affez
noble. Sa méthode feroit excellente, fi fon plan
étoit bien rempli, fi les affertions étoient prou-
vées par les faits, & fes digreffions enrichies d'anecdotes & de portraits propres à leur ôter ce ton de
monotonie & de pédantifme, qui fent moins l'hiftoire qu'un traité dogmatique.

1 *Mai* 1784. Ce qu'on avoit prévu vient d'arriver. L'abus fait des *Ballons* en a découvert le danger & a forcé le gouvernement de s'oppofer à ces
jeux, ou du moins de les modifier. Par une *ordonnance de police*, du 23 Avril, il eft défendu de
fabriquer & faire enlever des *Ballons* & autres *machines aéroftatiques*, auxquels feroient adaptés des

réchauds à l'esprit de vin , de l'artifice & autres
matieres dangereufes pour le feu. Il eft ordonné
en outre que tous autres *Ballons aéroftatiques* ne
pourront être enlevés fans en avoir préalablement
obtenu la permiffion. Elle ne doit , fuivant le prononcé , être accordée qu'à des perfonnes d'une
expérience & d'une capacité reconnues , & contiendra le lieu , le jour & l'heure auxquels pourront fé faire lefdites expériences , à peine contre
les contrevenants de 500 livres d'amende.

1 *Mai.* Il paroît un arrêt du confeil , du 13
avril , contenant *Réglement pour l'académie royale
de mufique* : il eft en 19 articles.

1 *Mai.* Les comédiens , pour fatisfaire l'avidité
du public , ont joué jeudi & vendredi *le Mariage
de Figaro.* Tout le monde veut voir cette piece ,
& il n'eft perfonne qui n'en dife du mal en for-
tant. Les plus modérés s'en tiennent à la trouver
exceffivement longue. Cependant elle eft raccour-
cie d'environ une demi-heure. L'intrigue n'en eft
pas plus claire ; elle eft tellement compliquée
qu'aucun fpeétateur ne peut s'en rendre compte ,
& qu'il n'eft point de journalifte qui ait ofé l'en-
treprendre. Du refte , elle fe paffe , comme on l'a
obfervé , entre des perfonnages fi bas & fi mépri-
fables , qu'elle ne peut exciter aucun intérêt ,
même de curiofité , fur-tout pendant un efpace
de temps qui embraffe le double de la durée d'une
comédie ordinaire. Le comte *Almaviva* , qui veut
débaucher la fiancée de *Figaro* , femme de chambre de la comteffe fa femme ; la comteffe qui veut
féduire un jeune page , & ce jeune page voulant
trouffer le cotillon à toutes celles qu'il rencontre ;
& pour comble de turpitude , *Figaro* qui fe trouve
avoir couché avec une vieille forciere de *Mar-*

celine , qu'il découvre être sa mere : tel est le canevas de la piece , dont les incidents , quelquefois ingénieux & piquants , s'ils étoient neufs, font empruntés de sept ou huit comédies, entre autres de la *Gageure imprévue* de M. *Sedaine* , & du *Barbier de Séville* même. Tout ce fond est couvert d'une infinité de détails, où certaines gens trouvent beaucoup d'esprit, mais où les connoisseurs, plus exercés & plus difficiles, ne remarquent qu'un abus continuel de l'esprit. Quant au style , il est tout-à-fait vicieux & détestable. L'auteur, suivant qu'il lui convient, rajeunit de vieux mots, ou en forge de nouveaux , mêle des expressions d'un persifflage fin & délicat avec les propos grossiers & triviaux des halles ; d'où il résulte une bigarrure vraiment originale & qui n'appartient qu'à lui. En un mot , dans cette piece, tenant beaucoup de la vieille comédie , bouffonne & non gaie , satirique & non critique , où l'on prêche le vice , loin de chercher à en corriger, le poëte paroît avoir eu pour but véritable d'insulter à la fois au goût, à la raison & à l'honnêteté publique , & en cela il a pafaitement réussi.

1 *Mai*. Il paroît que le conseil de M. le duc de *Penthievre*, pour éluder les réclamations de nom & d'état du comte d'*Arcq*, n'a trouvé d'autre tournure que d'empêcher d'abord que la cause fût plaidée à l'audience , ce qui la déroberoit à la publicité & à l'éclat que redoute S. A. & ensuite de la faire appointer ; ce qui rend ordinairement une affaire interminable. C'est sur cet incident que la cour doit prononcer incessamment , & ce qui a donné lieu à deux nouveaux écrits très-bien faits : l'un, *Résumé*, & l'autre , *Observations par le*

comte d'Arcq., fuivis de *Confultations*, en date des 19 & 30 avril 1784.

2 *Mai.* Extrait d'une lettre de l'Orient, du 28 avril. . . . . « Le 26 avril le confeil ordonne que l'affaire du *Zélé* & de l'*Aftrée* n'eft pas relative au combat du 11 avril, & point de fa compétence. »

1 *Mai.* MM. *Matthieu Johannot* font très-renommés dans l'art de la papeterie. En 1760 ils avoient déjà obtenu le prix des arts de l'académie de *Befançon*, deftiné à celui qui perfectionneroit les manufactures de papier de ce royaume. En 1762 ils découvrirent l'apprêt de l'*échange*, ou *relevage*, qui avoit fait la réputation des papiers de *Hollande* ; & l'emploi qu'ils en firent leur mérita en 1764 le fuffrage de l'académie royale des fciences. Ce font eux qui ont auffi introduit les premiers en *France* la fabrication du *papier vélin*, qui fert actuellement aux fuperbes éditions des ouvrages deftinés à l'éducation du dauphin.

Sur le compte rendu au contrôleur général des heureux établiffements de MM. *Matthieu Johannot*, ce miniftre s'eft déterminé à leur accorder le prix inftitué par l'ordonnance du 28 octobre 1777, en faveur de ceux qui auront frayé de nouvelles routes à l'induftrie nationale, ou qui auront mérité, en la perfectionnant, quelque marque publique de l'approbation du confeil.

1 *Mai.* En attendant qu'on voie au falon le bufte de M. le bailli de *Suffren*, que fans doute nos artiftes ne manqueront pas d'y expofer, on lui a fait l'infcription fuivante, très-jufte & qui n'eft point un lieu commun :

Dans l'Inde ce héros déployant fon grand cœur
Contre l'Anglois altier qu'il eftime & qu'il brave,
Combattit quatre fois, & quatre fois vainqueur,
Vengea fon roi, la France. l'Inde & le Batave,

2 *Mai*. Extrait d'une lettre de Dijon, du 28 avril.... Le *Ballon* de M. de *Morveau*, tant & depuis si long-temps annoncé, est parti avec succès. Il avoit pour compagnon de voyage monsieur *Bertrand*. Ils se sont rendus à six lieues d'ici, près d'Auxonne, en une heure & demie. Ils prétendent s'être servis avec succès de rames qu'ils avoient imaginées; mais cette derniere circonstance n'est pas bien claire. De quatre ils n'en avoient plus que deux en état d'agir & le gouvernail déboîté. Cette circonstance particuliere rend cependant l'expérience plus curieuse que les précédentes, & par-là nos navigateurs aériens ont enchéri sur les autres. Ils estiment avoir été à une élévation de deux mille toises.

On travaille actuellement avec beaucoup d'activité au bassin de Dijon, pour la communication du canal de *Bourgogne*. Cet ouvrage sera très-utile au commerce & fera beaucoup d'honneur à ceux chargés de son exécution.

2 *Mai*. On assure que M. le marquis de *Montesquiou-Fezensac* a été élu jeudi membre de l'académie françoise, à la place de M. l'ancien évêque de Limoges. On critique beaucoup ce choix, en ce que ce seigneur n'a pour tout mérite littéraire que d'avoir fait des bouts-rimés; ce qui ne lui donnoit pas le droit de l'emporter sur les concurrents nombreux qu'il avoit, tous gens de mérite & ayant fait leurs preuves. Les académiciens s'excusent & gémissent eux-mêmes d'avoir eu la main forcée par le protecteur auguste de M. de *Montesquiou*, premier écuyer de *Monsieur*.

3 *Mai*. C'est par une lettre de M. de *Calonne*, en date du 18 avril, que MM. *Matthieu Johannot*, pere & fils, d'*Annonay*, ont été instruits de la

récompenſe qui leur a été accordée. Elle conſiſte en une médaille envoyée à l'intendant de *Languedoc* pour leur être remiſe.

3 *Mai*. Non content de nous aſſommer du *Tableau de Paris*, faiſant aujourd'hui une maſſe énorme de huit gros volumes, on a eu la friponnerie de le reproduire en trois autres volumes non moins gros, ſous le titre du *Tableau de Paris critiqué par un ſolitaire du pied des Alpes*. Bien des gens ſuppoſent que cet ariſtarque n'eſt autre que M. *Mercier* lui-même, faiſant ainſi la demande & la réponſe, & ſi l'on ne connoiſſoit ſon honnêteté, on ſeroit tenté de le croire ; car outre que ce ſolitaire ne dit preſque mot , & ſe contente de reproduire le texte , le plus ſouvent ſans contradiction, c'eſt que le peu de critique qu'il ſe permet, eſt très-ménagé, & conſiſte en un dialogue entre lui & l'auteur , dans lequel ce dernier a toujours raiſon. Il faut tout au moins ſuppoſer que c'eſt une tournure imaginée par la cupidité des imprimeurs, pour gagner plus d'argent ſans ſe donner de peine. S'il ſe trouve des dupes , l'ouvrage n'en reſtera pas là ; car il n'embraſſe que la premiere partie de l'œuvre de M. *Mercier*.

4 *Mai*. Extrait d'une lettre de Bordeaux, du 27 Avril.... M. le garde-des-ſceaux , pour tirer monſieur *Dupaty* , qu'il ſoutient , de la poſition fâcheuſe où il étoit ici, a imaginé de lui faire donner par le roi une commiſſion de travailler à la réforme de la juſtice criminelle ; de comparer la juriſprudence des divers parlements en cette matiere, & de mettre ſes obſervations ſous les yeux de S. M. afin de rédiger un nouveau code criminel où l'on réforme les abus de l'ancien. M. *Dupaty* travaillera ou ne travaillera pas à cet ouvrage, mais en

gardant sa charge & son hôtel ici , c'est un prétexte pour n'y pas revenir & rester à Paris.

M. *Dudon* le fils, jusqu'à présent s'en est encore
mieux tiré. En partie par le secours de l'autorité ,
en partie par l'astuce de son pere , il a vaincu
tous les obstacles. On étoit résolu de n'admettre
ses conclusions dans aucune affaire : la premiere
chambre des enquêtes s'en étoit fait une loi ex-
presse. Il a d'abord triomphé à la grand'chambre ,
puis à la tournelle. Enfin jusqu'à cette premiere
chambre des enquêtes tout a molli & il est en
pleine activité par-tout. Au mois de mars dernier
il a cependant encore été rédigé & envoyé à la
cour des remontrances contre lui ; mais je crois
qu'on n'y a pas répondu , & puisqu'il a la posses-
sion , ce débat devient inutile.

Notre intendant ne s'en tirera pas si bien.
L'affaire est bien évoquée au conseil, mais le parlement a rendu un second arrêt , où , malgré celui
du conseil qui casse le sien , il ordonne de plus
fort, *sous le bon plaisir du roi* , l'exécution du
premier. Il s'agit d'extorsions , de vexations commises dans les corvées. Un de ses secretaires avoit
été décrété de prise de corps & s'est enfui à Paris.
Un subdélégué a été décrété d'assigné pour être
oui. Par les dépositions entendues , il a transpiré
une anecdote assez gaie, qui ne fait rien au fond
de l'affaire , mais donne mauvaise opinion des vie
& mœurs de M. *Dupré de Saint-Maur*. On a découvert qu'il menoit avec lui dans ses tournées une
fille , sa maîtresse , déguisée tantôt en dragon ,
tantôt en abbé , tantôt en capucin.

Quant à notre maire, M. le vicomte de *Noë*,
il a refusé de faire les excuses au gouverneur , &
a présenté au roi un mémoire , où il fait voir que

le tribunal des maréchaux de France eſt incompétent dans cette matiere. On croyoit que le parlement s'en mêleroit & prendroit fait & cauſe pour les officiers municipaux ; mais la cour regarde cette affaire comme miniſtérielle, & l'on croit qu'elle reſtera telle. On aſſure que l'évêque de *L'Eſcar*, frere du vicomte, a beaucoup travaillé au mémoire de ſon frere.

Quant aux autres petites tracaſſeries ſubalternes qui agitoient notre parlement, on les regarde comme finies, ou du moins comme aſſoupies.

4 *Mai.* Il y a dans la ville de Châtelleraut un prince de *Naſſau - Siegen*, reconnu tel par *Louis XV*, qui en a même une penſion ; mais dans une ſi grande détreſſe, malgré cela, qu'il y exerce la profeſſion de maître d'école. Il eſt âgé & a trois garçons. Le prince de *Naſſau* qui eſt ici & veut s'attribuer excluſivement ce nom en France, l'a fait aſſigner pour qu'il eût à quitter le ſien. Comme le premier s'y refuſe, cela va faire l'objet d'un grand procès.

4 *Mai.* Le public ayant beaucoup murmuré depuis l'ouverture de la nouvelle ſalle de comédie italienne, contre une foule d'incommodités, d'irrégularités & d'abſurdités de cet édifice, on a profité du temps de la vacance de pâques pour corriger ces défauts. M. *Heurtier* s'étant refuſé à ce travail, ſoit par amour-propre, ſoit par impuiſſance, on a eu recours à M. de *Wailly*, l'un des auteurs de la ſalle de la comédie françoiſe. Au moyen d'une dépenſe d'environ 100,000 liv. cet habile artiſte a tiré tout le parti poſſible de ce local. D'abord l'enſemble de la ſalle, dont la forme oblongue n'a pu être changée, offre du moins plus de régularité & d'élégance, & les

fpectateurs font moins preffés & gênés dans les loges. La corniche énorme qui mafquoit toutes les loges & autres places des quatriemes, a difparu, ou plutôt eft attachée au cintre & ne fait plus qu'ornement. On a ramené le paradis, formé aujourd'hui d'un amphithéâtre immenfe, & pouvant contenir cinq cents perfonnes ; en outre, beaucoup plus de loges & en fi grand nombre, qu'on calcule que la recette de ce fpectacle pourra être augmentée de 40 mille écus par an.

5 *Mai.* On ne répand que dans ce moment-ci des *Obfervations* fur un imprimé en huit pages, intitulé : *Mémoire à confulter & confultation pour la dame marquife de Cabris, belle-fille ; contre la dame marquife de Cabris, douairiere,* quoiqu'elles euffent dû être antérieures au grand mémoire de la premiere. Ces obfervations ne font précieufes que par les notions qu'elles donnent fur le défenfeur de la douairiére, Me. *Robin de Mozas.* On y apprend qu'il a été pendant dix ans avocat au parlement de Grenoble ; qu'il s'eft préfenté depuis 1781 au barreau de Paris. Il paroîtroit que les défenfeurs méleroient de part & d'autre du perfonnel dans cette affaire. La jeune marquife de *Cabris* dit dans l'écrit qu'on difcute : *Je connois déjà l'efprit, l'inventeur & le rédacteur de votre mémoire. C'eft une nouvelle piece ajoutée à leurs annales fcandaleufes.* Cette phrafe ambiguë réveille l'attention à propos d'*annales* & d'*annales fcandaleufes* ; on fonge à Me. *Linguet,* qui eft auffi avocat. Eft-ce qu'il auroit mis la main au mémoire ? Eft-ce qu'il auroit des relations avec Me. *Robin* ? C'eft l'énigme à réfoudre.

5 *Mai.* Les comédiens italiens, en retard depuis pâques pour les nouveautés, n'ont donné

qu'hier la premiere. C'eſt une comédie en deux actes & en vers, ayant pour titre : *la Confiance dangereuſe*. L'auteur, M. de la *Chabeauſſiere*, a ſans doute peu de mérite du côté de l'invention , puiſque la piece, originairement angloiſe ſe trouve traduite dans les œuvres de Mad. *Riccoboni*. Ceux qui connoiſſent ces deux ſources , aſſurent qu'il a fait peu de changements. L'ouvrage eſt médiocre. Il y a quelque choſe dans les rôles principaux du *Fat* & de la *Coquette* : mais c'eſt tout , & en général on devoit attendre mieux de l'auteur des *Maris corrigés*.

 5 *Mai*. Il paroît ici des remontrances imprimées du parlement de Bordeaux , datées du mois de mars 1784. Elles ſont dirigées contre M. *Dudon* fils , reçu en ſurvivance de ſon pere , procureur-général de cette compagnie ; ce qui , comme on l'a dit , a cauſé beaucoup de trouble. Elles ſont , à ce qu'on aſſure , de la plus grande force.

 6 *Mai*. Un M. *Squire* , fils d'un pair d'Angleterre , entré dans le commerce , s'eſt trouvé , par une ſuite de complots , de fraudes & d'eſcroqueries , non-ſeulement ruiné , lui & ſon aſſocié , mais par une perfidie plus infame encore , entraîné en France. Il a été arrêté & conſtitué priſonnier à Calais , à la requête de ces mêmes traîtres qu'il avoit ſouſtrait par pitié au châtiment qu'ils méritoient & qu'ils alloient ſubir à Londres. Le détail de tant de noirceurs eſt conſigné dans un mémoire très-intéreſſant , ſuivi d'une conſultation de Me. *Target* , en date du 2 avril , & dans un autre écrit en forme de *réponſe* pour l'accuſé à l'expoſé ſommaire du ſieur *Clapſien* & du marquis de *Cavalcabo* , ſes adverſaires.

 Ce procès a fait grand bruit , & parce que ces

deux aventuriers semblent n'avoir agi qu'à l'instigation du prince de *Salm-Kirbourg*, qui vient d'entrer en cause & qui a dû être assigné au Châtelet, & par l'intérêt vif que l'ambassadeur d'Angleterre y a pris.

Le sieur *Squire* a été élargi provisoirement, & le procès va se discuter au fond. Il faut attendre de plus amples éclaircissements pour savoir jusqu'à quel point le prince de *Salm-Kirbourg*, très-dérangé dans ses affaires, a trempé dans ce complot d'iniquités & en a été l'ame.

6 MAI. Outre les affaires dont on a parlé dans la lettre de *Bordeaux*, on sait que le parlement de *Guyenne* en a plusieurs autres avec la cour, si graves, qu'elles sembleroient devoir causer la chûte de M. le garde-des-sceaux, où la cassation de ce parlement, s'il ne mollit pas.

1. Les négociants de Bordeaux en faillite s'étant soustraits à l'article de l'ordonnance de 1673, qui ordonne le depôt du bilan, à peine d'être poursuivi comme banqueroutier frauduleux, lorsqu'on manque à cette formalité; arrêt qui les y assujettit.

2. Le contrôleur des actes a voulu assujettir les billets à ordre au contrôle dans cette ville. Arrêt du parlement qui défend cette innovation, & la regarde comme une concussion.

3. La régie des domaines a voulu s'emparer des alluvions au nom du roi, quoique les alluvions aient été jusqu'à présent & doivent être au profit des propriétaires des terres. Arrêt du parlement, qui ordonne que la loi reste en vigueur & défend à la régie de pareilles usurpations.

4. On a dénoncé enfin aux chambres assemblées l'ordonnance du gouverneur concernant les jurats, la sentence du tribunal des maréchaux de France

contre le vicomte de *Noë*. Cette affaire-ci ne paroît pas encore mûre; mais dans toutes les autres, il y a eu des arrêts du conseil qui ont caffé ceux du parlement qui, *fous le bon plaifir du roi*, ordonne de plus fort l'exécution des fiens. Dans quelques-unes même, autre arrêt du conseil caffant de nouveau le fecond du parlement, comme attentatoire à l'autorité du roi, &c.

La conteftation qui fait le plus de tort à M. le garde-des-fceaux, eft celle concernant l'intendant, en ce que l'arrêt caffe des décrets lancés d'après des charges & informations, fans en avoir préalablement ordonné l'apport, ainfi que quelques magiftrats l'avoient obfervé à M. le garde-des-fceaux, irrégularité manifefte, qui rend nul l'arrêt de caffation.

Peut-être la parlement fléchira-t-il fur tous ces objets, mais on doute qu'il le faffe à l'égard des alluvions; ce qui touche effentiellement les intérêts de meffieurs, tous ou prefque tous propriétaires de terres.

6 Mai. Lettre de M. l'évêque de ✱✱✱ *à madame la ducheffe de* ✱✱✱ *fur cette queftion importante:* « S'il eft permis d'expofer à la cenfure publique » les excès dans lefquels tombent les miniftres de » la religion? » Tel eft le titre d'une brochure nouvelle de 55 pages, petit caractere. On fe doute bien qu'elle a pour but de juftifier l'auteur qui, depuis le mois d'octobre 1782, où parurent les premieres lettres contre l'adminiftration de monfieur l'évêque d'*Autun*, n'a ceffé de défoler ce prélat & fes adhérents. On a déjà traité en paffant la queftion dans ces lettres; on la traite ici *ex profeffo* & très-amplement. On y fait voir non feulement qu'elles ne méritent point la dénomination de *libelle*; mais

qu'elles ne font en rien contraires à la charité
que la religion commande, & à la modération
ou à la tolérance, qui eft la grande vertu de
notre fiecle.

Cette differtation n'eft point de la même main
que les lettres ; elle eft mâlement & noblement
écrité, fans aucune plaifanterie, appuyée & nourrie
de citations de l'écriture & des peres qui lui donnent un grand poids. A des préjugés vagues, fort
répandus & non moins nuifibles à la chofe publique, le prélat fubftitue des principes lumineux
& des regles certaines pour diriger nos fentiments
& notre conduite, dans une infinité de circonftances.

7 *Mai.* A la falle provifoire de l'opéra, s'eft
commencé une heureufe révolution dans ce rideau
qui ferme le théâtre avant l'ouverture ; on y a fubftitué un tableau qui s'éleve & fe perd majeftueufe-
ment dans le haut. On a imité cet exemple dans
les nouveaux changements de la comédie italienne.
Sur le rideau qui avoit autrefois l'air d'un vilain
papier doré, on a remarqué avec furprife un temple
peint, où fe fait une offrande, un facrifice au
dieu du goût, par les mufes de la *comédie*, de la
mufique & du *drame*. De chaque côté du temple
on voit deux obélifques, où font attachés par des
génies les buftes & médaillons des auteurs & mu-
ficiens célebres à ce théâtre, avec leurs noms,
tels que *Goldony*, *Monfigny*, *Sedaine*, *Gretry*, &c.

L'idée de ce tableau allégorique eft de monfieur
Monnet : il en a deffiné l'efquiffe. L'exécution eft
de M. *Chays*. L'effet en fera peut-être peu folide,
mais il eft pour le moment agréable, pittorefque,
diftinct & très-bien fenti.

7 *Mai.* Le parlement de Bordeaux, dans fes

remontrances , s'éleve d'abord contre les furvi-
vances ; abus que la fageffe des rois a fouvent
profcrit , & que l'importunité & l'intrigue ont
toujours fait renaître. Il difcute enfuite les pro-
vifions du fieur *Dudon* fils , déterminées par les
grands & importants fervices de fon pere. Mais
le premier n'a aucun titre qui lui donne des droits
à cette place. Au contraire, une foule de motifs
fe réuniffent pour l'en exclure. Il a été jurat de
Bordeaux ; fonctions peu propres à le former à
la place de procureur général. Il a été avocat-général durant le parlement intermédiaire ; fonctions
qui , au contraire , le rendent incapable de fra-
ternifer avec les magiftrats rétablis , & il eft le
premier qui ait conçu le projet de franchir la
barriere qui l'éloigne à jamais du temple de la
juftice. L'enquête de vie & de mœurs eft un préam-
bule indifpenfable pour tout magiftrat. M. *Dudon*
a furpris des lettres-patentes qui l'en difpenfent;
& elles étoient plus néceffaires à fon égard,
puifque le public l'accufe d'avoir eu les mœurs
les plus dépravées.

Le jour où le parlement refufa d'enrégiftrer
ces difpenfes, & délibéra des remontrances au roi,
tous les officiers reçurent des lettres de cachet
pour fe rendre le lendemain au palais , avec défenfe de délibérer. Le fieur *Dudon* y fut inftallé
par le porteur des ordres du roi ; mais le parlement protefta contre cet enrégiftrement illégal.

Tels font les objets de ces remontrances contre un homme qui fe vante d'avoir un appui auprès du trône , qui, couvert d'une telle égide,
infulte aux efforts du parlement , & annonce hautement qu'il eft fûr que l'autorité le foutiendra.
Elles finiffent par ces queftions foudroyantes :

« Comment, SIRE, le sieur *Dudon* pourroit-il
» défendre la propriété de vos sujets ? Il a été
» lui-même un usurpateur ! Comment oseroit-
» il invoquer les loix de l'état ? Il les a violées !
» Comment enfin pourroit-il censurer les mœurs
» de vos sujets ? Les siennes sont aux yeux du
» public un objet de scandale ! »

7 Mai. Pour une nouvelle preuve de l'impudence du sieur de *Beaumarchais*, on cite un de
ses propos à M. *Amelot*, qui, l'an passé, lors de
la défense, poussé à bout par cet auteur qui se
lavoit de tous les reproches faits à sa piece,
lui dit : « Enfin, Monsieur, la grande raison
» pour que votre comédie ne soit pas jouée, c'est
» que le roi ne le veut pas. » Il reprit : « *Si ce
» n'est que cette raison, Monsieur, ma piece sera
» jouée.* »

8 Mai. Jeudi, à la cinquieme représentation
du *Mariage de Figaro*, avant que l'on commen-
çât la piece, il se détacha des quatriemes loges
des imprimés qui volerent dans la salle. Ce fut
à qui en auroit. Les femmes en demandoient à
grands cris ; les gens du parquet au bout des
cannes en présentoient aux loges ; des plaisants
y mettoient du papier blanc ou même des po-
lissonneries ; tous les crayons étoient en l'air pour
copier : c'étoient des cris de joie, des brouhahas,
un tumulte, une farce qui valoit mieux que
celle de *Figaro*, & qui amusoit tellement le public, que la représentation en a été reculée pendant plus d'une demi-heure. Au surplus, voici
ces vers :

Je vis hier du fond d'une coulisse,
L'extravagante nouveauté,

(280)

Qui triomphant de la police
Profane des François le spectacle enchanté.
Dans ce drame honteux chaque acteur est un vice
Bien personnifié dans toute son horreur.

Bartolo nous peint l'avarice ,
Almaviva , le suborneur ;
Sa tendre moitié , l'adultere ;
Le Double-main , un plat voleur ;
Marceline est une Mégere ;
Bafile , un calomniateur ;

Fanchette . . . l'innocente est trop apprivoisée !
Et tout brûlant d'amour , tel qu'un vrai *Chérubin* ,
Le page est , pour bien dire , un fieffé libertin ,
Protégé par *Sufon* , fille plus que rufée ,
Prenant aussi sa part du gentil favori ,
Greluchon de la femme & mignon du mari.
Quel bon ton ! quelles mœurs cette intrigue raffemble !
Pour l'efprit de l'ouvrage . . . il est chez *Bride-oifon* :
Et quant à *Figaro* . . . . le drôle à fon patron
Si fcandaleufement reffemble ,
Il est fi frappant qu'il fait peur.
Mais pour voir à la fin tous les vices enfemble
Le parterre en *chorus* a demandé l'auteur.

Vraifemblablement ce qui avoit déterminé
l'auteur de cette épigramme à choifir ce jour-
là , c'est que les partifans du fieur de *Beaumarchais* avoient fait courir le bruit que la reine y
viendroit , & que la revue qui , contre l'ufage ,
a eu lieu à midi n'avoit été avancée que pour
cela. Ce bruit s'est trouvé faux.

8 *MAI.* On parle beaucoup d'un pamphlet très-

court , intitulé : *Testament de l'abbé Pommier.*
Ceux qui ont lu cette facétie , assurent qu'elle
est très-plaisante. Elle est imprimée , mais fort
rare. Heureusement sa briéveté permet de la copier & de la multiplier à l'infini.

9 Mai. M. le prince *Ferdinand* , archevêque de
Cambray , qui a déjà brigué l'évêché de Liege,
se met de nouveau sur les rangs, & a dû partir
pour s'y rendre. Peut-être la politique enga-
gera-t-elle cette fois-ci la *France* à le soutenir.
Quoi qu'il en soit , il n'ignore pas à quel dangereux compétiteur il a affaire. Il n'ignore pas
les sommes énormes déjà consacrées à gagner les
suffrages pour son rival. Mais il dit qu'il est beau,
même en succombant , d'avoir lutté contre la
maison d'*Autriche*. Cet événement va gâter davantage les affaires des créanciers du prince de *Guimené*. On ne doute pas que toute la maison de
Rohan ne fasse des efforts pécuniaires & ne s'épuise
en cette occasion.

9 Mai. On assure que le roi , lassé de ne point
voir arriver le mémoire qu'il avoit demandé au
parlement sur la réforme de la justice ; en a fait
dimanche dernier des reproches au premier président , mandé à cet effet , & lui a dit qu'il eût
à le lui apporter aujourd'hui.

9 Mai. Les comédiens italiens ont joué hier
pour la premiere fois une piece à ariettes , ayant
pour titre : *les deux Tuteurs* , en deux actes. Les
paroles sont de M. *Fallet* , & la musique de
M. d'*Alairac*. Tous deux ont fait plaisir. La piece
est gaie & bien intriguée, & la musique est pit-
toresque, agréable & variée. On reproche aux deux
auteurs des réminiscences.

9 Mai. Le comte de *Grasse* a répondu au second mémoire du marquis de *Vaudreuil* par de *Nouvelles Observations*, en dix ou douze pages, terminées par une *Lettre au roi*.

Voici les deux passages des lettres écrites au comte de *Grasse* par le marquis de *Vaudreuil*, qu'on trouve absolument contradictoires avec ce qu'il a écrit au gazetier de *Leyde*, pour se disculper d'avoir rien dit contre M. de *Bougainville*.

Dans la lettre du 18 juin 1782, il mandoit : « Il paroît que vous avez été aussi mécontent de l'escadre de M. de *Bougainville* que vous avez été content de la mienne. La plus grande partie de ses vaisseaux se sont pourtant bien battus ; mais il n'a pas su les faire manœuvrer, & lorsque j'étois sous le vent à vous, j'ai été étonné de les voir à portée de vous secourir & ne point le faire. »

Dans sa lettre du 15 septembre, il mande : « On peut dire que chaque vaisseau s'est bien battu, même M. de *Bougainville*, dont vous avez eu lieu de soupçonner le courage dans les autres combats. *Mais il ne sait pas manœuvrer* ; ce n'est pas sa faute. »

10 *Mai. Le Testament de M. l'abbé Pommier* n'a que deux pages d'impression au rouleau, mais en exigeroit dix de commentaire pour le commun des lecteurs. Cette facétie, qui comprend plusieurs anecdotes déjà ressassées dans les pamphlets de l'année derniere, ne peut guere être bonne qu'aux yeux des gens du palais. Ainsi, malgré sa briéveté, on se dispensera de la rapporter. On n'en citera que le trait suivant, comme le plus à la portée de tout le monde. . . . . . Il roule sur la vilenie de M. le premier président qui jouissant de 500,000 livres de rente, régale cependant fort mal *Messieurs* dans les repas d'apparat. On

fait dire au teſtateur : « Je donne & legue à M. d'*Aligre* toute ma bibliotheque ſouterraine, tout mon vin de *Bourgogne*, de *Champagne*, de *Bordeaux*, de liqueurs & autres, le priant ſur-tout de le verſer à *Meſſieurs*, pour qu'il ne ſoit plus taxé à l'avenir *d'empoiſonner la cour des pairs.* »

10 *Mai*. On cite un bon mot de Mlle. *Arnoux* à l'occaſion du *Mariage de Figaro*, qui ſeul vaut mieux que toutes les plaiſanteries de cette ennuyeuſe facétie, parce qu'il peint d'un trait & la nature de l'ouvrage & le ſot engouement des badauds. Après la premiere repréſentation on diſoit : « Mais c'eſt une piece qui ne peut ſe ſou-» tenir. *Oui*, répondit-elle, *c'eſt une piece qui* » *tombera . . . . . . quarante fois de ſuite.* »

11 *Mai*. M. de *Montgolfier* a réclamé contre l'attribution faite au ſieur *Johannot*, de l'introduction des procédés hollandois dans l'art de la papeterie & celui de la fabrication du papier vélin. En conſéquence, il a obtenu par arrêt du conſeil le titre de manufacture royale pour l'établiſſement qu'il a formé à *Annonay*, & il a reçu, ainſi que le ſieur *Johannot*, la médaille d'or deſtinée à ceux qui ont frayé de nouvelles routes à l'induſtrie nationale, ou perfectionné une fabrication déjà connue.

11 *Mai*. On compte que le ſéjour du roi de Suede ici ſera de trois ſemaines au moins. Il y aura quelques opéra ſur le grand théâtre de Verſailles, entr'autres l'*Armide* du chevalier *Gluck*, qu'on prépare à cet effet. Les comédiens joueront auſſi ſur le même théâtre la tragédie d'*Athalie*, qui ſera miſe dans toute ſa pompe, c'eſt-à-dire, avec les chœurs. Il y aura bal paré, appartement & petites fêtes à Trianon.

11 *Mai*. On croit avoir enfin découvert la
trame des lettres qui désolent depuis si long-temps
l'évêque d'Autun & ses adhérents. Du moins on
soupçonne véhémentement un trio d'abbés, ma-
nœuvrant, écrivant, colportant sous les auspices
d'un prélat de cour ambitieux, & qui voudroit
bien supplanter le ministre de la feuille. C'est M. de
Conzié, évêque d'Arras. Comme il est très-ré-
pandu, qu'il épie avec soin toutes les démarches,
toutes les intrigues, tous les détails de la vie de
M. de *Marbœuf*, on a jugé que certaines révéla-
tions ne pouvoient venir que de lui. Il communique ses découvertes à l'abbé de *la Sepousse*, son
grand vicaire, qui les transmet à l'abbé de *Bois-
mont*, qui les rédige & y jette son vernis académique. Le prélat, vraisemblablement, les fait imprimer dans son diocese ou ailleurs. Enfin l'abbé
Maury les distribue.

12 *Mai*. Par un arrêté du premier mars 1784,
le parlement de Provence, instruit de l'abus introduit par les négocians en faillite qui ne dépo-
sent point à la chambre consulaire leurs livres &
écritures de commerce, après s'être fait remettre
sur ce sujet des mémoires des juges-consuls, &
avoir consulté les députés de la chambre du commerce de Marseille, a ordonné que les ordonnances & déclarations du roi, concernant les fail-
lites, seroient exécutées suivant leur forme &
teneur, & en cas de contravention, que le négo-
ciant seroit réputé banqueroutier frauduleux, &
sujet comme tel aux peines portées par les ordonnances.

11 *Mai*. Il n'est point étonnant que les livres
se multiplient aujourd'hui si prodigieusement par

l'impudence des plagiaires d'une part, qui copient
dix fois les mêmes ouvrages & se contentent d'en
changer le titre, & la bonhommie des lecteurs
qui, oubliant le lendemain ce qu'ils ont lu la
veille, achetent la même chose autant de fois
qu'on la reproduit. C'est ainsi que fait fortune
un livre prétendu nouveau, intitulé : *Les En-*
tretiens de l'autre monde sur ce qui se passe
dans celui-ci, ou Dialogues grotesques & pitto-
resques entre feu Louis XV, feu le prince de Conti,
feu monsieur Turgot, feu l'abbé Terray, feu mon-
sieur de Clugny, feu le comte du Muy, feu le comte
de Saint-Germain, feu le Duc de la Vrilliere, feu
le comte de Maurepas & autres personnages. Le
premier des onzes Dialogues dont est composé ce
livre, est pris mot-à-mot de *l'Espion Anglois* : plusieurs autres en sont également empruntés, moins
évidemment. Le compilateur a aussi mis à contribution les *Anecdotes sur la comtesse Dubarri, les*
Mémoires pour servir à l'administration des finances
de l'abbé Terray, le Tableau de Paris, les Annales
de Me. Linguet, le commentaire sur les *Mémoires*
du comte de Saint-Germain, & tout cela forme
une bigarrure de style vraiment originale, à travers laquelle on démêle quelquefois celui du pla-
giaire, saillant de platitudes & de grossiéretés.
Telle est la rapsodie que l'on vante, que les colporteurs vendent fort cher sous le triple manteau,
& que les amateurs achetent avec avidité & prônent avec enthousiasme.

13 MAI. M. le comte de *Mirabeau* n'ayant pu
obtenir la permission de distribuer le Mémoire
dont on a rendu compte, & dont plus de 2,000
exemplaires ont été saisis, en a porté ses plaintes
à M. le garde-des-sceaux, avec lequel il a eu une

conversation très-vive à ce sujet. N'ayant pu faire revenir ce chef de la justice, M. le comte de *Mirabeau* a pris le parti d'écrire une lettre très-forte au roi, où il se plaint du déni de justice de M. de *Miromesnil*, & il est en même temps parti pour le pays étranger, où il va faire réimprimer son Mémoire, précédé de sa conversation avec le garde-des-sceaux, auquel il joindra sans doute d'autres anecdotes.

M. le prince de *Poix*, de son côté, qui se trouve de service auprès de S. M. en ce moment, a cru devoir faire une démarche de politesse vis-à-vis du garde-des-sceaux, qui s'est obstiné à ne vouloir rien accorder au comte de *Mirabeau* de ce qu'il demande. Il paroît même qu'il le regarde comme son ennemi personnel, comme l'auteur des pamphlets publiés contre lui ; & l'on s'attend à voir les suites de cette explosion. M. le comte de *Mirabeau* a pour lui tous les *Noailles*, tous les *Vaudreuil*, tous les *Polignac*, la reine même. M. le garde-des-sceaux a beaucoup d'ennemis & de rivaux ; cette nouvelle agression pourroit lui devenir funeste.

De son côté le marquis de *Mirabeau* vient d'essuyer une nouvelle mortification de la part de sa femme qui, malgré son opposition, séparée de corps & de biens, a obtenu tout récemment au parlement de vendre une terre. Il paroît même qu'elle triomphe de ce redoutable époux, qui sollicitoit une lettre de cachet pour la faire renfermer.

1 4 *Mai.* Sur les *Danaïdes* & le *Mariage de Figaro*, qui depuis un mois attirent une si grande affluence à l'opéra & au théâtre françois, on a

fait l'Epigramme fuivante , qui les caractérife à
merveille :

Pour les deux nouveautés de Paris idolâtre ,
Excitant les bravo , l'incroyable fureur ,
Moi , je déferterois à jamais le théâtre :
L'une me fait pitié , l'autre me fait horreur!

14 *Mai. Apologie de la juftice d'alors*, 1784. Tel
eft le titre qu'on a donné au mémoire préfenté
par le parlement au roi , & réfultat du travail
des commiffaires pour la réforme de la juftice ,
fuivant lequel tout feroit bien à-peu-près , il n'y
auroit rien à critiquer que les frais exceffifs oc-
cafionnés par les impofitions du roi ; ce qui ne dépend pas des magiftrats. On croit que ce mémoire
eft celui rédigé par M. d'*Amecourt*.

15 *Mai*, M. *Court de Gebelin*, l'auteur du *Monde
primitif*, vient de mourir : quoique proteftant ,
il étoit cenfeur royal.

15 *Mai*. Le vendredi 7 , aux chambres affemblées , quand il fut queftion de lire le mémoire
de M. d'*Amecourt* , à préfenter au roi & d'y donner la derniere main , des membres des enquêtes
s'y oppoferent & prétendirent qu'on avoit exclus ,
mal à propos celui de M. d'*Outremont*. Il réfulta
de violents débats. Les grands-chambriers décla-
rerent qu'ayant été difcuté & rejeté dans l'affemblée des commiffaires , il n'en devoit plus être
queftion. Les défenfeurs de ce mémoire vouloient ,
qu'ayant éprouvé le feu de la contradiction , &
revu par l'auteur , il fût le meilleur. En un mot ,
ils foutenoient que le mémoire de M. d'*Amecourt*
n'étoit que l'ouvrage des commiffaires , & de la

grand'chambre au plus; que celui de M. d'*Outre-*
mont ayant au contraire le vœu des enquêtes &
requêtes, devoit être celui de la compagnie. Sur
quoi l'on convint d'aller aux voix, & que celui
qui en auroit le plus feroit réputé le mémoire
du parlement. Il s'eft trouvé cinquante-fix voix
pour M. d'*Amecourt*, contre trente-huit pour monfieur d'*Outremont.*

16 *Mai.* Un nouveau défenfeur des proteftants
s'élève & plaide leur caufe d'une maniere très-
piquante dans une brochure qui paroît depuis peu.
Elle a pour titre : *Le vieux Cevenol,* ou *Anecdotes*
de la vie d'Ambroife Borely , mort à Londres, âgé
de cent trois ans, fept mois & quatre jours, re-
cueillies par W. Jefterman.

L'auteur a joint à cette efpece de *Roman mo-*
ral des *Réflexions fur les loix relatives aux pro-*
teftants.

16 *Mai.* Enfin on fait à quoi s'en tenir fur la
mufique des *Dânaïdes* , par une lettre datée de
Vienne le 26 avril 1784, écrite à M. le bailli
du Rollet. Le chevalier *Gluck* déclare qu'elle eft
entiérement de M. *Saliéri*; qu'il n'y a d'autre part
que celle des confeils, que ce nouveau débutant
à Paris a bien voulu prendre de lui, & que fon
eftime pour fon éleve & fon peu d'expérience lui
ont infpiré.

M. le bailli *du Rollet*, muni de cet aveu, a
vraifemblablement voulu attendre qu'à l'abri du
grand nom qu'elle portoit, la mufique des *Da-*
naïdes eût b'en pris, avant de publier ce qui en
étoit. Ce n'eft que par une lettre aux journaliftes
de Paris, datée d'hier 15 mai, qu'il a jugé à propos de révéler ce fecret.

17 *Mai.* Les motifs d'évocations & attribu-

tions fondés sur l'énormité des frais de justice,
paroissent, suivant le début du mémoire du parlement, avoir en effet déterminé les magistrats à
s'empresser d'examiner si ces bruits étoient fondés.
Le coup de fouet donné au parlement le 22 juillet dernier, par des ordres du roi directs à cet
égard, les ont forcés à ne point abandonner leur
travail, malgré son inutilité prévue.

L'on convient dans le mémoire, que les frais
de justice sont énormes. Cela tient à des causes
particulieres & à des causes générales.

Les causes particulieres sont les abus qui nais-
sent de l'inexécution des loix faites pour les prévenir. Il dépend des magistrats de les mettre en
vigueur, de les exécuter, & c'est ce qu'ils font
à l'égard de tous les suppôts qui sont sous leur
discipline : mais on ne peut punir que des délits
prouvés, & les prévaricateurs ont grand soin de
s'envelopper d'une nuit salutaire. Au surplus, ces
cas sont rares. Les greffiers avides sont contenus
par la surveillance des chefs ; les procureurs sont
honnêtes pour le plus grand nombre, & les sécre-
taires, réduits à un simple méchanisme, ne peuvent guere exercer l'arbitraire des salaires.

Il n'en est pas de même des causes générales
qui influent également sur toutes les affaires,
frappent sans distinction toutes les especes, &
dont l'effet est d'autant plus funeste, qu'il est
le résultat inévitable des loix qui les produisent,
& dont l'exécution est absolue & journaliere.
Les magistrats n'y peuvent rien ; ils sont les premiers à en gémir, & à plaindre le sort du malheureux plaideur.

C'est ainsi que l'auteur du mémoire, en reje-
tant toute la plus grande énormité des frais sur

le compte du roi , lie la cauſe des magiſtrats à celle de ſa majeſté , & rejette ſur le gouvernement tout l'odieux qu'on voudroit leur imputer.

Ce n'eſt pas ſans doute ſans malice que dans la longue énumération des impôts dont on a grevé tous les détails & toutes les opérations de la juſtice , l'auteur cite les déclarations de juin & de juillet 1691 , où *l'état ſe plaint de ce qu'on met dans une page ce qui pourroit en occuper pluſieurs ; & pour prévenir la diminution que le droit du timbre en ſouffriroit , fixe le nombre des lignes de chaque page & des ſyllabes de chaque ligne.* Paſſage burleſque , révoltant , qui verſe à la fois le ridicule ſur l'adminiſtration d'alors , & ſouleve l'indignation contre elle.

L'auteur du mémoire paſſe légérement ſur les vacations & épices , autre impôt mis ſur la juſtice , accordé aux magiſtrats pour leur fournir un traitement proportionné à la finance de leurs offices, & à leurs travaux. Quoiqu'il ſoit arbitre pour tous les membres du parlement *modérément* & *non exceſſivement* , leur vœu commun eſt qu'il ſoit ſupprimé.

Tel eſt le précis du mémoire , ſupérieurement bien fait , mais avec beaucoup d'aſtuce & qui ne reſteroit pas ſans réplique ſi l'on y vouloit répondre. Il eſt clair , ſerré , précis , méthodique ; le ſtyle en eſt ferme , noble & auſtere : c'eſt un petit chef-d'œuvre dans ſon genre , où le menſonge même a l'air d'ingénuité , & la cupidité eſt artificieuſement cachée ſous les apparences du zele & du déſintéreſſement.

17 *Mai.* On apprend de *Bordeaux* qu'un aéroſtat qu'on y devoit lancer , ſpectacle pour lequel non-ſeulement toute la ville , mais tous les environs

s'étoient rassemblés , n'ayant pas eu lieu , il s'en est suivi une révolte si considérable , qu'il y a eu des gens morts, beaucoup de blessés & un tel désordre, qu'on a été obligé de demander les troupes du *Château-Trompette*. . . . On a saisi quelques mutins. Par arrêt du parlement , deux ont été pendus sur le champ , un banni à perpétuité , & deux condamnés seulement à assister à la potence. C'est le 3 de ce mois qu'est arrivée l'émeute.

17 *Mai.* Extrait d'une lettre de Besançon , du 17 mai. . . . Depuis six semaines environ notre parlement est dans l'inaction , & ne juge aucune affaire , par la scission nouvelle des avocats. En voici l'origine :

L'ordre venoit de rayer du tableau Me. *Marguet.* C'étoit un fait notoire que lui ni les magistrats ne pouvoient ignorer. Jusqu'à présent on ne connoissoit point encore d'exemple d'un avocat qui eût osé se montrer au palais, & parler dans cet état. Celui-ci, peu après , a paru à la grand'chambre pour plaider dans une cause dont il étoit chargé précédemment. Son adversaire , avant qu'il ouvrît la bouche, prévient les magistrats de la radiation de Me. *Marguet* , & leur déclare qu'il ne peut défendre contre lui. L'on va aux voix , & sous le prétexte sans doute que le bâtonnier n'avoit pas prévenu les présidents des chambres de la délibération de l'ordre , l'on opine de passer outre , & l'on permet au rayé de plaider : l'autre se retire ; les avocats qui devoient plaider dans diverses causes ce jour-là , désertent aussi le palais : on mande le bâtonnier , qui déclare le motif de la cessation des fonctions de son ordre. La tournure alors de cette querelle devient juridique, & l'on décrete le bâtonnier *d'assigné pour être oui.*

Tous ses confreres rassemblés conviennent de renvoyer *les* sacs aux procureurs, & non-seulement de ne pas aller au palais, mais de ne donner aucune consultation par écrit ou verbale.

Depuis ce temps tout est en fomentation. Cependant Me. *Monnot*, avocat, député de son ordre, est aujourd'hui à Paris, pour concilier l'affaire avec le garde-des-sceaux.

18 *Mai*. On ne sait s'il a existé un *Cevenol* mort à *Londres*, âgé de cent trois ans, sous le nom d'*Ambroise Borely*; mais sa vie n'est certainement pas traduite de l'anglois; elle est même fictive, & à la lecture de l'ouvrage on le juge aisément. C'est la production d'une imagination exaltée; tournure heureuse pour peindre d'une façon nouvelle & plus frappante la monstrueuse législation qui existe encore en France contre les *protestants*, suivant laquelle ils sont tourmentés par des déclarations du roi depuis le moment de leur naissance, jusqu'à leur mort & après. Ils ne peuvent ni croître, ni s'éduquer sous les yeux de leurs parents, ni prendre un état ou profession, ni se marier, ni quitter le royaume, ni hériter ni tester, ni être enterrés, &c.

Ces loix barbares, il est vrai, ne sont pas toutes en vigueur aujourd'hui; elles sont même, pour le grand nombre, tombées en désuétude; mais enfin elles subsistent, & sont fréquemment invoquées par des gens intéressés à leur exécution.

On ignore quel est l'auteur de ce roman moral, plein de chaleur, de sensibilité, de mouvement. Il s'annonce pour être revenu depuis quatre ans des cours du nord, ce qui sembleroit indiquer quelqu'un employé dans le corps diplomatique. Son style est vigoureux & rapide, mêlé de sarcasmes à la *Voltaire*, mais sur tout de ces élans d'une ame forte & énergique , profondément émue à la vue des maux, des injustices, des cruautés & des atrocités qu'éprouvent nos semblables & nos freres.

Dans la dissertation qui suit la *vie du Cevenol*, le même écrivain expose ses réflexions relatives à la nécessité de révoquer les loix qui s'opposent au droit naturel de la nation. Il répond à quelques objections qu'on pourroit faire sur sa proposition ; il examine les avantages réels qui résulteroient de la tolérance des protestants ; & sans rien dire de neuf sur cette matiere, il remet sous les yeux des vérités qu'il ne faut pas se lasser de répéter jusqu'à ce qu'elles aient opéré l'heureux effet qu'en attendent les philosophes.

18 *Mai.* Pendant qu'on entreprend des canaux de toutes parts , M. *Telles d'Acosta* , grand-maître des eaux & forêts de France , dans un supplément à l'instruction sur les bois de marine & autres , donnée en 1778 , se plaint qu'on ait discontinué les travaux du canal souterrain de la *Picardie* ou de *Saint-Quentin* , que le célebre *Laurent* avoit commencé , dont l'objet étoit de joindre la *Somme* qui passe à *Saint-Quentin* , à l'*Escaut* qui passe à *Valenciennes.* Ce canal , non-seulement eût été des plus intéressants en temps de guerre, pour des munitions navales , mais on pourroit à présent tirer des charbons de terre de *Valenciennes* & autres mines , & même des bois pour tous usages.

18 *Mai.* M. d'*Aubenton* , de l'académie des sciences , a été choisi par M. de *Calonne* , pour présider à différents établissements utiles. Ce ministre a sur-tout accueilli celui des bergeries, dont on a l'obligation au philosophe. Selon son projet,

les moutons paſſeront neuf mois de l'année dans les champs, & au moyen des groſſes ſonnettes que chaque mouton portera au cou, il aſſure qu'il n'aura rien à craindre des loups, le bruit de ces ſonnettes étant ſuffiſant pour les effrayer.

Les intendants de pluſieurs provinces du royaume ont reçu des ordres de faire des eſſais en ce genre, & il a été envoyé aux ſubdélégués des inſtructions pour les faire exécuter dans les campagnes.

Fin du vingt-cinquieme Volume.